임동석중국사상100

인물지
人物志

三國 魏 劉劭(撰) 西凉 劉昞(註) / 林東錫 譯註

〈描金石刻武士俑〉(唐) 明器 1958 陝西 長安 楊思勛 묘 출토

"상아, 물소 뿔, 진주, 옥. 진괴한 이런 물건들은 사람의 이목은 즐겁게 하지만 쓰임에는 적절하지 않다. 그런가 하면 금석이나 초목, 실, 삼베, 오곡, 육재는 쓰임에는 적절하나 이를 사용하면 닳아지고 취하면 고갈된다. 그렇다면 사람의 이목을 즐겁게 하면서 이를 사용하기에도 적절하며, 써도 닳지 아니하고 취하여도 고갈되지 않고, 똑똑한 자나 불초한 자라도 그를 통해 얻는 바가 각기 그 자신의 재능에 따라주고, 어진 사람이나 지혜로운 사람이나 그를 통해 보는 바가 각기 그 자신의 분수에 따라주되 무엇이든지 구하여 얻지 못할 것이 없는 것은 오직 책뿐이로다!"

《소동파전집》(34) 〈이씨산방장서기〉에서 구당(丘堂) 여원구(呂元九) 선생의 글씨

책머리에

　인간을 둘러싸고 있는 만물은 학문적으로는 우선 생물과 무생물로 나눌 수 있을 것이다. 그리고 생물은 다시 동물과 식물로 나뉜다. 사람은 굳이 이 분류에 의해 나눈다면 동물에 소속될 것이다.

　그러나 인간은 천지인天地人 삼재三才로 보아도 특이하고, 다른 생명체와는 달리 영활하며 사유 세계를 가지고 있는 특이한 존재로서, 다른 동물과 동일시하여 단순 분류를 한다는 것은 어딘가 불완전한 듯하다. 이에 다른 분류 방법이 있었으면 하고 곰곰 생각할 때가 있다. 이를테면 같은 물物이되 '식물·동물·인물'하는 식으로 말이다.

　옛 사람들도 이런 생각을 하였을 것이다.
　그리하여 인간이 하늘로부터 품부稟賦 받은 본연의 성性과 재才, 그리고 정情과 자연의 이치를 따를 수밖에 없는 이理, 그리고 추구할 대상을 만들어 끝없이 정진하는 도道, 그런가 하면 후천적으로 사회 속에 들어가 생명을 영위하면서 나타내게 되는 온갖 칠정七情과 오욕五慾, 나아가 그 수많은 사람들의 사람 숫자만큼이나 많은 다양한 표정과 가치관, 그런가 하면 의도한 바와 전혀 다른 삶의 결과 등등.

　이러한 인물에 대한 연구나 분석에 관심을 가지고 출발한 것이 바로 이 《인물지》가 아닌가 한다. 겉으로 사람을 판별하고 감별하는 방법, 속에 든 생각이나 감정, 욕구가 표정에 나타나는 징상徵狀, 능력과 재능에 따른 적합한 업무나 임무, 사회 조직 속에서 적재적소에 필요한 인물과 그에 따른 공동선과 공동이익의 효과, 이러한 것을 체계화하고 유형화해 보기를 시도한다면 가능할까?

아마 어려울지 모른다. 이유는 간단하다. 인물이라는 부류 속에 하위 분류는 오직 인간만이 가지고 있는 형이상학적 오묘함과 지나치도록 복잡한 다양함 때문에 그리 쉽게 체계화할 수가 없기 때문이다.

그러나 수천 년 사람이 살아오면서 얻은 경험이나 본래 가지고 있던 지혜, 그리고 자연 섭리 속에 당연히 어떤 유형을 형성하게 된다. 이를 테면 성인의 가르침이 과연 맞는다든지, 나이나 시간의 흐름에 따라 사람은 변한다든지, 주위 환경에 따라 추구하는 바가 연관이 있다든지, 어떤 경우에는 사람이 어떻게 행동을 할 수밖에 없다든지 하는 식이다.

삼국 위나라 때 유소劉邵라는 사람은 이를 근거로 저술을 남겼다. 그는 형이상학적인 초보적 분류를 통해 인물 감식법, 유형별 표징, 재능에 따른 장단점, 그 결과의 효용성 등을 정리하였다. 그러나 그 역시 사람을 감별하고 품평한다는 것은 지극히 어려운 작업이라 토로하였다. 그럼에도 이 책은 지금 우리에게 시사하는 바가 있다.

공연히 가까이하기 거북한 사람, 보기만 해도 이유 없이 즐거움을 주는 사람, 논리는 정당하나 처리 방법이 서툴러 감정부터 상하게 하는 사람, 나를 이겼지만 깨끗이 승복하도록 여유를 주는 사람. 그야말로 천차만별이다.

더구나 세상에 악한 사람은 없다. 나와 다를 뿐이다. 그런데 다른 것을 악하다고 평가하는 사람이 있는가 하면, 상대를 옳고 그름으로 판단하는 것이 아니라 호오好惡의 감정을 잣대로 선악을 판별하려 드는 경우도 있다.

열 길 물 속은 알아도 한 치 사람 속은 모른다고 하였다. 과연 사람을 변별하는 것이란 지난至難한 일이다. 일생을 함께 할 배우자를 선택할 때나, 한 조직에서 함께 일할 사람을 선택할 때 그 어려움은 이루 말할 수 없다. 순간의 판단이 마치 나비효과처럼 뒤에는 엄청난 화근이 되기도 하고, 일생을 바꾸는 고마움으로 나타나기도 한다.

그래서 유소는 이 책의 끝에 "명리의 험한 길에서 남에게 양보하는 것이 앞서는 것이며, 남에게 지는 것이 이기는 것이며, 버리는 것이 얻는 것이니 이를 어찌 터득할거나!"라고 결론을 내린 것이리라.

정판교鄭板橋, 鄭燮는 '난득호도難得糊塗'라 하였다. '멍청해지기가 세상에 가장 어렵다'는 것이다. 이 책에도 '지후持後'를 높은 경지로 보았다. 즉 '뒤에 처져 겸손함을 지켜내는 일'이야 말로 상대를 이기고자, 남보다 앞서고자 하는 일보다 더 어렵지만 그것이 곧 최선의 무기이며 최상의 '도道'란 것이다.

그런 면에서 이 책도 한 번 차근차근 곱씹어볼 부분이 상당히 많다.

임동석이 부곽재負郭齋에서 적음.

일러두기

1. 이 책은 〈신편제자집성新編諸子集成〉의 《인물지人物志》(魏, 劉邵 著, 西涼 劉昞 註)를 기준으로 하고 그 외 〈사고전서四庫全書〉본, 〈사부총간四部叢刊〉본, 〈사부비요四部備要〉본, 〈한위총서漢魏叢書〉본, 〈제자백가총서諸子百家叢書〉 본 및 〈팽씨본彭氏本〉 등 여러 판본을 대조·비교하여 전체를 완역한 것이다.
2. 현대 백화어 역주본도 참고하였으며 큰 도움을 받았다. 특히 《신역인물지 新譯人物志》(吳家駒 譯註. 三民書局 2006. 臺北)는 구체적인 주석과 번역에 많은 참고 내용을 제공해 주어 큰 도움이 되었다.
3. 해석은 직역을 위주로 하였으나 워낙 축약된 표현이 많아 일부는 의역을 하되 각주에서 자세히 내용을 밝혔다.
4. 모든 문장은 일련번호를 부여하고 괄호 안에 편장의 위치를 알 수 있도록 하위 번호를 넣어 연구와 검색에 용이하도록 하였다. 그러나 편장의 구분은 오가구吳家駒의 〈신역新譯〉에는 66개의 단락으로 나누고 분장 위치도 달랐으나 본 책은 〈신편제자집성〉을 근거로 모두 89단락 으로 나누었다.
5. 매 단락에 임의로 제목을 부여하여 전체 뜻을 대신할 수 있도록 하였다.
6. 원문은 대구, 나열, 대조, 대응되는 구조를 알 수 있도록 하기 위하여 가능한 한 세분하고 줄바꾸기를 통하여 구도화構圖化하였다.
7. 유병劉昞의 주는 원문에 위치 번호를 넣고 원문 아래 번호에 맞추어 나열하여 대조에 용이하도록 하였다.
8. 각 판본의 글자는 상이한 것이 많아 우선 〈신편제자집성〉본을 근거로 하되 현대 교정본 〈신역〉을 따랐다. 이를테면 모든 '才'는 〈신편〉에는

'材'로 되어 있으나 전체 의미로 일관되게 정리하기 위하여 '才'자로 통일하였다.
9. 부록에는 유소劉邵와 유병劉昞의 전을 정사《삼국지三國志》(21)와《위서魏書》(51) 본전 원문 전체를 그대로 전재하여 연구자가 도움을 삼도록 하였으며, 그 외 역대 서발序跋과 관련 자료를 모두 수집하여 실었다.
10. 이 책의 역주에 참고한 주요 기본 문헌은 아래와 같다.

● 참고문헌

1. 《人物志》魏 劉邵(撰) 梁 劉昞(注) 四庫全書(文淵閣) 子部(10) 雜家類(1) 雜學之屬 臺灣商務印書館 印本
2. 《人物志》魏 散騎常侍 劉邵(撰), 梁 儒林祭酒 劉昞(注) 諸子百家叢書本 上海古籍出版社(明刊本 印本) 1995 上海
3. 《人物志》魏 劉劭(撰) 西涼 劉昞(注) 新編諸子集成(활자본) 世界書局 1978 臺北
4. 《人物志》四部備要本 上海中華書局(金臺本 校刊) 印本
5. 《人物志》漢魏叢書本 萬曆 新安程氏本
6. 《人物志》四部叢刊本 上海商務印書館 印本
7. 《人物志》彭氏本(潮陽鄭氏用守山閣本參中州彭氏刊本) 龍谿精舍 校刊本
8. 《人物志》四部叢刊 初編 子部「書同文」電子版 北京
9. 《新譯人物志》吳家駒(注譯) 三民書局 2006 臺北
10. 《人物志校釋》劉潔 東北師範大學 碩士學位論文 2001 長春

11. 《三國志》鼎文書局 활자본 臺灣
12. 《魏書(後魏書)》鼎文書局 활자본 臺灣
13. 《史通》劉知幾
14. 《四書集注》朱熹
15. 《四庫全書總目》乾隆(敕撰) 漢京文化事業公司 1981 臺北
16. 《郡齋讀書志校證》宋, 晁公武(撰) 孫猛(校證) 上海古籍出版社 1990 上海
17. 《三才圖會》明, 王圻·王思義(編集) 上海古籍出版社(印本) 2005 上海
18. 《十三經注疏》
19. 《中國哲學百科大全書》
20. 기타 일부 제자백가서 등 일부 관련 도서는 기재를 생략함.

해제

1. 《인물지》

《인물지》는 한마디로 인재학人才學이다. 사회 속에서 인재를 어떻게 감별하여 이를 어떻게 발탁해야 인재의 효과를 최대한 발휘할 수 있도록 할 것인가의 문제를 다루고 있다. 그러나 구체적이라기보다 매우 추상적이며 현실적이라기보다는 철학적이다. 그 때문에 《수서隋書》 경적지經籍志에는 이를 명가류名家類로 분류한 것이 아닌가 한다.

좌우간 이 책의 내용을 가장 적절하게 표현한 것은 바로 〈사고전서총목제요四庫全書總目提要〉의 "이 책은 인재를 변별하는 문제를 집중적으로 논한 것으로, 겉모습을 살펴 그 안에 품고 있는 기량을 증험하며, 유별로 품계를 분류하고 사람을 볼 때 비슷하나 의문이 가는 문제를 연구 분석한 것이다"(其書主於論辨人才, 以外見之符, 驗內藏之器, 分別流品, 硏析疑似)라고 한 말일 것이다.

중국은 선진시대부터 당연히 인물에 대한 여러 가지 감별 기준이나 이론 등이 있어왔다. 이를테면 《논어》, 《맹자》, 《한비자》, 《여씨춘추》, 《회남자》, 《잠부론》, 《순자》, 《장자》는 물론, 《설원》, 《신서》, 《한시외전》 등 곳곳에 인재의 문제를 다룬 일화나 주장을 얼마든지 찾아낼 수 있다. 특히 고대 전적은 거의가 제왕학帝王學이며 지도자 양성 교재이다. 따라서 하늘의 뜻을 받들어 보좌를 올바르게 선택함으로써 그 천명을 바르게 실현할 수 있다는 사상이었으므로 인재에 대한 중요성을 빠뜨릴 수는 없었던 것이다.

그러다가 한말부터 삼국시대에 이르면서 인성론, 품평론, 감별론, 재성론才性論, 인재론人才論 등 구체적이고 전문적인 논의가 크게 대두되기 시작하였다. 그리하여 간단한 논문이나 짧은 문장, 혹은 개인의 저작이나 임금의 정령政令, 조서詔書 등을 통해 널리 거론하기 시작하였던 것이다. 물론 한대

漢代 이미 현량과賢良科니 효렴과孝廉科니 하여 실력보다는 인물 품덕에 의한 발탁 제도가 있었지만 위魏 무제武帝 때 이르러 〈구품중정제九品中正制〉라는 정령을 만들어 인재를 9등급으로 나눈 다음 주군州郡을 거쳐 조정에까지 추천할 수 있도록 하였다.

그 외에 서간徐幹의 《중론中論》, 유이劉廙의 《정론政論》, 조조曹操의 〈구현령求賢令〉, 제갈량諸葛亮의 《병요兵要》, 진군陳群의 〈구품관인법九品官人法〉 등이 이러한 인재 감별과 발탁에 대한 주장과 의견들이었다.

그럼에도 역시 봉건 사회의 분위기와 기득권 세력의 자기보호, 신분 위주의 사회진출 제한 등을 타파하지 못한 채 "귀족 문벌에는 하품이 없고, 천한 신분은 상품에서 제외되는"(下品無高門, 上品無賤族) 현상은 지속되었다. 그러다가 한말 혼란과 군웅할거, 삼국의 경쟁 속에 결국 출신 성분 못지 않게 능력이야말로 난세 생사존망의 급한 불을 끄는데 우선시 될 수밖에 없는 상황이 전개되었다. 그러나 인물을 어떻게 감별하여 그 능력과 적성에 맞게 배치하고 활용하는가의 문제는 역시 중요함을 함께 인식하지 않으면 안 되었다.

그리하여 《수서》 경적지에는 이 삼국시대 인물 감별을 위주로 한 저작물을 묶어 위 문제 조비의 《사조士操》, 노육盧毓의 《구주인사론九州人士論》, 요신姚信의 《사위신서士緯新書》, 작자 미상의 《통고인론通古人論》 등을 들고 있다.

그 원론적인 문제를 정리한 것이 바로 이 《인물지》가 아닌가 한다.

그러나 인물에 대한 감식과 평가, 품평은 쉬운 일이 아니다. 인간처럼 다양한 성격과 품격, 재능과 유형을 가진 예는 천하에 없기 때문이다. 따라서 이 책은 당연히 원론적인 면이 주를 이루어 추상적이며 혹 난해한 내용도 많다. 그럼에도 사람의 재성과 성정, 품성과 재품, 그에 따른 발현과 사회적인 효용 등을 주제로 하여 유형별로 정리한 전문 저작물로는 최초이며 동시에 그 뒤로는 이러한 유의 논의가 더 이상 나오지도 않았다는 점에서 이 책은 높은 가치를 인정받고 있다.

우선 이 책은 상중하 3권, 전체 12편으로 구성되어 있다. 12편은 제목을 붙여, 〈구징九徵〉, 〈체별體別〉, 〈유업流業〉, 〈재리才理〉, 〈재능才能〉, 〈이해利害〉, 〈접식接識〉, 〈영웅英雄〉, 〈팔관八觀〉, 〈칠무七繆〉, 〈효난效難〉, 〈석쟁釋爭〉으로 하고 있고 문단 구분은 되어 있지 않다. 그리고 전체 분량도 그리 많은 편이 아니다.

저작 시기는 구체적으로 알 수 없으나 대략 유소의 생존 시기 중 위魏 정시(正始: 240~248) 연간이 아닐까 한다. 《삼국지》 유소전에 의하면 그 이전 경초(景初: 明帝 曹叡, 237~239) 때 그는 〈도관고과都官考課〉 72조를 조정에 올린 적이 있다. 그 때 조정에서는 지나치게 혁신적이라 하여 당시 대신 부하傅嘏로부터 격렬한 반대에 부딪쳤다. 이에 부하는 "本綱未擧而造制未定, 國略不崇而考課是先, 懼不足以料賢愚之分, 精幽明之理也"라 질책한 내용이 실려 있다. 《三國志》魏書 傅嘏傳) 따라서 그 뒤 유소는 인물 감별과 품평, 유형별 특징 및 그에 맞는 행정, 정치, 정무 담당에 관심을 가졌을 것이며 그로 인한 결과의 효용 등을 추상적이나마 정리한 것으로 보고 있다. 그 외 제왕齊王, 曹芳이 들어서자(239) 전대의 노신老臣을 우대하여 정치에는 참여시키지 않았다. 그에 따라 유소도 정치 일선에 나서지 않게 되었으며 그 휴식기간에 이를 정리한 것으로도 추측하고 있다.

이 책은 나오고 나서 얼마 후 동진東晉 오호십륙국五胡十六國 시대 후위(後魏: 西涼, 北涼)의 돈황敦煌 사람 유병劉昞이 주를 달았다. 그 내용이 정사

《삼국지》 위서 유병전에 직접 실릴 정도로 그 주가 가치를 지니고 있었음을 암시하고 있다. 그러나 유병의 주는 종래 고전에 대한 주석과는 달리 문자나 내용을 구체적으로 설명한 것이 아니라 화려한 문체와 격조 높은 대구로 내용을 더욱 부연 설명한 것이다. 그러나 그 뒤 이《인물지》는 장기간 학자들에게 잊힌 상태로 흘러오다가 당대唐代에 이르러 겨우 유지기劉知幾의 《사통史通》과 이덕유李德裕의 《이위공집李衛公集》(窮愁志)에 잠깐 언급되었을 뿐 더 이상 본격적인 연구나 주석은 없었다. 이어서 북송 때 완일阮逸이 "위나라부터 송대에 이르기까지 수 백 년이 흘렀지만 그 긴 동안 희미하게 흘러온 채 이를 알고 있는 자가 적어"(自魏至宋, 歷數百載, 其用尚晦而鮮有知者) 이를 안타깝게 여기면서 서문을 지었고(부록을 볼 것), 다시 송상宋庠이 발어跋語를 지어 관심을 유도하기에 이르렀다.

그리하여 판본이 나타나기 시작, 송대 이전 이미 전본이 있었으며 북송 때도 출간되었다. 그러다가 명대明代 들어서면서 정덕(正德: 1506~1521), 가정(嘉靖: 1522~1566), 융경(隆慶: 1567~1572), 만력(萬曆: 1573~1619)을 거치면서 빠짐없이 출간되었다. 그리고 청대淸代 들어서서는 이들 명판본을 바탕으로 하여 〈사고전서〉, 〈사부총간〉, 〈한위총서〉, 〈사부비요〉 등 각종 총서류叢書類에 편입되기에 이르렀으며 팽씨본彭氏本 등 복각본도 전해지게 된 것이다.

책의 가치에 대하여 완일은 "아주 미세하고 오묘한 이치를 연구하고 지적하여 하나의 도에 일관되어 있다. 지도자가 읽으면 사람을 알아보는 거울로 삼으로 수 있고, 사군자가 읽으면 성품과 자신으로 수양하는 잣대로 삼으로 수 있다"(研幽摘微, 一貫於道. ……王者得之, 爲知人之龜鑑; 士君子得之, 爲治性修身之檠括)라고 극찬을 아끼지 않았고, 왕삼성王三省은 "자신을 수양하는 자는 이를 통해 자신을 볼 수 있으며, 사람을 부려야 할 자는 이를 통해 사물을 비춰볼 수 있다"(修己者得之以自觀, 用人自持之以照物)고 하여 정치가나 지도자는 물론, 개인 수양에도 효용성을 지닌 내용이라 가치 있는 책이라 칭하고 있다.

이 책은 앞에 밝힌 대로 《수서》 경적지에는 명가류에 넣었으나 청대 〈사고전서〉에는 잡가류(잡학지속)로 분류하였다. 이에 〈사고전서총목제요〉에는 "그 학술은 명가에 가까우나 그 이론은 유가에서 벗어나지 않는다"(其學雖近乎名家, 其理則弗乖於儒者也)고 하여 그 분류 근거를 들고 있다.

특히 이 책은 유협劉勰의 《문심조룡文心雕龍》, 유지기의 《사통》과 더불어 유씨劉氏 성을 가진 네 사람의 저술이라 하여 흔히 〈삼류지서三劉之書〉로 칭해지기도 한다.(清, 臧玉林) 그리고 증국번曾國藩은 이 책을 항상 책상머리에 두고 참고할 정도로 중시하였다 한다. 1955년 양가락楊家駱이 쓴 〈인물지연구서人物志研究序〉에 의하면 당시 반당半堂 이일지李一之라는 사람이 《인물지연구人物志研究》라는 책을 내고 자신에게 서문을 부탁하여 그 과정을 밝힌 내용이 있다.(부록 참조) 그는 이에 〈신편제자집성〉을 주편主編하면서 그의 연구서를 근거로 10여 자를 교정하고 표점도 그 책을 참고하였다고 하여 그 연구 성과를 반영하였을 것으로 보인다. 그리고 이 책은 이미 1937년 미국에 알려져 미국 심리학자 슈라이크(J.K. Shryock)에 의해 번역, 동방학 출판사에서 출간된 적이 있다.

우리나라에도 중국 고판본이 전하여 왔을 것이나 지금 국내 각종 고서 목록에 그 서명이 보이지 않고 기록도 찾을 길이 없어 자세한 내용은 알 수 없다.

2. 유소劉邵

우선 그의 이름 표기는 각 판본이나 기록마다 달라 '劉劭', '劉邵', '劉卲' 등 세 가지 표기가 혼재하고 있다. 즉, 〈사고전서〉, 〈사부비요〉, 〈사고전서제요〉 등 세 곳에는 '劉卲'로 되어 있고, 《삼국지》 본전, 조공무晁公武의 《군재독서지郡齋讀書志》, 〈신편제자집성新編諸子集成〉, 〈인물지연구서〉(양가락), 《중국인명대사전》, 《중국철학대사전》 등에는 모두 '劉劭'로 되어 있다. 그러나 〈한위총서漢魏叢書〉, 〈사부총간〉, 〈팽씨본〉, 〈제자백가총서본〉, 《중국유학대사전》, 인일의 〈서문〉, 문관부의 〈제기〉, 송상의 〈제기〉, 왕삼성의 〈후사〉, 정민의 〈발문〉, 〈사고선서총목〉, 《신역인물지》 등에는 모두 '劉邵'로 되어 있다.

이에 〈사고전서총목〉에서는 "別本或作劉劭, 或作劉邵. 此書末有宋庠跋云:「據今官書魏志作勉劭之劭, 從力. 他本或從邑者, 晉邑之名」案字書此二訓外, 別無他釋. 然俱不協孔才之義. 《說文》則爲卲音同上, 但召旁從目耳. 訓高也. 李舟《切韻》, 訓美也. 高美, 又與孔才義符. 揚子《法言》曰:「周公之才之卲」, 是也. 所辨精核, 今從之."(《四庫全書提要》도 같음)라 하여 '力', '阝'(邑), '卩'(巳) 부수 등이 각기 달리 표기되었으나 유소의 자 '공재孔才'와 의미 상관관계를 감안할 때 양웅揚雄 《법언法言》의 "주공지재지소周公之才之卲"에 따라 '卲'의 표기가 맞는 것으로 여겨 이를 따른다 하였다. 이에 따라 필자도 '劉卲'로 그 표기를 삼아 따른다. 그러나 '邵'자와 '卲'자는 판각상 비슷하여 같은 〈사고전서〉를 옮겨 적은 다른 판본에도 구분하지 아니하고 있다.

유소는 삼국시대 위나라 학자이며 저술가, 정치가, 정론가이다. 자는 공재孔才이며 광평廣平 한단(邯鄲: 지금의 하북 한단시) 사람으로 생몰 연대는 자세히 알 수 없다. 다만 한말 건안(建安: 196~220)부터 위초 정시(240~248)까지 생존하였으며 활동한 인물임을 알 수 있다.

비서랑秘書郎, 상서랑尙書朗, 산기시랑散騎侍郎, 기도위騎都尉, 진류태수陳留太守, 산기상시散騎常侍 등의 관직을 거쳐 관내후關內侯에 추증되었다. 위 문제 조비의 황초(黃初: 220~226) 연간에 부름을 받아 오경五經을 정리하고 《황람皇覽》을 편찬하였으며, 명제曹叡 때에는 유억庾嶷, 순선荀詵 등과 함께 법령을 제정하여 〈신률新律〉 18편을 만들고 이를 토대로 《율략론律略論》을 저술하기도 하였으며, 다시 경초(景初: 237~239) 연간에는 〈도관고과都官考課〉 72조, 《설략說略》 1편을 지었다. 그는 문학에도 특장을 보여 〈조도부趙都賦〉를 지어 명제로부터 찬탄을 받은 뒤 계속하여 〈허도부許都賦〉, 〈낙도부洛都賦〉 등을 지었다. 그리고 음악에도 밝아 《악론樂論》 14편을 짓기도 하였으며 그 외 《법론法論》, 《인물지》 등 백여 편을 지었다. 그러나 지금 온전히 전하는 것은 바로 이 《인물지》일 뿐이다.

그에 대한 정사의 기록은 《삼국지》(21) 위서에 본전이 있어 비교적 자세히 알 수 있다.(부록을 볼 것)

3. 유병劉昞

《인물지》에 주석을 가한 유병은 자가 연명延明이며 호는 현처선생玄處先生으로 북위(北魏: 386~534. 선비족 拓跋氏가 平城, 지금의 山西 大同에 도읍을 정하였다가 494년 洛陽으로 천도한 북조의 왕조) 시대 돈황에서 태어났다. 어려서 곽우郭瑀에게 배우다가 그의 사위가 되었으며 뒤에 주천酒泉으로 은거한 뒤 벼슬을 거부하였고, 그곳에서 강학할 때 제자가 5백여 명에 이르렀다 한다. 뒤에 서량(西涼: 五胡十六國의 하나. 漢族 李暠가 세운 나라로 甘肅 酒泉을 도읍으로 하고 지금의 河西 四郡과 서쪽 전체를 영토로 하던 나라. 400~421년 존속)이 그 땅에 들어서자 유림좨주儒林祭酒, 종사중랑從事中郎 등을 거쳐 이호군夷護軍 등의 관직을 거쳤다. 특히 서량을 세운 이고李暠는 그를 만난 것을 마치 유비劉備가 제갈량을 만난 것에 비유하며 흡족해할 정도였다. 그러나 그 뒤 다시 흉노족 저거몽손沮渠蒙遜이 서량을 멸하고 국호를 북량(北涼: 397~439)이라 칭하며 주천을 도읍으로 정하자 유병은 그에게 불려가 비서랑을 수락하였다. 그러자 몽손의 아들 저거목건沮渠牧犍은 유병을 심히 존중하여 국사國師로 삼아 궁궐 서원西苑에 따로 거처를 지어 매월 양고기와 술을 보내고 직접 찾아가 예를 물을 정도였으며, 현처선생으로 호를 삼아 모셨다고 한다. 그러나 이 역시 얼마 지나지 않아 조조가 그 지역을 평정하고 양주涼州로 삼자 일찍이 유병의 학문을 들은 터라 그를 다시 낙평왕樂平王의 종사중랑으로 삼았다. 유병은 미처 한 해를 넘기지 못하고 늙어 귀향을 결심, 고향 돈황으로 돌아가던 중 병을 얻어 70여 세의 생을 마감하였다.

유병은 《약기略記》 130편(84권), 《돈황실록敦煌實錄》 20권, 《방언方言》 3권, 《정공당명靖恭堂銘》 1권, 《양서涼書》 10권 등을 저술하였으며, 《주역》,

《한비자》,《황석공삼략》 등과 바로 이《인물지》에 주석을 가하는 작업을 하는 등 일생 많은 업적을 남기기도 하였다.

한편 유병의《인물지》에 대한 주석은 훈고나 해석이 아니라 전체 대강을 더욱 추가하여 편폭을 넓히고 의미를 부연한 것이다. 따라서 해석을 하기 위한 설명은 없다. 그 때문에 〈사고전서총목제요〉에서는 "훈고에는 주된 뜻을 두지 않았으며 오직 대의를 소통시켰을 뿐이다. 문사가 간결하고 고풍스러워 오히려 위진시대 유풍을 남겼다 할 것이다"(不涉訓詁, 惟疏通大意, 而文詞簡古, 猶有魏晉之遺)라 한 것이다.

이에 따라 필자는 본《인물지》역주에 원문에 주석 번호를 부여하고 그 유병의 주석을 차례로 제시하여 참고로 삼도록 제공하였다.

끝으로 유병에 대한 정사 기록은 역시《위서(魏書. 後魏書)》(51)에 본전이 있어 비교적 자세히 살필 수 있다.(부록을 참고할 것)

欽定四庫全書

人物志卷上

魏 劉邵 撰
涼 劉昞 注

九徵第一

蓋人物之本出乎情性情性之理甚微而玄非聖人之察其孰能究之哉凡有血氣者莫不含元一以為質稟陰陽以立性體五行而著形苟有形質猶可即而求之凡人之質量中和最貴矣中和之質必平淡無味故能調成五材變化應節是故觀人察質必先察其平淡而後求其聰明聰明者陰陽之精陰陽清和則中叡外明聖人淳耀能兼二美知微知章自非聖人莫能兩遂

故明白之士達動之機而暗於玄慮玄慮之人識靜之原而困於速捷若量其材質稽諸五物五物之徵亦各著於厥體矣其在體也木骨金筋火氣土肌水血五物之象也五物之實各有所濟是故骨植而柔者謂之弘毅弘毅也者仁之質也氣清而朗者謂之文理文理也者禮之本也體端而實者謂之貞固貞固也者信之基也筋勁而精者謂之勇敢勇敢也者義之決也色平而暢者謂之通微通微也者智之原也五質恆性故謂之五常矣五常之別列為五德是

《人物志》〈漢魏叢書〉본 明 萬曆(1573-1619)연간 新安程氏 간본

人物志卷上

魏 散騎常侍劉邵撰
原 儒林祭酒劉昞注

龍谿精舍校刊

人物志

九徵第一

蓋人物之本,出乎情性。情性之理,甚微而玄,非聖人之察,其孰能究之哉。凡有血氣者,莫不含元一以為質,稟陰陽以立性,體五行而著形。苟有形質,猶可即而求之。

凡人之質量,中和最貴矣。中和之質,必平淡無味,故能調成五材,變化應節。是故觀人察質,必先察其平淡,而後求其聰明。聰明者,陰陽之精。陰陽清和,則中叡外明。聖人淳耀,能兼二美,知微知章。自非聖人,莫能兩遂。故明白之士,達動之機,而暗於玄慮。玄慮之人,識靜之原,而困於速捷。猶火日外照,不能內見。金水內映,不能外光。二者之義,蓋陰陽之別也。若量其材質,

楚園

丙辰七月 **人物志**

潮陽鄭氏
用守山閣
本參中州
彭氏本刊

《人物志》〈龍谿精舍〉本 潮陽鄭氏用守山閣參中州彭氏本

人物志卷上

魏 劉卲 撰
涼 劉昞 注

九徵第一
體別第二
流業第三
材理第四

九徵第一

蓋人物之本，出乎情性。情性之理，甚微而玄，非聖人之察，其孰能究之哉。

凡有血氣者，莫不含元一以為質，稟陰陽以立性，體五行而著形。苟有形質，猶可即而求之。

凡人之質量，中和最貴矣。中和之質，必平淡無味，故能調成五材，變化應節。

是故觀人察質，必先察其平淡，而後求其聰明。聰明者，陰陽之精。陰陽清和，則中叡外明；聖人淳耀，能兼二美。知微知章，自非聖人莫能兩遂。

故明白之士，達動之機而暗於玄慮；玄慮之人，識靜之原而困於速捷。猶火日外照，不能內見；金水內映，不能外光。二者之義，蓋陰陽之別也。

若量其材質，稽諸五物；五物之徵，亦各著於厥體矣。其在體也：木骨、金筋、火氣、

土肌、水血，五物之象也。五物之實，各有所濟：故骨植而柔者，謂之弘毅，弘毅也者，仁之質也；氣清而朗者，謂之文理，文理也者，禮之本也；體端而實者，謂之貞固，貞固也者，信之基也；筋勁而精者，謂之勇敢，勇敢也者，義之決也；色平而暢者，謂之通微，通微也者，智之原也。五質恆性，故謂之五常矣。

五常之別，列為五德，是故：溫直而擾毅，木之德也；剛塞而弘毅，金之德也；愿恭而理敬，水之德也；寬栗而柔立，土之德也；簡暢而明砭，火之德也。

雖體變無窮，猶依乎五質。故其剛柔明暢貞固之徵，著乎形容，見乎聲色，發乎情味，各如其象。

故心質亮直，其儀勁固；心質休決，其儀進猛；心質平理，其儀安閒。夫儀動成容，各有態度：直容之動矯矯行行，休容之動業業蹌蹌，德容之動顒顒卬卬。

夫容之動作，發乎心氣；心氣之徵，則聲變是也。夫氣合成聲，聲應律呂：有和平之聲，有清暢之聲，有回衍之聲。夫聲暢於氣，則實存貌色。故誠仁必有溫柔之色，誠勇必有矜奮之色，誠智必有明達之色。

夫色見於貌，所謂徵神。徵神見貌，則情發於目。故仁目之精，慤然以端；

人物志卷上

魏　散騎常侍劉邵撰
　涼　儒林祭酒劉昞注

九徵第一
流業三　材理四
九徵一　體別二

人物之本，出乎情性。情性之理，甚微而玄，非聖人之察，其孰能究之哉。
蓋人物之本，出乎情性。覩其察物，當知其稟也。能知稟賦，無形狀之人者目擊而照。
凡有血氣者，莫不含元一以為質，稟陰陽以立性，體五行而著形。
稟氣陰陽以立性，苟有形質，猶可即而求之。
凡人之質量，中和最貴矣。
中和之質，必平淡無味，故能調成五材，變化應節。
稟陰陽之精粹者，和暢有味，故五情則美，五則甘，四時煦暖無寒暑矣。不能甘則不能酸鹹矣，故能調成五材，變化應節。

是故，觀人察質，必先察其平淡，而後求其聰明。
平淡無偏，群材必御，是故觀人察質，必先察其平淡，而後求其聰明。
聰明者，陰陽之精。陰陽清和，則中叡外明，聖人淳耀，能兼二美，知微知章，
自非聖人莫能兩遂。或明於玄慮之原而困於遠捷之機，或通於近捷之機而闇於玄慮之原。
之原而困於遠捷之機，聖人兩遂，玄慮之原，猶火日外照，不能內見。
水內映而不能外光，金光外照，不能內見，故以明將入而闇已止。
二者之義，蓋陰陽之別也。
若量其材質，稽諸五物，五物之徵，亦各著於厥體矣。
其在體也，木骨金筋火氣土肌水血，五物之象也。

人物志卷上

魏 散騎常侍劉邵撰
京 儒林祭酒劉昞注

九徵一
體別二
流業三
材理四

九徵第一

夫聖賢之所美，莫美乎聰明；聰明之所貴，莫貴乎知人。知人誠智，則眾材得其序，而庶績之業興矣。

蓋人物之本，出乎情性。情性之理，甚微而玄，非聖人之察，其孰能究之哉。

凡有血氣者，莫不含元一以為質，稟陰陽以立性，體五行而著形。苟有形質，猶可即而求之。

凡人之質量，中和最貴矣。中和之質，必平淡無味，故能調成五材，變化應節。

是故觀人察質，必先察其平淡，而後求其聰明。聰明者，陰陽之精。陰陽清和，則中叡外明。聖人淳耀，能兼二美，知微知章。自非聖人莫能兩遂。

故明白之士，達動之機而暗於玄慮；玄慮之人，識靜之原而困於速捷。猶火日外照，不能內見；金水內映，不能外光。二者之義，蓋陰陽之別也。

若量其材質，稽諸五物。五物之徵，亦各著於厥體矣。其在體也，木骨、金筋、火氣、土肌、水血，五物之象也。

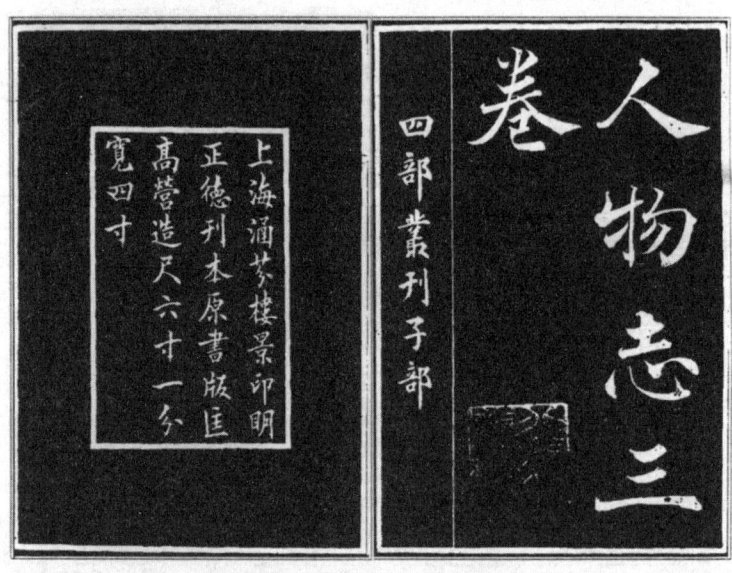

《人物志》〈四部叢刊〉 전자판 書同文(北京)

人物志

九徵第一 大物情性，志氣不同；徵讬見說，形驗有九。

魏　劉劭撰
西涼　劉昞注

蓋人物之本，出乎情性。 性質稟之自然，情變由於染習，是以觀人察物，當察其性質也。

人之察，其孰能究之哉？ 知無形狀，故常人不能揭，惟聖人目擊而照之。

凡有血氣者，莫不含元一以為質，稟陰陽以立性，性實於陰陽，剛柔之意別矣。體五行而著形。 骨勁筋柔，曹甘受和，中和者，百行之根本，人情之臮田也。

苟有形質，猶可即而求之。

凡人之質量，中和最貴矣； 實白受采，味甘受和，中和之質，必平淡無味；

故能調成五材，變化應節。 譬之頭職，雖超逸絕羣，救用者宜，通變無滯，若氣性不和，必有毀衒碎首決胸之鬪也。

是故觀人察質，必先察其平淡，而後求其聰明。

聰明者，陰陽之精。 耳目聚察，通幽達微，舉無遺方，官材授方。

陰陽清和，則中叡外朗。 聖人淳耀，能兼二美，知微知章；

自非聖人，莫能兩遂。 雖得之於目，或失之於耳，故明白之士，達動之機，而暗於玄慮；達於遠趨，而暗於止靜。以之遠趨，則欲成疾。以之深慮，則抗寒而不入也。玄慮之人，識靜之原，而因於速

《人物志》〈新編諸子集成〉본 明 隆慶 6년(1572) 中州本을 기본으로 李一之의 《人物志研究》를 근거로 표점처리하고 활자로 간행한 것. 世界書局 臺灣.

차례

◈ 책머리에
◈ 일러두기
◈ 해제
　1. 《인물지》
　2. 유소劉邵
　3. 유병劉昞
◈ 인물지자서人物志自序

人物志

I. 上卷

1. 구징九徵

001(1-1) 정情과 성性 ··· 46
002(1-2) 중화中和와 평담平淡 ··· 47
003(1-3) 음양의 구별 ··· 50
004(1-4) 오행의 징표 ··· 52
005(1-5) 오상과 오덕 ··· 55
006(1-6) 본바탕과 의표 ··· 58
007(1-7) 징신徵神 ·· 61
008(1-8) 아홉 가지 징표 ··· 64

009(1-9) 치우친 재능 ·· 66
010(1-10) 중용中庸의 지극한 경지 ··· 68

2. 체별體別

011(2-1) 무미無味의 위대함 ·· 74
012(2-2) 재능에 따른 결점 ··· 76
013(2-3) 성격의 유형에 따른 장단점 ··· 81
014(2-4) 서恕로써 만물을 보라 ··· 90

3. 유업流業

015(3-1) 열두 가지 전업專業 ··· 94
016(3-2) 청절가清節家 ·· 96
017(3-3) 국체國體와 기능器能 ··· 98
018(3-4) 장부臧否, 기량伎倆, 지의智意 ·· 100
019(3-5) 문장文章, 유학儒學, 구변口辯, 효웅驍雄 ························· 102
020(3-6) 열두 인재들이 맡아야 할 임무 ······································· 105
021(3-7) 지도자는 평담만 지키면 된다 ·· 108

4. 재리才理

022(4-1) 의義를 세워 순서에 맞게 ··· 112
023(4-2) 논리에 따른 분류들 ··· 114

024(4-3) 천지의 변화처럼 ·· 116
025(4-4) 각 품성에 따를 전문 업무 ······································ 118
026(4-5) 아홉 가지 치우침 ·· 120
027(4-6) 일곱 가지 사이비 ·· 125
028(4-7) 세 가지 오류 ·· 128
029(4-8) 논박을 잘 하는 자 ·· 131
030(4-9) 겸하여야 할 여덟 가지 ·· 136
031(4-10) 재능의 종류 ·· 138
032(4-11) 실행은 도道로써 해야 한다 ································· 140

II. 中卷

5. 재능才能

033(5-1) 일의 크기와 담당 능력 ·· 148
034(5-2) 나라를 다스릴 능력과 현을 다스릴 능력 ················ 149
035(5-3) 여러 가지 재능의 구분 ·· 152
036(5-4) 재능에 따라 달리 맡아야 할 정무政務 ··················· 154
037(5-5) 재능을 잘못 적용하는 경우의 예 ··························· 158
038(5-6) 지도자의 역할 ··· 162

6. 이해利害

039(6-1)	이익과 손해	166
040(6-2)	청절한 사람의 모습	167
041(6-3)	법가의 특징	169
042(6-4)	술가術家의 업무	172
043(6-5)	지의가智意家	174
044(6-6)	장부가臧否家	176
045(6-7)	기량가伎倆家	178

7. 접식接識

046(7-1)	친소에 따르는 변별 오류	182
047(7-2)	장점 뒤에 숨은 결함	184
048(7-3)	일류지재一流之才	189
049(7-4)	시간을 두고 지켜보아야	191
050(7-5)	겸재兼才와 편재偏才	193
051(7-6)	편재偏才를 잘못 판단하는 예	195

8. 영웅英雄

052(8-1)	'영英'과 '웅雄'의 차이점	200
053(8-2)	'영'과 '웅'의 성분	202
054(8-3)	장량張良과 한신韓信	204
055(8-4)	항우項羽와 유방劉邦	206
056(8-5)	'영'과 '웅'을 겸해야 대업을 이룰 수 있다	209

9. 팔관八觀

- 057(9-1) 팔관八觀 ·· 214
- 058(9-2) 간잡間雜 ·· 217
- 059(9-3) 감정변화를 통한 변별 ·· 222
- 060(9-4) 소질과 명성 ·· 229
- 061(9-5) 이유로 삼는 것에 따라 ·· 232
- 062(9-6) 사랑과 공경 ·· 239
- 063(9-7) 정서의 여섯 가지 기틀 ·· 243
- 064(9-8) 단점을 보면 장점을 찾을 수 있다 ······························ 252
- 065(9-9) 총명함을 관찰하면 현달할 것임을 알 수 있다 ········ 255

III. 下卷

10. 칠무七繆

- 066(10-1) 일곱 가지 오류 ·· 266
- 067(10-2) 칭찬과 비방 ·· 269
- 068(10-3) 애오愛惡의 감정 ·· 274
- 069(10-4) 겸손함과 큰 뜻 ·· 276
- 070(10-5) 터득의 이르고 늦음 ·· 280
- 071(10-6) 명리名利 ·· 284

072(10-7) 신장伸張과 억압 ········· 289
073(10-8) 우묘尤妙와 우허尤虛 ········· 294

11. 효난效難

074(11-1) 사람을 알아보기 어려운 두 가지 난점 ········· 304
075(11-2) 서로 뒤섞인 여덟 가지 유형 ········· 305
076(11-3) 표현과 실정 ········· 308
077(11-4) 평소 행동을 통한 검증 ········· 311
078(11-5) 사람을 알아보는 자체의 어려움 ········· 316
079(11-6) 실효를 거두기 어려운 경우 ········· 318
080(11-7) 알려지는 것과 알려지지 못하는 것 ········· 321
081(11-8) 추천의 두 가지 어려움 ········· 323

12. 석쟁釋爭

082(12-1) 선善과 현賢 ········· 326
083(12-2) 경쟁과 양보 ········· 329
084(12-3) '항抗'과 계교計較 ········· 332
085(12-4) 인상여藺相如와 구순寇恂 ········· 335
086(12-5) 화복禍福의 기미 ········· 338
087(12-6) 호랑이를 맨손으로 ········· 342
088(12-7) 독행獨行의 세 등급 ········· 345
089(12-8) 명리名利의 험한 길 ········· 348

◉ 부록

I. 전류傳類

1. 《三國志》(21) 〈劉劭傳〉 ·· 352
2. 《魏書》(52) 〈劉昞傳〉 ·· 354

II. 《인물지人物志》 서발序跋 및 관련 자료

1. 〈人物志序〉 ······················ 阮逸 ························· 356
2. 〈人物志題記〉 ···················· 文寬夫 ······················ 357
3. 〈人物志記〉 ······················ 宋庠 ························· 358
4. 〈序人物志後〉 ···················· 王三省 ······················ 360
5. 〈重刻人物志跋〉 ················· 鄭旻 ························· 361
6. 〈四庫全書提要〉 ················· 紀昀等 ······················ 362
7. 〈四庫全書總目〉 ············· 淸 乾隆敕撰 ···················· 363
8. 〈郡齋讀書志〉 ···················· 宋 晁公武 ··················· 364
9. 人物志研究序 ················ 民國 楊家駱 ···················· 365

인물지자서 人物志自序

　무릇 성현이 아름답다 여긴 것 중에 총명함보다 더한 것이 없으며, 그 총명함 중 귀하다 여긴 것 중에 사람을 알아보는 것보다 더 귀한 것은 없다.
　사람을 알아보는 것이 진실로 지혜롭다면 많은 인재들이 각기 그 정도에 따라 순서대로 제 자리를 찾을 수 있을 것이며 많은 업적을 이룰 사업들이 흥하게 될 것이다. 이로써 성인이 효상爻象을 저작할 때 군자와 소인이라는 어휘를 만들었고, 《시詩》의 본지를 서술할 때는 풍속風俗과 아정雅正의 역할을 구별하였다. 그런가 하면 예악禮樂을 제정할 때는 육예六藝에서의 공경과 항용恒用의 덕목인 지용祇庸을 고찰하였으며, 스스로 남면南面하여 나라를 다스릴 때는 준일俊逸한 보좌와 재상의 재덕을 갖춘 이를 끌어들였다. 이는 모두가 많은 훌륭한 이들을 통달시켜 천공天功을 성취시키고자 함에서였다.
　일단 천공이 성취되면 명성과 영예를 함께 받았으니, 이로써 요堯임금은 '지극히 명석하고 훌륭한 덕을 갖추었다'(克明俊德)라는 칭송을 받았으며, 순舜은 '팔원八元·팔개八愷를 등용하였다'(登庸二八)라는 공을 인정받았던 것이다. 그런가 하면 탕湯은 '유신씨有莘氏 이윤伊尹 같은 어진 이를 발탁하였다'(拔有莘之賢)라는 미명을 듣게 되었고, 문왕文王은 '위수 가의 늙은이 강태공을 거용하였다'(擧渭濱之叟)라는 귀한 사례를 남겼던 것이다.

〈堯임금〉 宋 馬麟(畵)

이로써 논하건대 성인이 덕을 흥성시킴에 자신의 총명함을 인재 찾는데 쏟아 부어, 그들에게 맡겨 부림으로써 편안함을 얻지 않은 이가 누가 있었던가?

이 까닭으로 중니仲尼는 자신의 재능을 시험해볼 기회를 얻지 못하였고, 자신을 이끌어 그 자리에 올려줄 자가 더 이상 없게 되자 제자들의 각기 특장에 따라 덕행德行, 언어言語, 정사政事, 문학文學 등 사과四科로 나누어 품서品序를 매겼고, 많은 무리들의 재질을 '생지生知', '학지學知', '곤학困學' 등 세 등급으로 변별하여 논하였다. 그리고 또 '중용中庸'으로써 성인의 덕이 특수함을 찬탄하였고, 덕을 숭상함으로써 많은 이들로 하여금 학문을 통해 인재가 될 수 있음을 권하였으며, 육폐六蔽를 가르침으로써, 편재偏才의 과실을 경계하였고, 광견狂狷을 지적함로써 구항拘抗의 재능을 가진 자에게 변통을 이해하도록 하였으며, 공공悾悾하면서 믿음이 없는 자를 질시함로써 사이비는 자신을 지켜내기 어려움을 밝혔던 것이다. 그리고 또 "그가 무엇을 편안히 여기는지를 살펴보라. 그가 무엇을 이유로 삼는지를 관찰하라"고 하여 그의 평소 행동거지로써 알아보도록 하였다. 사람을 살피는 일에 대하여 이토록 상세하였던 것이다. 이로써 감히 성인의 가르침에 의하여 인물의 서품을 기록하여 옛사람이 혹 빠뜨리거나 잊어버린 부분을 보충하여 철綴하고자 한다. 박식한 군자들이 그 뜻을 재단하여 살펴보아 주기를 바란다!

夫聖賢之所美, 莫美乎聰明;[1] 聰明之所貴, 莫貴乎知人[2]

〈舜임금상〉

知人誠智, 則衆才得其序, 而庶績之業興矣. 是以聖人著爻象, 則立君子小人之辭;[3] 叙《詩》志, 則別風俗雅正之業;[4] 制禮樂, 則考六藝祗庸之德;[5] 躬南面, 則援俊逸輔相之才; 皆所以達衆善而成天功也.[6]

天功旣成, 則並受名譽.⁷⁾ 是以堯以'克明俊德'爲稱, 舜以'登庸二八'爲功, 湯以'拔有莘之賢'爲名, 文王以'擧渭濱之叟'爲貴. 由此論之, 聖人興德, 孰不勞聰明於求人, 獲安逸於任使者哉?⁸⁾

是故仲尼不試, 無所援升, 猶序門人以爲'四科', 泛論衆才以辨'三等'.⁹⁾ 又歎'中庸', 以殊聖人之德;¹⁰⁾ 尚德, 以勸庶幾之論;¹¹⁾ 訓'六蔽', 以戒偏才之失;¹²⁾ 思'狂狷', 以通拘抗之才;¹³⁾ 疾'悾悾而無信', 以明爲似之難保.¹⁴⁾ 又曰:「察其所安, 觀其所由.」以知居止之行.¹⁵⁾ 人物之察也, 如此其詳.¹⁶⁾ 是以敢依聖訓, 志序人物, 庶以補綴遺忘. 惟博識君子裁覽其義焉!

> 劉昞(注)

1) 天以三光著其光, 人以聰明求其度.
2) 聰於書計者, 六藝之一術; 明於人物者, 官材之總司.
3) 君子者小人之師, 小人者君子之資, 師資相成, 其來尚矣
4) 九士殊風, 五方異俗, 是以聖人立其教不易其方, 制其政不改其俗.
5) 雖不易其方, 常以詩禮爲首; 首不改其俗, 常以孝友爲本.
6) 繼天成物, 其任至重, 故求賢擧善, 常若不及.
7) 忠臣竭力而效能, 明君得賢而高枕. 上下忠愛, 謗毀何從生哉?
8) 采士飯牛, 秦穆所以霸西戎; 一則中父, 齊桓所以成九合,
9) 擧德行爲四科之首, 敍生知爲三等之上, 明德行者道義之門, 質志氣者材智之根也.
10) 中庸之德, 其至矣乎! 人鮮能久矣, 唯聖人能之也.
11) 顔氏之者, 其殆庶幾乎, 三月不違仁, 乃窺德行之門. 若非志士仁人希邁之性, 日月至焉者, 豈能終之!

12) 仁者愛物, 蔽生無斷; 信者露誠, 蔽在無隱; 此偏才之常失也.
13) 或進趨於道義, 或潔己而無爲, 在上兩順其所能, 則拘抗並用.
14) 厚貌深情, 聖人難之, 聽其言而觀其所爲, 則似託不得逃矣.
15) 言必契始以要終, 行必覩初以求卒, 則外之情, 粗可觀矣.
16) 不詳察則官材失其序, 而庶政之業荒矣.

【聰明】원래는 귀로 듣고 잘 알아차리는 똑똑함을 '聰'이라 하고, 눈으로 보아 민첩하게 깨닫는 것을 '明'이라 하였으나 이를 묶어 사리에 밝고 영민(靈敏)함을 뜻하는 말로 쓰임. 《尙書》堯典에 「昔在帝堯, 聰明文思, 光宅天下」라 하였고, 孔穎達의 疏에「言聰明者, 據人近驗, 則聽遠爲聰, 見微爲明. ……以耳目之聞見, 喩聖人之智慧, 兼知天下之事」라 함.

【知人】남을 알아봄. 남을 변별하는 능력. 혹 '남을 인정해주다'의 뜻으로도 쓰임. 《論語》顔淵篇에 "樊遲問仁. 子曰:「愛人.」問知. 子曰:「知人.」樊遲未達. 子曰:「擧直錯諸枉, 能使枉者直.」樊遲退, 見子夏曰:「鄕也吾見於夫子而問知, 子曰,『擧直錯諸枉, 能使枉者直』, 何謂也?」子夏曰:「富哉言乎! 舜有天下, 選於衆, 擧皐陶, 不仁者遠矣. 湯有天下, 選於衆, 擧伊尹, 不仁者遠矣.」"라 함.

【序】차례, 등급이나 순서. 우열의 차이.

【庶績】많은 업적, 혹 여러 가지 사업.

【爻象】《周易》에서 爻辭와 象辭. 효사는 《역》의 가장 기본이 되는 음효와 양효가 결합하여 小成卦나 大成卦를 이룰 때 그에 대한 설명. 상사는 《역》의 괘를 설명하는 말. 《역》은 처음 伏羲氏가 八卦를 만들었으며 그 뒤 문왕과 무왕, 공자를 거치면서 지금의 64괘 전체에 대한 여러 가지 의미가 부여되고 완성되었음.

【君子】중국 전통 사상에서 덕과 인품을 모두 갖춘 이상적인 사람을 뜻함. 혹 위정자, 귀족의 남자 등을 지칭함.

【小人】군자에 상대되는 유형으로 서민, 혹은 식견이 낮고 행동이 천박한 사람을 지칭하는 말.

【敍詩志】《詩》의 원래 참뜻을 풀이하고 서술함. 志는 지와 같으며 시의 본의, 감정, 정서 등을 뜻함. 《尙書》堯典에 "詩言志, 歌永言"라 하였고, 〈詩大序〉에는 "厚人倫, 美敎化 移風俗, 莫近於詩"라 함.

【風俗雅正】《詩》의 風은 민간의 노래이므로 이를 '俗'이라 하고, 大雅와 小雅는 雅樂이므로 이를 '正'이라 한 것임.
【禮樂】개인 수양 및 사회 생활에 가장 중요한 예의와 음악. 六經과 六藝의 기본 과목이며 동시에 民風을 교화시키는 중요한 덕목으로 여겼음.《論語》泰伯篇에 "子曰: 「興於詩, 立於禮, 成於樂.」"이라 함.
【六藝】고대 귀족 자제의 학습에 기본적이 여섯 가지 과목. 흔히 '禮樂射御書數'를 지칭함. 그러나 漢代 이후에는 경을 예라 불러 육경을 지칭하는 말로도 쓰임. 즉《易》,《詩》,《書》,《禮》,《樂》,《春秋》를 들고 있음. 班固의《漢書》藝文志 참조.
【祗庸】공경의 태도와 마음으로 恒道를 지킴. '祗'는 '敬'과 같으며 '庸'은 '常'과 같은 뜻임.
【南面】지도자, 임금, 통치자를 뜻함. 고대 제왕은 남쪽을 향해 신하의 의견을 듣고 통치하였음. 이에 따라 신하의 지위는 北面이라 표현함.《周易》說卦에 "聖人南面而聽天下, 向明而治"라 함.
【援】끌어들임. 선발하여 임용함.
【俊逸】뛰어나고 시원함. 훌륭한 인물을 뜻함.
【輔相】보좌.
【天功】하늘이 완성하도록 사명을 내린 업무. 세상 만물을 위해 성취해야 할 큰일을 말함.
【堯】고대 제왕. 唐 부락의 영수. 陶唐氏. 이름은 放勳, 唐堯라 부름.

요임금《三才圖會》

【克明俊德】능히 덕 있고 능력 있는 자를 식별함.《說苑》君道篇에 "當堯之時, 舜爲司徒, 契爲司馬, 禹爲司空, 后稷爲田疇, 夔爲樂正, 倕爲工師, 伯夷爲秩宗, 皐陶爲大理"라 하여 고대 훌륭한 이들을 높여 이상적인 정치를 이루었음을 비유한 것.
【舜】고대 제왕의 하나. 有虞氏. 이름은 重華, 虞舜이라 부름. 요임금의 아들이 불초하여 요가 순에게 천하를 禪讓함.《史記》五帝本紀 참조.
【登庸】선발하여 임용함. '庸'은 '用'과 같음.
【二八】八元과 八愷. 고대 高陽氏가 임용했던 여덟 명의 뛰어난 인재를 '팔원'이라 하며, 高辛氏 때 임용되었던 여덟 명을 '팔개'라 함.《左傳》文公 18년에 "昔高陽氏有才子八人, 蒼舒·隤凱·檮戭·大臨·尨降·庭堅·仲容·叔達, 齊·聖·廣·淵·明·允·篤·誠, 天下之民謂之八愷. 高辛氏有才子八人, 伯奮·仲堪·叔獻·

전욱 고양씨《三才圖會》

季仲·伯虎·仲熊·叔豹·季狸, 忠·肅·共·懿·宣·慈·惠·和, 天下之民謂之八元. 此十六族也, 世濟其美, 不隕其名. 以至於堯, 堯不能擧. 舜臣堯, 擧八愷, 使主后土, 以揆百事, 莫不時序, 地平天成. 擧八元, 使布五敎于四方, 父義·母慈·兄友·弟共·子孝, 內平外成. 昔帝鴻氏有不才子, 掩義隱賊, 好行凶德; 醜類惡物. 頑嚚不友, 是與比周, 天下之民謂之渾敦. 少皞氏有不才子, 毀信廢忠, 崇飾惡言; 靖譖庸回, 服讒蒐慝, 以誣盛德, 天下之民謂之窮奇. 顓頊氏有不才子, 不可敎訓, 不知話言; 告之則頑, 舍之則囂, 傲很明德, 以亂天常, 天下之民謂之檮杌. 此三族也, 世濟其凶, 增其惡名, 以至于堯, 堯不能去. 縉雲氏有不才子, 貪于飮食, 冒于貨賄, 侵欲崇侈, 不可盈厭, 聚斂積實, 不知紀極, 不分孤寡, 不恤窮匱, 天下之民以比三凶, 謂之饕餮. 舜臣堯, 賓于四門, 流四凶族, 渾敦·窮奇·檮杌·饕餮, 投諸四裔, 以禦螭魅. 是以堯崩而天下如一, 同心戴舜, 以爲天子, 以其擧十六相, 去四凶也"라 함.

〈商湯像〉

【湯】商(殷)나라의 개국 군주. 夏나라 말왕 폭군 桀을 정벌하고 殷王朝를 건립한 임금. 儒家에서 성인으로 모심.《史記》殷本紀 참조.

【有莘之賢】伊尹을 가리킴. 원래 천한 신분으로 有莘氏의 딸이 湯에게 시집올 때 따라온 媵臣. 湯에게 발탁되어 재상이 되어 하나라를 멸하고 은왕조를 건립하는데 결정적인 공헌을 함.

【文王】周文王. 姬昌. 后稷의 후예로 商末 周 민족의 지도자로서 西伯에 임명됨. 아들 武王(姬發)이 은의 말왕 紂를 정벌하여 주나라를 흥성시킴. 유가에서 文武를 묶어 성인으로 높이 받듦.《史記》周本紀 참조.

【渭濱之叟】위수 가의 늙은이. 즉 姜太公 呂尙을 가리킴. 자는 子牙, 호는 '太公望', 줄여서 강태공이라 부름. 위수에서 낚시질할 때 문왕에게 발탁되어 군사의 업무를 담당함. 뒤에 은을 멸한 공로로 제나라에 봉지를 받아 제나라 시조가 됨.《史記》周本紀 및 齊太公世家 참조.

〈姜太公像〉

【任使】일을 맡겨 부림. 임용함.

【仲尼】공자. 이름은 丘.《史記》孔子世家 및 仲尼弟子列傳 등 참조. 六經을 정리하고 중국 儒家 사상을 완성한

至聖先師. 聖人으로 높이 여김.
【不試】試用을 받지 못함. 등용되지 못함.《論語》子罕篇에 "大宰問於子貢曰:「夫子聖者與? 何其多能也?」子貢曰:「固天縱之將聖, 又多能也.」子聞之, 曰:「大宰知我乎! 吾少也賤, 故多能鄙事. 君子多乎哉? 不多也.」牢曰:「子云:『吾不試, 故藝.』"라 하였고,《論衡》正說에 "堯曰:「我其試哉! 說尙書曰: 試者, 用也.」"라 함.
【援升】끌어들여 선발하여 올림. 登用의 다른 표현.
【序門人】제자를 그 特長에 따라 品序를 매김.
【四科】공자가 말한 당시 학문 목표의 4가지 과목.《論語》先進篇에 "子曰:「從我於陳·蔡者, 皆不及門也.」德行: 顔淵, 閔子騫, 冉伯牛, 仲弓. 言語: 宰我, 子貢. 政事: 冉有, 季路. 文學: 子游, 子夏."라 하였고,《後漢書》鄭玄傳에는 "仲尼之門, 考以四科"라 함.

공자《三才圖會》

【三等】사람의 인성, 지혜 등 유형을 3가지 등급으로 나눈 것. 즉 生知(生而知之), 學知(學而知之), 困學(困而學之)을 말함.《論語》季氏篇에 "孔子曰:「生而知之者上也, 學而知之者次也; 困而學之, 又其次也; 困而不學, 民斯爲下矣.」"라 함.
【中庸】지나침도 모자람도 없으며 치우침도 기댐도 없는 가장 이상적인 중간 단계의 원만함을 말함.《論語》雍也篇에 "子曰:「中庸之爲德也, 其至矣乎! 民鮮久矣.」"라 하였고,《禮記》에〈中庸篇〉이 있으며 남송 때 朱子(朱熹)가 이를〈大學篇〉과 함께 분리하여 四書로 編定하고 주석을 모아『四書集註』를 펴냄.
【殊】구분됨. 다름. 특출함.
【尙德】덕을 숭상하여 행동으로 실천함.
【庶幾】'거의.' 희망 사항이나 기대 등을 나타낼 때 쓰는 문장 표현법.
【訓六蔽】유학을 배우지 않았을 때 나타나는 여섯 가지 폐단.《論語》陽貨篇에 "子曰:「由也! 女聞六言六蔽矣乎?」對曰:「未也.」「居! 吾語女. 好仁不好學, 其蔽也愚; 好知不好學, 其蔽也蕩; 好信不好學, 其蔽也賊; 好直不好學, 其蔽也絞; 好勇不好學, 其蔽也亂; 好剛不好學, 其蔽也狂.」"라 함.
【偏才】한 가지 방면에 치우친 재능이 있는 인재.
【狂狷】너무 고집을 지켜 원만하지 못한 치우침.《論語》子路篇에 "子曰:「不得中行而與之, 必也狂狷乎! 狂者進取, 狷者有所不爲也.」"라 하여 광은

진취적인 것, 견은 하지 않는다면 하지 않는 고집이 있는 것을 말함. 『四書集註』주자의 주에는 "狂者, 志極高而行不掩. 狷者, 知未及而守有餘. 蓋聖人本欲得中道之人而敎之, 然旣不可得, 而徒得謹厚之人, 則未必能自振拔而有爲也. 故不若得此狂狷之人, 猶可因其志節, 而激厲裁抑之以進於道, 非與其終於此而已也"라 하였고, 《孟子》盡心(下)에는 "孟子曰:「孔子豈不欲中道哉? 不可必得, 故思其次也. 如琴張·曾晳·牧皮者, 孔子之所謂狂也. 其志嘐嘐然, 曰:『古之人! 古之人!』夷考其行而不掩焉者也. 狂者又不可得, 欲得不屑不潔之士而與之, 是狷也, 是又其次也.」"라 함.

【拘抗】구속되어 근심하는 것과 마구 대들어 앞서는 두 가지 유형.

【疾】미워함. 증오함. 질시함.

【悾悾】성실한 모습. 《論語》泰伯篇에 "子曰:「狂而不直, 侗而不愿, 悾悾而不信, 吾不知之矣.」"라 하였고, 주에 "悾悾, 無能貌"라 하였으며, 蘇軾(東坡)은 "天之生物, 氣質不齊. 其中材以下, 有是德則有是病. 有是病必有是德, 故馬之蹄齧者必善走, 其不善者必馴. 有是病而無是德, 則天下之棄才也"라 함.

【爲似】'僞似'와 같음. 거짓과 似而非. 겉으로는 그럴듯하지만 내심은 그렇지 않은 유형을 말함. 《孟子》盡心(下)에 "孔子曰: 惡似而非者: 惡莠, 恐其亂苗也; 惡佞, 恐其亂義也; 惡利口, 恐其亂信也; 惡鄭聲, 恐其亂樂也; 惡紫, 恐其亂朱也; 惡鄕原, 恐其亂德也"라 하였다.

【察其所安】그가 어떠한 경우를 편안히 여기는가를 살펴봄. 《論語》爲政篇에 "子曰:「視其所以, 觀其所由, 察其所安. 人焉廋哉? 人焉廋哉?」"라 함.

【居止】일상의 行動擧止, 평소의 모습과 언행.

【聖訓】성인의 가르침.

【庶】희망함. 庶幾와 같은 표현법.

【補綴】보충하여 엮음.

【裁覽】품평함. 재단하여 감별함.

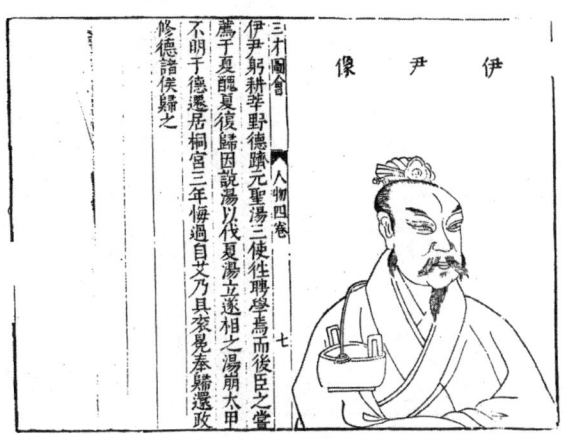

이윤 《三才圖會》

주나라 문왕와 무왕 《三才圖會》

I. 上卷

1. 구징 九徵
2. 체별 體別
3. 유업 流業
4. 재리 才理

〈魚紋彩陶盆〉 1995 서안 반파 출토

1. 구징 九徵

　구징九徵은 인물의 본바탕은 반드시 겉으로 그 징표를 드러내게 되어 있으니 이를 통해 품평과 변별의 시발점을 삼아야 한다는 내용이다.
　유병劉昞의 주에 "인물人物의 정情과 성性은 서로 같지 않다. 마음속의 생각이나 정서가 표징이 있어 겉모습에 드러나게 된다. 그 형태로 증험할 수 있는 것이 아홉 가지 유형이 있다"(人物情性, 志氣不同; 徵神見貌, 形驗有九)라 하였다.

〈三輪銅盤〉(春秋) 1957 江蘇 武進 출토

001(1-1)
정情과 성性

대체로 인물됨의 본 모습은 정情과 성性에서 나온다.
정과 성의 이치는 지극히 미세하여 성인이 아니고서야 그 누가 이를 능히 끝까지 알아낼 수 있겠는가?

蓋人物之本, 出乎情性.[1]
情性之理, 甚微而玄, 非聖人之察, 其孰能究之哉?[2]

> 劉昞(注)
> 1) 性質稟之自然, 情變由於染習, 是以觀人察物, 當尋其性質也.
> 2) 知無形狀, 故常人不能覩, 惟聖人目擊而照之.

【人物】사람으로서의 才品. 品格, 類型, 品類. 바로 이《인물지》의 기본 용어로 사용된 것임.
【本】근본. 가장 기본이 되는 것.
【情性】정과 성. 정은 사물을 접촉하여 생기는 개인적인 감정. 성은 태어나면서 갖추고 있는 본래의 성품.《荀子》正名篇에 "性之好惡喜怒樂謂之情"이라 함. 劉昞의 주에 "性質稟之自然, 情變由於染習"이라 함. 한편《論語》陽貨篇에 "子曰:「性相近也, 習相遠也.」"라 함.
【微】드러나지 않은 것. 隱微와 같음.
【玄】현묘함. 오묘함.《老子》1장에 "故常無, 欲以觀其妙; 常有, 欲以觀其徼. 此兩者, 同出而異名, 同謂之玄. 玄之又玄, 衆妙之門"이라 함.

002(1-2)
중화中和와 평담平淡

　무릇 생명을 가진 것이라면 원일元一을 품어 이를 바탕으로 삼지 않은 것이 없으며,
　음양陰陽을 품부稟賦 받아 이로써 성품을 형성하지 않는 자가 없으며, 오행五行을 체득하여 이로써 형태를 이루지 않는 것이 없다.
　만약 형태를 가지고 있다면 그 바탕본질이 어떤 것인가 하는 것은 즉시 찾아낼 수 있다.
　무릇 사람의 질량質量에서 중화中和가 가장 귀중한 것이다.
　중화의 바탕은 반드시 평담무미平淡無味해야 한다. 그래야 능히 오재五才의 조화를 이루어 변화에 응하여 절조를 맞출 수 있다.
　이런 까닭으로 사람의 재질을 관찰할 때는 반드시 먼저 그 평담을 살펴보고, 그런 연후에 그의 총명함을 요구하여야 한다.

凡有血氣者, 莫不含元一以爲質,[1]
稟陰陽以立性,[2] 體五行而著形.[3]
苟有形, 質猶可卽而求之.[4]
凡人之質量, 中和最貴矣.[5]
中和之質, 必平淡無味,[6] 故能調成五才, 變化應節.[7]
是故觀人察質, 必先察其平淡, 而後求其聰明.[8]

> **劉昞(注)**

1) 質不至, 則不能涉寒暑·歷四時.
2) 性資於陰陽, 故剛柔之意別矣.
3) 骨勁筋柔, 皆稟情於金木.
4) 由氣色外著, 故相者得其情素也.
5) 質白受采, 味甘受和. 中和者百行之根本·人情之良田也.
6) 惟淡也, 故五味得和焉. 若苦, 則不能甘矣; 若酸也, 則不能鹹矣.
7) 平淡無偏, 群材必御; 致用有宜, 通變無滯.
8) 譬之驥騄, 雖超逸絶群, 若氣性不和, 必有毀衡碎首決胸之禍也.

【血氣】생명을 가진 모든 것. 피의 기운. 혹 젊음의 기운을 말함.《論語》季氏篇에 "孔子曰:「君子有三戒: 少之時, 血氣未定, 戒之在色; 及其壯也, 血氣方剛, 戒之在鬪; 及其老也, 血氣旣衰, 戒之在得.」"라 함.
【元一】원기. 우주 물질의 가장 기본이 원소.《論衡》論天篇에 "元氣未分, 混沌爲一"이라 함.
【稟】하늘로부터 받은 품성. 天稟.
【陰陽】고대에 만물을 이분법적으로 분류할 때의 개념. 태극이 양의를 낳으니 그 양의가 바로 음양에 해당함. 천지, 일월, 남녀 등 대립과 상대되는 만물의 구분을 뜻함.
【體】본체. 근거로 삼음. 用의 상대개념으로 쓴 것.
【五行】만물의 기본 물질과 상태의 추상적인 개념으로 서로 영향을 주고받아 무궁한 변화, 생성, 소멸, 상생, 상극, 상성을 일으킴. 동양의 음양오행설을 말함.《尙書》洪範에 "五行: 一曰水, 二曰火, 三曰木, 四曰金, 五曰土"라 하였고 孔穎達의〈正義〉에 "易繫辭傳曰:「天一地二, 天三地四, 天五地六, 天七地八, 天九地十.」此卽是五行生成之數. 天一生水, 地二生火, 天三生木, 地四生金, 天五生土, 此其生數也; 如此則陽無匹·陰無耦. 故地六成水, 天七成火, 地八成木, 天九成金, 地十成土. 於是陰陽各有匹偶而物得成焉. 故謂之成數也"라 함. 이에 따라 相生은 "水生木, 木生火, 火生土, 土生金, 金生水"이며, 相克은 "水克火, 火克金, 金克木, 木克土, 土克水"가 됨. 한편 이들은 五常, 五事, 五方, 五味, 五季, 五色 五帝, 五臟, 五音 등과 서로 연결 지어 풀이하기도 함.

그 예는 다음과 같음.
木(仁, 貌, 東, 春, 靑, 牙, 肝, 角)
金(義, 言, 西, 秋, 白, 齒, 肺, 商)
水(信, 聽, 北, 冬, 黑, 喉, 腎, 宮)
火(禮, 視, 南, 夏, 赤, 舌, 心, 徵)
土(智, 思, 中, 季夏, 黃, 脣, 脾, 羽)
그 외 五常, 五音, 五味, 五色, 五方, 五官, 五穀, 五倫, 五臟, 五材 등 여러 가지를 이에 맞추어 상징하며, 이를 바탕으로 先秦諸子學에 陰陽家의 학설을 낳음.
【質量】 자질과 기량. 소질. 본래 타고난 여러 가지 본질과 도량.
【中和】 中正함과 화평함을 함께 지니고 있음을 뜻함.《中庸》제 1장에 "喜怒哀樂之未發, 謂之中; 發而皆中節, 謂之和. 中也者, 天下之大本也; 和也者, 天下之達道也. 致中和, 天地位焉, 萬物育焉."이라 함.
【五才】 다섯 가지 재능과 재덕. 흔히 智, 仁, 勇, 信, 忠을 말함.
【應節】 절도에 맞게 응함. 법칙을 잘 준수함.

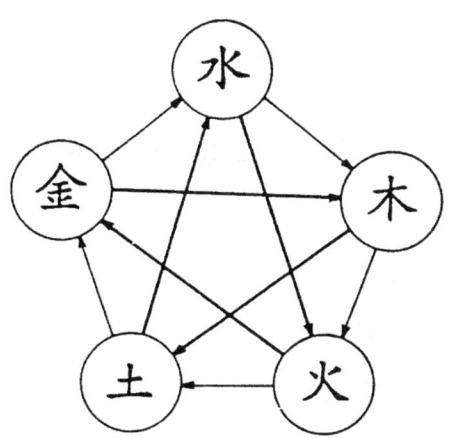

〈五行相生相克圖〉:
내부 선은 相克관계. 외부 선은 相生관계

003(1-3)
음양의 구별

　총명聰明이란 음양陰陽의 알맹이다. 음양이 청화淸和하면 안으로는 예지가 있고 밖으로는 명석함이 있게 되는 것이다.
　성인은 순요淳耀하여 능이 이 두 가지 아름다움을 겸비하고 있다.
　미세한 것도 알아낼뿐더러 겉으로 드러난 창명彰明함도 알아내는 것은 성인이 아니고서는 능히 이 두 가지를 함께 가질 수 없다.
　그러므로 명백明白한 선비는 움직임의 동기에 대하여 통달하지만 심오한 사려思慮에는 어둡다.
　그런가 하면 심오한 사려에 밝은 자는 조용히 잠겨 있어야 할 때는 알지만 대신 빨리 나서야 할 때는 놓치는 경우가 많다.
　이는 마치 불빛과 햇빛은 물체의 바깥 표면은 비출 수 있지만 그 안쪽은 비출 수 없고, 쇠붙이와 물은 안으로 물체를 비춰줄 수는 있지만 스스로 빛을 낼 수는 없는 것과 같다.
　이 두 가지 사실의 차이는 대체로 음양의 구별이다.

聰明者, 陰陽之精.[1]
陰陽淸和, 則中叡外明.
聖人淳耀, 能兼二美.
知微知章,[2] 自非聖人, 莫能兩遂.[3]
故明白之士, 達動之機, 而暗於玄慮;[4]
玄慮之人, 識靜之原, 而困於速捷.[5]

猶火·日外照, 不能內見;
金·水內暎, 不能外光.⁶⁾
二者之義, 蓋陰陽之別也.⁷⁾

劉昞(注)

1) 離目坎耳, 視聽之所由也.
2) 耳目兼察, 通幽達微, 官材授方, 擧無遺失.
3) 雖得之於目, 或失之於耳.
4) 達於進趨, 而暗於止靜. 以之進趨, 則欲速而成疾; 以之深慮, 則抗奪而不入也.
5) 性安沉默, 而智乏應機, 以之閑靜, 則玄微之道搆; 以之濟世, 則勁捷而無成.
6) 人各有能, 物各有性, 是以聖人任明白以進趨, 委守成於玄慮, 然後動止得節, 出處應宜矣.
7) 陽動, 陰靜, 乃天地之定性, 況人物乎?

【淸和】청정함과 화평함.
【中叡】만물을 통달하는 지혜를 마음속에 지니고 있음.
【淳耀】光耀. '淳'은 '大'와 같은 뜻임.
【二美】두 가지 아름다운 미덕. 즉 平淡과 聰明을 뜻함.
【章】'彰'과 같음. 겉으로 밝게 드러남.
【遂】완수함. 遂行하여 성공을 거둠.
【達動之機】행동을 통달시키며 사물의 이치에 통효하도록 하는 기틀. 열쇠.
【暗】어두움. 명석하지 못함.
【玄慮】깊이 염려함. 深慮와 같은 뜻.
【原】원리. 사물의 도리.
【速捷】신속하고 민첩함.
【見】'現'과 같음. 드러나 보임.
【暎】'映'과 같음. 밝게 비침.

004(1-4)
오행의 징표

만약 상대의 재능과 바탕을 헤아리려 한다면 모두 오물五物에서 그 원리를 찾아야 한다.

오물의 징표는 역시 각기 그 구체적인 물체에 드러나기 때문이다.

사람의 인체 안에는 목木에 해당하는 **뼈**가 있고, 금金에 해당하는 힘줄이 있으며, 화火에 해당하는 기氣가 있고, 토土에 해당하는 살肌이 있으며, 수水에 해당하는 피가 있다. 이것이 오물五物의 상징이다.

이 오물은 그 실질이 있으며, 각기 성취해야 할 자신의 임무가 있다.

이런 까닭으로 **뼈**가 곧으면서도 부드러운 자를 일러 홍의弘毅라 한다. '홍의'라는 것은 인仁의 바탕이다.

기가 맑으면서 청량한 자를 일러 문리文理라 한다. '문리'라는 것은 예禮의 근본이다.

몸이 단정하고 충실한 자를 일러 정고貞固라 한다. '정고'라는 것은 신信의 기초이다.

힘줄이 질기면서 정밀한 자를 일러 용감勇敢이라 한다. '용감'이란 의義의 결단이다.

얼굴 표정이 평온하면서 화창한 자를 일러 통미通微라 한다. '통미'란 지智의 근원이다.

이상은 항구적으로 변할 수 없는 성품이다. 그 때문에 이를 일러 오상五常이라 하는 것이다.

若量其才質, 稽諸五物.
五物之徵, 亦各著於厥體矣.[1]
其在體也, 木骨・金筋・火氣・土肌・水血, 五物之象也.[2]
五物之實, 各有所濟.[3]
是故骨植而柔者, 謂之弘毅. 弘毅也者, 仁之質也.[4]
氣清而朗者, 謂之文理. 文理也者, 禮之本也.[5]
體端而實者, 謂之貞固. 貞固也者, 信之基也.[6]
筋勁而精者, 謂之勇敢. 勇敢也者, 義之決也.[7]
色平而暢者, 謂之通微. 通微也者, 智之原也.[8]
五質恆性, 故謂之五常矣.[9]

劉昞(注)

1) 筋勇色靑, 血勇色赤, 中動外形, 豈可匿也?
2) 五性者, 成形之具, 五物爲母, 故氣色縱之而具.
3) 五性不同, 各有所禀, 性多者, 則偏性生也.
4) 木則垂蔭, 爲仁之質; 質不弘毅, 不能成仁.
5) 火則照察, 爲禮之本; 本無文理, 不能成禮.
6) 土必吐生, 爲信之基也, 基不貞固, 不能成信.
7) 金能斷割, 爲義之決, 決不勇敢, 不能成義.
8) 水流疏達, 爲智之原, 原不通微, 不能成智.
9) 五物, 天地之常氣; 五德, 人物之常行.

【稽】헤아림. 여러 가지로 稽考함.
【五物】오행에서 구체적인 다섯 가지 물체. 즉 水, 火, 木, 金, 土.

【徵】징조, 상징.
【厥體】그것. 그 본체. '厥'은 '其'와 같음. 雙聲互訓.
【象】形象. 모습. 오물이 밖으로 갖추고 있는 구체적인 모습이나 형식.
【濟】성공함. 성취함.
【骨植】골격이 곧음. 뼈대가 굳셈. '植'은 '直'과 같음.
【弘毅】기량이 넓고 큼. 의지가 견강함.《論語》泰伯篇에 "曾子曰:「士不可以不弘毅, 任重而道遠. 仁以爲己任, 不亦重乎? 死而後已, 不亦遠乎?」"라 함.
【仁】고대 군자로서 갖추어야 할 가장 근본이 되는 수양 개념. 어짊. 사람과 사람 사이 지켜야 할 가장 중요한 덕목.
【朗】밝음. 명쾌함.
【文理】禮로서 겉으로 드러나는 文飾과 儀表 및 節度.《荀子》禮論篇에 "孰知夫禮儀文理之所以養情也?"라 함.
【禮】사회 규범. 지극히 형식적이지만 반드시 누구나 공지하고 지켜야 할 규칙. 고대 법 이전에 사회를 지탱하던 가장 중요한 덕목. 五經의《禮》는 이러한 원리에서 형성된 것임. 지금은 三禮(《禮記》,《周禮》,《儀禮》)로 정리되어 있음.
【貞固】정도를 지키되 堅貞하여 바꿈이 없음.
【信】반드시 갖추어야 할 믿음.《論語》爲政篇에 "子曰:「人而無信, 不知其可也. 大車無輗, 小車無軏, 其何以行之哉?」"라 하였고, 顔淵篇에는 "民無信不立"이라 함.
【勇敢】옳은 일에 과감히 나서는 용기와 담량.
【色平】얼굴 표정에 화평한 기운을 띰. 색은 얼굴 색(표정)을 말함.
【通微】隱微한 것에도 통달함.《中庸》제 1장에 "莫見乎隱, 莫顯乎微, 故君子愼其獨也"라 함.
【五質】본문에서 말한 弘毅, 文理, 貞固, 勇敢, 通微 등 다섯 가지 품덕.
【恆性】항구불변의 본성. 稟性.
【五常】유가에서 말하는 다섯 가지 도덕의 기준. 즉 仁, 義, 禮, 智, 信을 말함.

005(1-5)
오상과 오덕

오상五常의 구별은 오덕五德으로 나누어볼 수 있다.

이런 까닭으로 온직溫直하면서도 요의擾毅한 성품이라면 이는 목덕木德이다.
강색剛塞하면서 홍의弘毅하다면 이는 금덕金德이다.
원공愿恭하면서 이경理敬하다면 이는 수덕水德이다.
관율寬栗하면서 유립柔立하다면 이는 토덕土德이다.
간창簡暢하면서 명폄明砭하다면 이는 화덕火德이다.

이상은 비록 그 본체의 변화가 무궁하다 해도 역시 이 오질五質에 바탕을 두고 있게 마련이다.
그러므로 강유剛柔·명창明暢·정고貞固의 표징은 그 형체의 모습에 드러나게 마련이며, 목소리와 얼굴 표정에 나타나게 마련이며, 그 감정과 맛에 발현되기 마련이어서 각기 그 형상과 같은 것이 되는 것이다.

五常之別, 列爲五德.
是故溫直而擾毅, 木之德也.[1]
剛塞而弘毅, 金之德也.[2]
愿恭而理敬, 水之德也.[3]

寬栗而柔立, 土之德也.[4]
簡暢而明砭, 火之德也.[5]
雖體變無窮, 猶依乎五質.[6]
故其剛柔·明暢·貞固之徵,
著乎形容, 見乎聲色,
發乎情味, 各如其象.[7]

> **劉昞(注)**
> 1) 溫而不直則懦, 擾而不毅則剉.
> 2) 剛而不塞則決, 弘而不毅則缺.
> 3) 愿而不恭則悖, 理而不敬則亂.
> 4) 寬而不栗則慢, 柔而不立則散.
> 5) 簡而不暢則滯, 明而不砭則翳.
> 6) 人情萬化, 不可勝極, 尋流竟源. 常在於五.
> 7) 自然之理, 神動形色, 誠發於中, 德輝外耀.

【五德】여러 가지 설이 있으나 여기서는 오행의 수, 화, 목, 금, 토에 상응하는 다섯 가지 품덕을 뜻하는 것을 봄.

【溫直】태도가 온화하고 품행이 곧고 단정함. 《尙書》 皐陶謨에 "寬而栗, 柔而立, 愿而恭, 亂而敬, 擾而毅, 直而溫, 簡而廉, 剛而塞, 强而義, 彰厥有常者哉!"라 함.

【擾毅】앞에 든 《尙書》의 '擾而毅'를 말함. 화순하면서도 과감함. 요(擾)는 화순함을 뜻함.

【剛塞】역시 앞에 든 '剛而塞'을 말함. 강건하면서도 독실함. 색(塞)은 충만함을 뜻함.

【弘毅】毅를 넓힘. 毅는 떳떳하고 굳센 태도와 능력. 《論語》 泰伯篇에 "曾子曰:「士不可以不弘毅, 任重而道遠. 仁以爲己任, 不亦重乎? 死而後已, 不亦遠乎?」"라 함.

【愿恭】앞에 든 '愿而恭'을 뜻함. 질박하면서도 공경스러움을 다함. 孔穎達의 疏에 "愿者, 慤謹良善之名"이라 함.
【理敬】앞에 든 '亂而敬'을 말함. 고대에 '亂'자는 '다스리다'(理, 治)의 뜻이었음. 蔡沈의 〈集傳〉에 "亂, 治也. 亂而敬者, 有治才而敬畏也"라 하였다. 한편 《論語》"武王曰:「予有亂臣十人.」"의 馬融 주에 "亂, 治也."라 하였고, 朱子는 "古治字也"라 함. 따라서 '사물을 잘 처리하는 능력이 있어 남들로 하여금 경외심을 느끼도록 하다'의 뜻임.
【寬栗】'寬而栗'의 뜻. 남에게 관대히 하면서 엄격해야 할 경우에는 매우 莊敬하게 행동함을 말함. '栗'은 '慄'과 같음.
【柔立】'柔而立'을 말함. 유순하면서도 반드시 기본과 기준이 서 있음.
【簡暢】'簡而廉'을 풀이한 것으로 보임. 간은 대범하여 작은 일은 그대로 지나칠 줄 아는 아량을 말하며, '廉'은 '날카롭다'(磏)의 뜻. '대범하나 날카로움이 있다'의 뜻. 그러나 여기서는 '簡約히 하되 流暢하다'의 뜻으로 보았음.
【明砭】폄(砭)은 원래 고대 병을 치료하기 위하여 사용하는 石針. 여기서는 병을 도려내어야 할 때 명확히 판단하여 석침을 사용하듯 일을 처리함을 말함. 그러나 이는 '明啓'의 오기가 아닌가 함. 文寬夫의 〈題跋〉에 "愚謂明砭都無意義, 自東晉諸公草書「啓」字爲然, 疑爲「簡暢而明啓」耳"라 하였고, 劉昞의 주에는 "徧檢書傳, 無明砭之證. 案字書, 砭字以石刺病, 此外更無他訓. 然自魏晉以後, 轉相傳寫, 豕亥之變, 莫能究知, 不爾則邵當別有異聞, 今則亡矣"라 하여 각기 의문의 여지를 남겼음.
【形容】용모. 겉으로 드러난 표정이나 태도.
【聲色】목소리와 얼굴 표정. 이를 통해 그 사람의 감정이나 품은 뜻을 알 수 있음을 말함.
【象】형상.

006(1-6)
본바탕과 의표

따라서 마음과 바탕이 밝고 곧으면 그 의표가 질기고 굳건하며,

마음과 바탕이 아름답고 결단력이 있으면 그 의표가 진취적이고 맹렬하며,

마음과 바탕이 평온하고 순리대로이면 그 의표가 편안하고 한가롭다.

무릇 의표와 행동은 모습을 이루어 각기 그 태도를 형성한다.

곧은 용모를 가진 자의 행동은 교교행행矯矯行行하고,

아름다운 용모를 가진 자의 행동은 업업창창業業蹌蹌하고,

덕이 있는 용모를 가진 자의 행동은 옹옹앙앙顒顒卬卬하다.

무릇 용모에 따른 동작은 심기心氣에서 출발하는 것이며, 심기의 표징은 바로 목소리로 변해서 그렇게 나타나는 것이다.

기氣가 합하여 목소리로 나타나는 것이며 그 목소리는 율려律呂에 상응하게 마련이다.

그리하여 화평한 음성이 있고, 청창淸暢한 목소리가 있으며, 회연回衍하는 특징을 가진 음성이 있다.

무릇 소리가 기류를 통하여 창통暢通하고 나서는 그것이 모습과 얼굴 표정에 사실대로 나타나게 되어 있다.

그러므로 진실로 어짊은 반드시 온유한 얼굴빛이 되고,

진실로 용감함은 반드시 긍지와 분격의 얼굴 표정이 되며,

진실로 지혜로움은 반드시 명쾌하고 활달한 얼굴 모습이 되는 것이다.

故心質亮直, 其儀勁固.
心質休決, 其儀進猛.
心質平理, 其儀安閑.
夫儀動成容, 各有態度.
直容之動, 矯矯行行.
休容之動, 業業蹌蹌.
德容之動, 顒顒卬卬.
夫容之動作, 發乎心氣,¹⁾ 心氣之徵, 則聲變是也.²⁾
夫氣合成聲, 聲應律呂.³⁾
有和平之聲,
有清暢之聲,
有回衍之聲.⁴⁾
夫聲暢於氣, 則實存貌色.⁵⁾
故誠仁, 必有溫柔之色;
誠勇, 必有矜奮之色;
誠智, 必有明達之色.⁶⁾

劉昞(注)

1) 心氣於內, 容見於外.
2) 心不繫一, 聲和乃變.
3) 清而亮者律, 和而平者呂.
4) 心氣不同, 故聲發亦異也.
5) 非氣無以成聲, 聲成則貌應.
6) 聲既殊常, 故色亦異狀.

【心質】심성과 기질.
【亮直】믿음이 있으며 정직함. '亮'은 흔히 '諒'과 같은 뜻으로 사용함.
【勁固】질기고 견고함. 침착함.
【休決】아름답고 결단력이 있음. '休'는 '아름답다'의 뜻.
【進猛】진취적이며 용맹이 있음.
【平理】평온하면서도 이치에 밝음.
【態度】《荀子》修身篇에 "容貌態度, 進退趨行, 由禮則雅, 不由禮則夷固避違, 庸衆而野"라 함.
【直容】곧고 장엄한 儀容.
【矯矯行行】용감하고 무용이 있으며 강직한 모습을 표현한 말. 《詩經》魯頌 泮水에 "矯矯虎臣, 在泮獻馘"이라 하였고, 《論語》先進篇에는 "閔子侍側, 誾誾如也; 子路, 行行如也; 冉有·子貢, 侃侃如也. 子樂.「若由也, 不得其死然.」"라 함.
【休容】아름다운 儀容.
【業業蹌蹌】조심스러우며 행동에 근신을 다하는 모습. 《詩經》小雅 楚茨에 "濟濟蹌蹌, 絜爾牛羊"이라 하였고, 高亨의 주에 "蹌蹌, 步趨有節貌"라 함.
【顒顒卬卬】온화하고 장중한 모습. 《詩經》大雅 卷阿에 "顒顒卬卬, 如圭如璋"이라 하였고, 毛傳에 "顒顒, 溫貌; 卬卬, 盛貌"라 하였으며 鄭玄의 箋에는 "體貌則顒顒然敬順, 志氣則卬卬然高朗"이라 함.
【心氣】생리학에서 말하는 심장의 기능. 《靈樞經》脈度에 "心氣通於舌, 心和則能知五味矣"라 함. 여기서는 사람의 심신 기질을 말함.
【律呂】음율. 고대 음악에 六律과 六呂가 있었음.(《呂氏春秋》仲夏記 古樂) 《漢書》에 "黃帝命伶倫取竹於昆侖之嶰谷, 而內孔厚薄均者, 斷其節而吹之, 以爲黃鐘之宮, 制十二管, 以聽鳳凰之鳴, 其雄鳴爲六律, 雌鳴爲六呂"라 함. 奇數의 여섯 가지(黃鐘, 太簇, 姑洗, 蕤賓, 夷則, 无射)를 '六律'이라 하며, 偶數의 여섯 가지(大呂, 夾鐘, 仲呂, 林鐘, 南呂, 應鐘)를 '六呂'라 하여 이를 함께 '律呂'라 칭함.
【回衍】널리 擴展시킴. 되돌아와서 더 널리 퍼지게 함. 사람의 목소리 중에 그러한 특징을 가진 음성.
【貌色】용모와 얼굴색.
【矜奮】긍지와 분격함을 함께 일컫는 말.
【明達】통달함. 사리에 명석하게 대처하여 인식함.

007(1-7)
징신徵神

무릇 얼굴 표정은 그 겉모습에 나타나게 되니 이를 일러 징신徵神이라 한다. 징신이 겉모습에 나타나면 그 감정이 눈에 표현된다.

그러므로 인仁은 문의 정기이니 단정하게 성실한 모습이어야 한다.
용勇은 쓸개의 정기이니 강건함을 가지고 환하게 해야 한다.
그렇다면 모두가 지극히 한쪽으로 기울어진 재능으로 자신의 몸에 표현되는 것이 본래 가지고 있던 소질보다 더 심하게 나타나는 자들이다.
따라서 본바탕을 넘어서 정기를 바르게 표현하지 못하는 사람은 그 일을 완수해 낼 수 없다.

그러므로 곧으면서 굽힐 줄 모른다면 이는 변통을 모르는 목木이요,
질기면서 정밀하지 못하다면 이는 힘만 있는 역力이요,
고집스러우면서 단아하지 못하다면 이는 어리석음의 우愚요,
기氣만 있고 맑지 못하다면 이는 남을 자꾸 앞지르기만 하는 월越이요,
창통하면서 평온하지 못하다면 이는 제멋대로 휘젓고 다니는 탕蕩이다.

이런 까닭으로 중용中庸의 바탕을 가진 자는 이런 부류와 다르다.
오상五常이 이미 구비되었다면 이를 담담한 맛으로 감싸 안으며, 오질五質이 안으로 충족하면 오정五精의 기능이 밖으로 밝게 드러나게 된다.
이로써 눈에는 오휘五暉의 빛이 광채를 띠게 되는 것이다.

夫色見於貌, 所謂徵神.[1]
徵神見貌, 則情發於目.[2]
故仁, 目之精, 慤然以端.[3]
勇, 膽之精, 曄然以彊.[4]
然皆偏至之才, 以勝體爲質者也.[5]
故勝質不精, 則其事不遂.[6]
是故直而不柔則木,[7]
勁而不精則力,[8]
固而不端則愚,[9]
氣而不清則越,[10]
暢而不平則蕩.[11]
是故中庸之質, 異於此類.[12]
五常旣備, 包以澹味.[13]
五質內充, 五精外章.[14]
是以目彩五暉之光也.[15]

劉昞(注)

1) 貌色徐疾, 爲神之徵驗.
2) 目爲心候, 故應心而發.
3) 心不傾倚, 則視不回邪.
4) 志不怯懦, 則不衰悴.
5) 未能不厲而威, 不怒而嚴.
6) 能勇而不能怯, 動必悔吝隨之.
7) 木彊激訐, 失其正直.

8) 負鼎絶臏, 失其正勁.
9) 專己自是, 陷於愚戇.
10) 辭不清順, 發越無成.
11) 好智無涯, 蕩然失絶.
12) 勇以能怯, 仁而能決, 其體兩兼, 故爲衆材之主.
13) 旣體鹹酸之量, 而以無味爲御.
14) 五質澹凝, 淳耀外麗.
15) 心淸目朗, 粲然自耀.

【徵神】정신이 밖으로 노출되어 드러난 徵象. 劉昞 주에 "貌色徐疾, 爲神之 徵驗"이라 함.
【慤然】근신하여 박실한 모습. '慤'은 '樸實하다'의 뜻.
【端】단정함. 곧고 바름.
【曄然】광채가 나고 환하게 빛나는 모습.
【彊】'强'과 같음.
【不遂】이루지 못함.
【木】변통을 모르는 고집 따위를 뜻하는 말.
【固】역시 고집스러움. 변화에 대처하는 능력이 없음.
【越】뛰어넘음. 자신의 업무를 뛰어넘어 남의 일에 간섭함을 뜻함.
【蕩】방종함. 방탕함. 마구 행동함.
【澹】'淡'과 같음. 淡薄함. 《莊子》 刻意篇에 "澹然無極, 而衆美從之"라 함.
【五精】五臟의 정기. 즉 心, 肺, 肝, 脾, 腎의 기능.
【章】'彰'과 같음. 顯彰함.
【五暉】다섯 가지 빛이나 색. 오채, 혹 오색과 같은 뜻임. 고대에는 靑, 黃, 赤, 白, 黑을 正色으로 여겼음.

008(1-8)
아홉 가지 징표

그 때문에 "사물이 생겨나면 형체를 갖게 되며, 형체는 속에 있는 정밀한 정신을 표현하게 된다"라고 하는 것이다.
능히 이 정신을 알게 된다면 그 원리를 끝까지 알아낼 수 있고 그 본성을 끝까지 밝혀낼 수 있는 것이다.

사람의 성품 모두는 아홉 가지 징표로 나타난다.
그렇다면 평온함과 기우는 본질은 모두가 정신에 달려 있는 것이다.
밝고 어두움의 실질은 정精에 관계되어 있는 것이며,
용기와 비겁함의 형세는 근육에 달려 있는 것이며,
강함과 약함의 근간은 뼈에 달려 있는 것이며,
성급함과 조용함의 결정은 기氣에 달려 있는 것이며,
슬픔과 기쁨의 감정은 색色에 달려 있는 것이며,
쇠퇴함과 단정함의 형상은 의표에 달려 있는 것이며,
태도의 동작은 용모에 달려 있는 것이며,
느림과 급함의 상태는 말에 달려 있는 것이다.

故曰:「物生有形, 形有神精.」[1]
能知精神, 則窮理盡性.[2]
性之所盡, 九質之徵也.[3]
然則平陂之質在於神,[4]

明暗之實在於精,⁵⁾ 勇怯之勢在於筋,⁶⁾
彊弱之植在於骨,⁷⁾ 躁靜之決在於氣,⁸⁾
慘懌之情在於色,⁹⁾ 衰正之形在於儀,¹⁰⁾
態度之動在於容,¹¹⁾ 緩急之狀在於言.¹²⁾

> **劉昞(注)**
>
> 1) 不問賢愚, 皆受氣質之禀性陰陽, 但智有精粗, 形有淺深耳. 尋其精色, 視其儀象, 下至皁隸牧圉, 皆可想而得之也.
> 2) 聖人有以見天下之動, 而擬諸形容, 故能窮理盡性, 以至於命.
> 3) 陰陽相生, 數不過九, 故性情之變, 質亦同之.
> 4) 神者質之主也, 故神平則質平, 神陂則質陂.
> 5) 精者實之本, 故精慧則實明, 精濁則實暗.
> 6) 筋者勢之用, 故筋勁則勢勇, 筋弱則勢怯.
> 7) 骨者植之基, 故骨剛則植強, 骨柔則植弱.
> 8) 氣者決之地也, 氣盛決於躁, 氣冲決於靜矣.
> 9) 色者情之候也, 故色悴由情慘, 色悅由情懌.
> 10) 儀者形之表也, 故儀衰由形殆, 儀正由形肅.
> 11) 容者動之符也, 故衰動則容態, 正動則容度.
> 12) 言者心之狀也, 故心恕則言緩, 心褊則言急.

【神精】정신. 신비한 정신세계. 뒤의 精神은 이를 수식 관계의 어휘로 바꾼 것임.
【盡】모두, 전부.
【九質】즉 본문의 平陂, 明暗, 勇怯, 彊弱, 躁靜, 慘懌, 衰正, 態度, 緩急 등 아홉 가지 기질.
【平陂】성격의 평평함과 기욺.
【明暗】명석과 우매함.
【植】나무의 기둥. 근간을 말함.
【慘懌】비통해 하는 성격과 즐거워하는 성격.
【衰正】衰頹함과 端正함.

009(1-9)
치우친 재능

그 사람됨이 바탕이 소박하고 자연 상태대로 담담하면 안으로 예지叡智가 있어 밖으로 명랑한 모습을 하게 된다.
힘줄이 튼튼하고 뼈가 단단하며 목소리가 맑고 얼굴 표정이 희열에 차 있으며, 의표가 바르고 용색이 곧다면 이는 아홉 가지 징표가 모두 지극한 것이며 순수한 덕을 갖추고 있는 것이다.
아홉 가지 징표 중에 이에 위배된 경우가 있다면 이는 편잡偏雜한 재능을 가진 자이기 때문이다. 편재, 겸재, 겸덕 이 세 가지는 각기 달라 그들의 덕행에 대한 칭위도 각기 다르다.

따라서 치우치기가 심한 재능은 그 재능으로만 이름을 삼게 된다.
여러 가지를 겸하여 재능을 가진 자는 덕으로 그 이름을 삼게 된다.
덕을 겸하여 가진 자는 더욱 그 아름다운 이름을 얻게 된다.

其爲人也, 質素平澹, 中叡外朗.
筋勁植固, 聲淸色懌, 儀正容直, 則九徵皆至, 則純粹之德也.[1)]
九徵有違,[2)] 則偏雜之才也.[3)]
三度不同, 其德異稱.[4)]
故偏至之才, 以才自名;[5)]

兼才之人, 以德爲目;⁶⁾
兼德之人, 更爲美號.⁷⁾

> 劉昞(注)

1) 非至德大人, 其孰能與於此?
2) 違爲乖戾也.
3) 或聲淸色懌, 而質不平淡; 或筋勁植固, 而儀不崇直.
4) 偏材荷一至之名, 兼材居德儀之目, 兼德體中庸之度.
5) 猶百工衆伎, 各有其名也.
6) 仁義禮智, 得其一目.
7) 道不可以一體說, 德不可以一方待. 育萬物而不爲仁, 齊衆形而不爲德, 凝然平淡, 與物無際, 誰知其名也?

【中叡外朗】 안으로는 매우 명철하면서 겉으로도 또한 매우 명랑함.
【植固】 견고하고 안정감이 있음을 말함.
【三度】 기질의 세 가지 정도. 즉 본문의 偏才, 兼才, 兼德을 말함. 이를 다시 小雅, 大雅, 聖人 세 가지로 연관시켜 풀이하고 있음.
【自名】 自稱과 같은 뜻.
【兼才】 여러 가지 재능과 재덕을 함께 갖추고 있는 인재.
【目】 명칭, 칭호, 名目.
【兼德】 재덕을 겸비한 사람.

010(1-10)
중용中庸의 지극한 경지

이런 까닭으로 덕을 겸하여 가지면서 지극한 경지에 오른 것을 일러 '중용中庸'이라 한다. '중용'이라는 것은 성인을 칭하는 명목이다.

갖출 대체를 다 갖추고 있으면서도 미세한 것까지 놓치지 않는 것을 일러 '덕행德行'이라 한다. '덕행'이란 대아大雅의 경지를 지칭하는 것이다.

한 가지에만 지극한 것을 일러 '편재偏才'라 한다. '편재'란 소아小雅의 바탕이다.

한 가지에 미약한 것을 일러 '의사依似'라 한다. '의사'란 덕을 어지럽히는 무리이다.

한 가지에는 지극하면서 한 가지는 위배되는 경우라면 이는 '간잡間雜'이라 한다. '간잡'이란 항심이 없는 사람이다.

항심이 없는 것(無恆), 닮았으나 실질과 다른 것(依似)은 모두가 글이나 쓰면서 살아가는 말류末流에 해당하는 이들이다.

말류의 소질을 가진 예는 너무 많아 일일이 논할 수 없다. 이 까닭으로 대략적으로 논하며 더 이상 품평하지 않겠다.

是故兼德而至, 謂之中庸.[1]
中庸也者, 聖人之目也.[2]
具體而微, 謂之德行.
德行也者, 大雅之稱也.[3]

一至, 謂之偏才. 偏才, 小雅之質也.[4]

一徵, 謂之依似. 依似, 亂德之類也.[5]

一至一違, 謂之間雜.

間雜, 無恆之人也.[6]

無恆·依似, 皆風人末流.[7]

末流之質, 不可勝論, 是以略而不槩也.[8]

劉昞(注)

1) 居中履常, 故謂之中庸.
2) 大仁不可親, 大義不可報, 無德而稱, 寄名於聖人也.
3) 施仁以親物, 立義以利仁, 失道而成, 德抑亦其次也.
4) 徒仁而無義, 徒義而無仁, 未能兼濟, 各守一行, 是以名不及大雅也.
5) 純訐似直而非直, 純宕似通而非通.
6) 善惡糸渾, 心無定是, 無恒之操, 胡可擬議?
7) 其心孔艱者, 乃有敎化之所不受也.
8) 蕃徒成羣, 豈可數哉?

【具體而微】'具'는 '갖추다'의 뜻. 각 體별로 고르게 갖추고 있으나 비교적 미미한 경우를 말함. 《孟子》 公孫丑(上)에 "昔者, 竊聞之: 子夏·子游·子張, 皆有聖人之一體; 冉牛·閔子·顔淵, 則具體而微. 敢問所安?"라 함.
【大雅】덕이 지극히 고아한 사람을 말함. 班固의 〈西都賦〉에 "大雅·宏遠, 於玆爲群"이라 하였고, 李善의 주에 "大雅, 謂有大雅之才者. 詩有大雅, 故以立稱焉"이라 함.
【一至】어떤 한 방면에만 특출한 경우.
【小雅】大雅에 상대하여 그 다음에 해당하는 경우. 偏才를 일컫는 말. 劉昞의 주에 "徒仁而無義, 徒義而無仁, 未能兼濟, 各守一行, 是以名不及大雅也"라 함.

【依似】似而非와 같음. 비슷하나 진짜가 아님. 劉昞의 주에 "絶訐似直而非直, 純宕似通而非通"이라 함.
【間雜】서로 뒤섞여 어느 하나 특출한 것이 없음. 앞서 말한 九徵 중에 돌출한 면도 그에 위배되는 것도 없는 어중간한 사람.
【風人】원래 고대 민간의 가요나 풍속을 채집하러 다니던 관원을 뜻하는 말이었으나 뒤에 詩人이라는 말을 대신하게 되었으며 나아가 文人을 뜻함.
【槩】'槪'와 같으며 원래 어원은 '權'과 같아 곡식을 되나 말에 담고 마지막 평미레하는 밀대. 여기서는 '품평하다, 기술하다'의 뜻으로 쓰였음.

2. 체별體別

　체별體別은 본체는 그 유형을 나누어 설명할 수 있다는 내용이다. 이 체體는 용用에 상대하여 쓰인 말로 우선 그 본질을 이해해야 하지만 이 역시 상황에 따라 '用'에서는 본체를 넘어서는 예외가 있음에 유의할 것도 주문하고 있다.
　유병劉昞의 주에 "음양을 하늘로부터 품부 받아 성품에는 강강剛함과 부드러움柔의 구분이 있으며, 묶인 유형, 대드는 유형, 문아한 유형, 본바탕을 그대로 지키는 유형 등이 있어 그 본체는 각기 자신의 유형을 넘어서기도 한다"(稟賦陰陽, 性有剛柔; 拘抗文質, 體越各別)라 하였다.

〈人形銅燈〉(戰國 齊) 1957 山東 諸城 출토

011(2-1)
무미無味의 위대함

무릇 중용中庸이라는 품덕은 그 본질을 말로 설명할 수는 없다.
그러므로 짜면서도 험하게 짜지는 않으며 담담하되 아무 맛도 없는 그런 것은 아니다. 본질 그대로이되 문채가 있으며, 문채가 나되 수식을 가한 그런 아름다움은 아니다.
능히 위엄이 있으면서도 사람을 능히 감싸 안으며, 능히 말을 잘하면서도 능히 눌변처럼 어눌하기도 하다. 그리고 변화의 방향을 알 수도 없되 통달함을 그 표준으로 삼고 있다.
이로써 항분抗奮하는 사람은 평상의 중용을 넘어서기를 잘하며, 작은 일에 구애되는 자는 평상의 중용에 이르지 못한다.

夫中庸之德, 其質無名.[1]
故鹹而不鹻,[2] 淡而不䪢,[3] 質而不縵,[4] 文而不繢.[5]
能威能懷, 能辯能訥,[6] 變化無方, 以達爲節.[7]
是以抗者過之,[8] 而拘者不逮.[9]

> 劉昞(注)
>
> 1) 汎然不繫一貌, 人無得而稱焉.
> 2) 謂之鹹耶? 無鹻可容; 公成百鹵也. 與鹹同.
> 3) 謂之淡耶? 味復不䪢.

4) 謂之質耶? 理不縵素.
5) 謂之文耶? 采不盡績.
6) 居鹹淡之和, 處質文之際, 是以望之儼然, 卽之而文, 言滿天下無辭費.
7) 應變適化, 期於通物
8) 勵然抗奮於進趨之塗.
9) 屯然無爲於拘抗之外.

【無名】이름을 부여할 수 없음.
【鹹而不鹻】맛이 짜기는 하나 그렇게 험하게 짜지는 않음.
【醋】맛이 없음을 뜻함. 無味함.
【質而不縵】바탕이 질박하면서도 문채가 있음.
【文而不績】문채가 있으면서 그 위에 다시 조잡한 문식을 가하지는 않음. 文은 무늬(紋)의 본 자.《周易》繫辭(下)에 "物相雜, 故曰文"이라 함.
【能威能懷】위엄이 있으면서도 이를 잘 감싸 안음.
【訥】눌언. 木訥. 눌변. 말을 유창하게 꾸미지는 않으나 진실성이 있음.
【無方】정해진 방식이나 고집하는 방법이 있는 것은 아님.
【節】준칙. 절도.
【抗者】분기를 품고 앞으로 나섬. 용기 있게 나섬.
【拘者】묶인 듯이 조심하고 근신하는 것.
【不逮】도달하지 못함. '不及'과 같음.

012(2-2)
재능에 따른 결점

무릇 구애를 받는 자와 항분하는 자는 중도를 벗어나기 때문에 자신이 하는 일에는 뛰어난 모습을 보이지만 그 원리는 놓치는 경우가 있다.

이런 까닭으로 엄격하고 정직하며 강의剛毅한 사람은 잘못된 것을 바르게 고치는 데에 재주가 있지만 대신 지나치게 격렬하여 남의 흠을 잘 잡아내는 단점이 있다.

유순하고 안정감이 있으며 용서하는 사람은 매사에 너그럽고 남을 용납하는 데에는 장점이 있지만 대신 우유부단하여 결단력이 모자라는 단점이 있다.

웅한雄悍하고 호걸스러우며 건장한 사람은 맡겨진 일을 담력 있게, 그리고 열성적으로 잘하는 데는 장점과 재주가 있지만 대신 많은 것을 꺼려 하고 주저하는 단점이 있다.

정밀하고 선량하며 두려워하고 신중히 하는 성격의 사람은 모든 일을 잘하되 공경과 근신에 주안점을 두는 면에서는 장점이 있지만 대신 지나치게 많은 의심을 품는 단점이 있다.

강경하고 모범적이며 견실하고 질긴 성격을 가진 사람은 쓰임에 말뚝처럼 굳건히 근간을 지키는 면에서는 장점을 가지고 있지만 대신 전횡과 고집을 부리는 단점이 있다.

논리가 엄격하고 판별이 정확하며 이론적이고 분석적인 사람은 고정성이 없이 흔들려 휩쓸리는 단점이 있다.

보편적이며 넓고 두루 공급하는데 뛰어난 사람은 혼탁함을 벗어나지 못하는 단점이 있다.

청렴하고 기개가 굳어 깨끗한 성격을 가진 사람은 검약하고 의지가 굳은 장점은 있지만 대신 문지방을 벗어나지 못하는 단점이 있다.

행동을 아름답게 하여 시원스러운 성격을 가진 사람은 맡은 업무에 대하여 잘 잡고 올라가며 잘 밟아 차근차근 진행시키는 장점을 가지고 있지만 대신 엉성하고 대충 일을 넘기려는 단점이 있다.

침착하고 조용하며 기회를 면밀히 따지는 사람은 정밀하게 오묘하고 미세한 것을 잘 처리하는 장점이 있지만 대신 느리고 느린 단점이 있다.

질박하여 감춤이 없으며 지름길로 끝까지 해내는 성격의 사람은 바탕이 중도를 지키며 진실한 태도를 취하는 장점이 있지만 대신 미세한 일에 제대로 대처하지 못하는 단점이 있다.

지혜가 많고 감정을 숨기는 성격의 사람은 권변에 대하여 기휼奇譎과 책략을 짜는 데에는 장점이 있지만 대신 남에게 의지하거나 본질을 위배하는 단점이 있다.

夫拘抗違中, 故善有所章, 而理有所失.[1]

是故厲直剛毅, 才在矯正, 失在激訐.[2]

柔順安恕, 每在寬容, 失在少決.[3]

雄悍傑健, 任在膽烈, 失在多忌.[4]

精良畏愼, 善在恭謹, 失在多疑.[5]

彊楷堅勁, 用在楨幹, 失在專固.[6]

論辨理繹, 能在釋結, 失在流宕.[7]

普博周給, 弘在覆裕, 失在溷濁.[8]

清介廉潔, 節在儉固, 失在拘扃.[9]

休動磊落, 業在攀躋, 失在疏越.[10]

沉靜機密, 精在玄微, 失在遲緩.[11]

樸露徑盡, 質在中誠, 失在不微.[12]
多智韜情, 權在譎略, 失在依違.[13]

> 劉昞(注)
>
> 1) 養形至甚, 則虎食其外; 高門懸薄, 則病攻其內.
> 2) 訐刺生於剛厲.
> 3) 多疑生於恕懦.
> 4) 慢法生於桀悍.
> 5) 疑難生於畏慎.
> 6) 專己生於堅勁.
> 7) 傲宕生於機辨.
> 8) 溷濁生於周普.
> 9) 拘局生於廉潔.
> 10) 疏越生於磊落.
> 11) 遲緩生於沉靜.
> 12) 漏露生於徑盡.
> 13) 隱違生於韜情.

【中】중용의 도를 지켜냄.
【章】'彰'과 같음. 彰明함. 顯彰함.
【厲直】엄격하고 정직함.
【激訐】'격알'로 읽으며 격렬하게 남을 공격함. '訐'은 《論語》陽貨篇에 "子貢曰:「君子亦有惡乎?」子曰:「有惡: 惡稱人之惡者, 惡居下流而訕上者, 惡勇而無禮者, 惡果敢而窒者.」曰:「賜也亦有惡乎?」「惡徼以爲知者, 惡不孫以爲勇者, 惡訐以爲直者.」"라 하였고, 〈四書集註〉에 "訐, 謂攻發人之陰私"라 함.
【安恕】남을 궁지로 몰지 않고 편안하게 서납(恕納)함. 《論語》里仁篇에 "子曰:「參乎! 吾道一以貫之.」曾子曰:「唯.」子出, 門人問曰:「何謂也?」曾子曰:「夫子之道, 忠恕而已矣.」"라 하였고, 〈四書集註〉에 程子는 "推己及物, 恕也.

恕者人道, 恕者所以行乎忠也. 恕者用, 大本達道也. '乾道變化, 各正性命', 恕也.」
라 함.
【每】원래 풀이 무성한 모습.《左傳》僖公 28년 "原田每每"의 杜預 주에 "晉軍
美盛, 若原田之草每每然"이라 함.
【任】능력을 뜻함.《韓非子》定法에 "術者, 因任而授官, 循名而責實"이라 하였고,
陳奇猷〈集釋〉에 "太田方曰: '任, 能也.' 有能以勝任其事則任其事, 故引申之
爲能也"라 함.
【膽烈】담대함을 말함.
【多忌】기피하거나 시기함이 많음을 말함. 그러나 이는 '無忌'(거리낌이 없음)의
오기가 아닌가 함.
【畏愼】말조심하며 일마다 근심함을 말함. '畏口愼事'와 같음. 蘇軾의 〈答吳子
野書〉(2)에 "近日始畏口愼事, 雖已遲, 猶勝不悛也"라 함.
【彊楷】강경하고 정직함. '楷'는 모범의 뜻.
【楨幹】어떤 일의 중요한 말뚝처럼 근간을 견고히 함을 말함.
【專固】전횡과 고집. 변통이 없이 자신의 의견대로 일을 처리함을 뜻함.
【理繹】풀이해 냄. 분석하고 정리하여 그 실마리를 찾아냄.
【釋結】맺힌 것을 풀어냄. 해결함.
【流宕】구속을 받지 않으며 마음대로 행동함.
【普博周給】널리 주선하여 일을 잘 처리함.
【弘在覆裕】흉금이 원대하여 널리 그 혜택을 베풂.
【溷濁】'混濁'과 같음.
【淸介】청고하고 꿋꿋함.
【節】節操.
【儉固】검약과 고지. 어떤 일에 검소하면서 자신의 의지를 굳게 지킴.
【拘扃】스스로가 어떤 한계에 묶임. 扃은 원래 창문 아래의 잠금장치. 인신
하여 '굳게 닫아걸다'의 뜻으로 봄. 여기서는 문지방을 벗어나지 못하는
구속으로 보았음. 그러나〈新編諸子集成〉본에는 '拘局'으로 되어 있음.
이는 '국한된 것에 얽매이다'의 뜻이다.
【磊落】시원함. 일이 아주 만족스러울 정도로 잘 해결됨. 雙聲連綿語.
【攀躋】잡고 오르거나 밟고 올라감.
【疏越】소홀함. 매우 소략하여 일을 성글게 함을 뜻함.

【玄微】 심원하고 미묘함.
【樸露】 질박한 모습을 그대로 드러냄. 질박한 상태의 노출.
【徑盡】 곧바로 내달아 그치거나 유보함이 없음.
【中誠】 마음이 매우 성실하고 진실함.
【不微】 깊은 맛이 없음. 쉽게 겉으로 노출됨.
【韜情】 깊이 감추어둔 감정. 남이 쉽게 알아볼 수 없는 속내.
【權】 權變. 저울대의 기울기를 조절하듯 그러한 권한을 쥐고 있을 때의 역할.
【譎略】 궤휼(詭譎)과 지략.
【依違】 어떤 일에 지지부진하여 결단을 내리지 못함. 우유부단함.

013(2-3)
성격의 유형에 따른 장단점

이상의 사람들이 덕의 경지로 나가 하루도 '중용'을 법으로 삼기를 그치지 않고 그 재능의 구속과 항분을 경계한다면서, 도리어 남의 단점을 지적하기를 즐겨하여 갈수록 그 단점을 키워나간다면 이는 도리어 진晉나라, 초楚나라 사람들이 그 칼을 좌우 어느 쪽으로 차는 가를 두고 서로 반대로 궤변을 늘어놓는 것과 똑같다.

이런 까닭으로 강의剛毅한 사람은 흉포하기만 하고 화평하지 못하다. 그러나 그 강함의 당돌함을 경계하지 못한 채, 순리에 따르는 것을 굴복하는 것이라 여겨, 독한 마음으로 이에 항거한다. 그 때문에 그와 더불어 법을 세우는 일에는 함께 할 수 있지만 미세한 경지에 함께 들어가야 하는 일에는 함께 하기가 어렵다.

유순柔順한 사람은 마음이 느리기만 하고 결단해야 할 일에는 관대하다. 그러나 그 일을 잘 다스려야 할 것에 대하여 경계를 삼지 못한 채, 대드는 것을 남에게 상처를 입히는 일이라 여겨, 상대를 편하게 해 주는 것으로 안심을 삼는다. 그 때문에 그와 더불어 상리常理대로 따르게 하는 일에는 함께 할 수 있지만 의심나는 일을 권형으로써 결단해야 하는 일은 함께 하기가 어렵다.

웅한雄悍한 기氣가 분격하고 용감하여 결단력이 있다. 그러나 그 용맹으로 인해 훼멸되거나 넘어질 것에 대해서는 경계하지 못한 채, 순리에 따르는 것을 겁을 먹는 것이라 여겨, 그 세력을 있는 데까지 다 쓴다.

그 때문에 그와 험난한 길을 함께 건널 수는 있지만 검약함에 처해야 할 때는 함께 하기는 어렵다.

구신懼愼한 사람은 두려움과 환난에 꺼리는 것이 많다. 그러나 의義를 실행하는데 나약함에 대해서는 경계하지 못한 채, 용기 있게 사람을 가까이 하는 것을 친압하는 것이라 여겨, 그에 대한 의심을 증폭시킨다. 그 때문에 그와 더불어 안전을 지켜내는 데에는 함께 할 수 있지만 절의를 세우는 일에는 함께 하기가 어렵다.

능해凌楷한 사람은 뜻을 붙잡아 그 질기기가 특수하다. 그러나 그 감정이 고루하고 보호하는 데에만 강함을 경계하지 못한 채, 일을 변석辨析하는 것을 위선이라 여겨, 그 전담한 것을 강화시키기만 한다. 그 때문에 그와 더불어 바른 것을 지켜내는 일에는 함께 할 수 있지만 여러 무리를 끌어들이는 일에는 함께 하기가 어렵다.

변박辨博한 사람은 논리가 정확하고 말솜씨가 풍성하다. 그러나 그 말이 지나치게 넘쳐나는 것에 대한 경계는 제대로 하지 못한 채, 모범을 보이는 것을 그에 매어 있기 때문이라 여겨, 그 때의 상황대로 흘러가려고 한다. 그 때문에 그와 더불어 사물의 일을 대충 넘어가야 할 일에는 함께 할 수 있지만 어떤 규약을 세우는 일에는 함께 하기가 어렵다.

홍보弘普한 사람은 정과 사람을 널리 베풀어 흡족하게 한다. 그러나 그 교류의 범위가 너무 혼잡함에 대해서는 경계하지 못한 채, 올곧은 지조를 지키는 것을 광견狂狷한 것이라 여겨, 그 혼탁함을 자꾸 넓혀나가게 된다. 그 때문에 그와 더불어 무리를 감싸 위무하는 일에는 함께 할 수 있지만 풍속을 바로잡는 일에 대해서는 함께 하기가 어렵다.

견개狷介한 사람은 병폐를 고쳐 맑게 하고 탁한 것을 격동시킨다. 그러나 그 도가 너무 막히고 협소함에 대해서는 경계하지 못한 채, 보편적으로 널리 하는 것을 더러운 것이라 여겨, 그 구애됨을 더욱 가중시킨다. 그 때문에 그와 더불어 절의를 지키는 일에는 함께 할 수는 있지만 변통을 세워야 할 일에 대해서는 함께 하기가 어렵다.

휴동休動한 사람은 지향과 어떤 이상을 사모하는 바가 원대하고 남을 초월한다. 그러나 그 뜻이 너무 크고 욕심이 많음에 대해서는 경계하지 못한 채, 행동하지 않고 고요히 있는 것을 정체된 것이라 여겨, 그 날카로움을 과감하게 실천에 옮긴다. 그 때문에 앞으로 달려나가 추진해야 하는 일에는 함께 할 수 있지만 남 뒤에서 겸양을 지켜야 하는 일에는 함께 하기가 어렵다.

침정沉靜한 사람은 도를 근거로 반복하여 생각한다. 그러나 그 고요함이 너무 느려 뒤처진다는 것에 대해서는 경계하지 못한 채, 과감하게 행동으로 옮기는 것을 경솔한 것이라 여겨, 나약함을 미덕으로 삼는다. 그 때문에 그와 더불어 깊이 염려해야 할 일에는 함께 할 수 있지만 민첩하고 빠르게 처리해야 할 일에는 함께 하기가 어렵다.

박로樸露한 사람은 속이 멍청하고 실박實樸하다. 그러나 그 실박함이 단순하고 곧기만 한 것에 대해서는 경계하지 못한 채, 궤휼詭譎을 부리는 것을 허탄虛誕한 것이라 여겨, 자신의 진성眞誠을 쉽게 노출시킨다. 그 때문에 그와 더불어 믿음을 세워야 하는 일에는 함께 할 수는 있지만 사라지고 생겨나는 일을 인정하는 데는 함께 하기가 어렵다.

도휼韜譎한 사람은 자신의 촌탁忖度한 일에 원칙을 세운다. 그러나 그 술책이 정직에 거리를 두고 있음을 경계하지 못한 채, 마음을 다 보여주는 것을 어리석은 짓이라 여겨, 감추어 비워두는 것을 귀한 것으로 삼는다. 그 때문에 그와 더불어 훌륭한 것을 칭찬하는 일에는 함께 할 수 있지만 사악한 것을 바로잡아 주어야 하는 일에는 함께 하기가 어렵다.

及其進德之日, 不止揆中庸, 以戒其才之拘抗,¹⁾ 而指人之所短, 以益其失,²⁾ 猶晉楚帶劍, 遞相詭反也.³⁾

是故彊毅之人, 狠剛不和, 不戒其彊之搪突, 而以順爲撓, 厲其抗.⁴⁾

是故可以立法, 難與入微.⁵⁾

柔順之人, 緩心寬斷, 不戒其事之不攝, 而以抗爲劇, 安其舒.⁶⁾

是故可與循常, 難與權疑.⁷⁾

雄悍之人, 氣奮勇決, 不戒其勇之毀跌, 而以順爲怯, 竭其勢.⁸⁾

是故可與涉難, 難與居約.⁹⁾

懼愼之人, 畏患多忌, 不戒其愞於爲義, 而以勇爲狎, 增其疑.¹⁰⁾

是故可與保全, 難與立節.¹¹⁾

凌楷之人, 秉意勁特, 不戒其情之固護, 而以辨爲僞, 彊其專.¹²⁾

是故可以持正, 難與附衆.¹³⁾

辨博之人, 論理贍給, 不戒其辭之汎濫, 而以楷爲繫, 遂其流.¹⁴⁾

是故可與汎序, 難與立約.¹⁵⁾

弘普之人, 意愛周洽, 不戒其交之溷雜, 而以介爲狷, 廣其濁.¹⁶⁾

是故可以撫衆, 難與厲俗.[17]

狷介之人, 砭[18]清激濁, 不戒其道之隘狹, 而以普爲穢, 益其拘.[19]

是故可與守節, 難以變通.[20]

休動之人, 志慕超越, 不戒其意之大猥, 而以靜爲滯, 果其銳.[21]

是故可以進趨, 難於持後.[22]

沉靜之人, 道思迴復, 不戒其靜之遲後, 而以動爲疏, 美其愞.[23]

是故可與深慮, 難與捷速.[24]

樸露之人, 中疑實磙石+蹈−足, 不戒其實之野直, 而以譎爲誕, 露其誠.[25]

是故可與立信, 難於消息.[26]

韜譎之人, 原度取容, 不戒其術之離正, 而以盡爲愚, 貴其虛.[27]

是故可與贊善, 難於矯違.[28]

劉昞(注)

1) 抗者自是以奮勵, 拘者自是以守局.
2) 拘者愈拘, 抗者愈抗, 或負石沉軀, 或抱木燋死.
3) 自晉視楚, 則笑其在左; 自楚視晉, 則笑其在右. 左右雖殊, 各以其用, 不爲違者, 橫相誹謗, 拘抗相反, 皆不異此.
4) 以柔順爲撓弱, 抗其搪突之心.

5) 狠彊剛戾, 何機微之能入?
6) 以猛剛爲劇傷, 安其恕忍之心?
7) 緩心寬斷, 何疑事之能權?
8) 以順忍爲怔怯, 而竭其毀跌之勢.
9) 奮悍毀跌, 何約之能居?
10) 以勇懟爲輕侮, 增其疑畏之心.
11) 畏患多忌, 何節義之能立?
12) 以辨博爲浮虛, 而彊其專一之心.
13) 執意堅持, 何人衆之能附?
14) 以楷正爲繫礙, 而遂其流宕之心.
15) 辨博汎濫, 何質約之能立?
16) 以拘介爲狷戾, 而廣其濶雜之心.
17) 周洽濶雜, 何風俗之能厲?
18) 甫廉反
19) 以弘普爲穢雜, 而益其拘局之心.
20) 道狹津隘, 何通塗之能涉?
21) 以沉靜爲滯屈, 而增果銳之心.
22) 志在超越, 何謙後之能持?
23) 以躁动爲麄疏, 而美其懊弱之心.
24) 思慮迴復, 何機速之能及?
25) 以權譎爲浮誕, 而露其誠信之心.
26) 實硌野直, 何輕重之能量?
27) 以款盡爲愚直, 而贵其浮虛之心.
28) 韜譎離正, 何違邪之能矯?

【進德】덕의 경지로 나감.
【揆中庸】중용을 기준으로 삼음. '揆'는 준칙, 척도라는 뜻.
【晉楚帶劍】진나라 사람은 칼을 왼쪽에 차고 초나라 사람들은 칼을 오른쪽에 차고 있어 서로 이를 비웃지만 각기 그 나름대로 이유가 있음을 말함.
【詭反】서로 상반됨. 劉昞의 주에 "自晉視楚, 則笑其在左; 自楚視晉, 則笑其在右. 左右雖殊, 各以其用; 而不違理者, 橫相誹謗. 拘抗相反, 皆不異此"라 함.

【彊毅】 견강하고 굳셈.
【狠彊】 포악하고 강함.
【搪突】 '唐突'과 같음. 雙聲連綿語.
【撓】 꺾임. 굴복함. 연약함.
【厲】 '勵'와 같음. 激勵. 鼓勵. 용기를 북돋워 줌.
【寬斷】 관대하기만 하고 결단력은 없음. 결단력이 모자람을 말함.
【攝】 다스림. 攝理, 治理의 뜻.
【劇】 베어냄. 상해를 입힘.
【舒】 편안함. 급하게 굴지 않음.
【循常】 常道를 따름.
【權疑】 어떤 일을 처리하면서 의심을 품음.
【勇決】 용기 있게 결단함.
【毀跌】 착오와 과실. 어떤 일을 훼멸하고 제대로 처리하지 못한 채 넘어짐.
【怔】 겁을 먹음. 두려워함.
【涉難】 어려운 일을 섭렵함. 경험함. 겪어냄.
【居約】 곤궁한 처지에 처함. 평소에 검약하게 함. 《論語》 里仁篇에 "子曰: 「不仁者不可以久處約, 不可以長處樂. 仁者安仁, 知者利仁.」"라 함.
【愞】 음은 '연, 나' 두 가지이며, 뜻도 연(軟), 나(懦) 등 두 글자와 같음. 연약하고 겁이 많음을 말함.
【狎】 친압함. 가까운 사이라 하여 마구 친하게 대듦. 《論語》 季氏篇에 "孔子曰: 「君子有三畏: 畏天命, 畏大人, 畏聖人之言. 小人不知天命而不畏也, 狎大人, 侮聖人之言.」"라 함.
【凌楷】 날카로우면서 正道를 지킴. 정도에 대한 일이라면 날카롭게 나섬.
【勁特】 강경하고 질기며 우뚝 서서 자신을 지킴. '特'은 '特立'의 뜻.
【固護】 자신의 의견을 고집하며 이를 지켜내려 함.
【以辨爲僞】 변별력 있는 것을 허위로 여김. 劉昞 주에 "以辨博爲浮虛, 而彊其專一之心"이라 함.
【持正】 정도를 지킴. 치우치거나 흔들리는 일이 없음.
【附衆】 많은 사람들이 자신에게 다가오도록 함.
【辨博】 변별력이 있고 박식함.
【贍給】 풍족하게 공급함. 충분함. 충족시킴.
【以楷爲繫】 정당한 것을 속박이라 여김.

【流】이리저리 흘러 확고함이 없음. 시류에 그대로 휩쓸림.
【汎序】둥둥 떠다니듯 의견이 고정되지 못하고 남에게 휩싸이거나 흔들림. 확고한 견해를 갖지 못한 채 일을 처리함을 뜻함.
【周洽】널리 두루 흡족하게 함.
【溷雜】'混雜'과 같음. 잡다하게 뒤섞임.
【以介爲狷】굳셈을 狂狷한 것으로 여김. '狷'은 자기 소신이 있어 하지 않는다면 하지 않는 성격을 말함. 《論語》子路篇에 "子曰:「不得中行而與之, 必也狂狷乎! 狂者進取, 狷者有所不爲也.」"라 하였고, 주에 "狷者, 知未及而守有餘"라 함. 한편 劉昞의 주에는 "以拘介爲狷戾, 而廣其溷雜之心"이라 함.
【撫衆】무리를 위무하고 감싸 안음.
【厲俗】'厲'는 '勵'와 같음. 풍속을 바른길로 나가도록 면려시킴.
【狷介】행동이 고결하고 굳세어 소신을 가지고 있음을 말함. 雙聲連綿語.
【砭淸激濁】'揚淸激濁', '揚善斥惡'과 같은 말. '砭'은 고대 병을 치료하는 데에 사용하던 석침.
【以普爲穢】널리 사람을 사귀는 것을 더러운 것으로 여김.
【休動】적극적으로 행동에 옮기는 것을 훌륭한 것으로 여김.
【志慕超越】지향과 사모함이 높고 원대함.
【大猥】공을 세우는 일이나 얻고자 하는 일에 욕심이 너무 많음.
【以靜爲滯】고요히 있는 상태를 머물러 정체된 것으로 여김. 劉昞 주에 "以沉靜爲滯屈, 而增果銳之心"이라 함.
【持後】뒤로 물러서 있음을 견지함. 양보와 겸손을 뜻함.
【道思回復】반복하여 일을 여러 가지로 따지고 생각함.
【跅】거침. 경솔함. 소략함. 疏, 踈, 疎 등과 같은 뜻의 글자임.
【美其懦】그 연약(軟弱, 懧弱)함을 훌륭한 것으로 여김.
【樸露】소박하며 자신의 속내를 거침없이 드러냄.
【中疑實碻】정확한 뜻을 알 수 없으나 '지둔하다, 멍청하다, 질박하고 굳세다'의 의미가 아닌가 함. '中'은 내심, '疑'는 '儗'(멍청함), 碻는 돌의 명칭.
【野直】털털하고 솔직함. '野'는 질박한 본래의 상태, 혹 단순함을 뜻함. 《論語》子路篇에 "子曰:「野哉, 由也! 君子於其所不知, 蓋闕如也.」"라 하였고, 季氏篇에는 "子曰:「質勝文則野, 文勝質則史. 文質彬彬, 然後君子.」"함.
【以譎爲誕】궤휼을 부리는 것을 괴탄한 것이라 여김.

【消息】일의 변화. 생길 일은 생겨나고 사라질 일은 사라짐. 일의 당연한 변화나 흐름. 雙聲連綿語.
【韜譎】남을 속이고자 하는 궤휼을 숨기고 있음. '韜'는 원래 칼집으로 어떤 물건이나 마음을 감추어 숨기고 있음을 말함.
【原度取容】어떤 일을 촌탁하여 이를 근거로 남에게 용납받으려고 함. 상상을 실제인 양 떠벌려 남의 환심을 사려고 함을 말함. '度'은 '탁'으로 읽으며 忖度, 췌탁(揣度)의 뜻임.

014(2-4)
서恕로써 만물을 보라

무릇 학문이란 재능을 이루게 하는 것이며, 서恕란 인지상정을 미루어 짐작하게 하는 것이다.

그럼에도 한쪽으로 치우친 성품은 이를 고칠 수가 없다.

비록 '학學'으로써 가르친다고 해도 그에게 이미 이루어진 재능 때문에 그를 따라 잃고 만다.

그리고 비록 '서恕'로써 훈계한다고 해도 그는 인지상정을 미루어 짐작함에는 각기 자신의 마음을 따르게 된다.

믿음을 가지고 있는 자는 남의 믿음에 맞추어 이를 생각하고, 속임수를 가지고 있는 사람은 남도 속임수를 가지고 있을 것으로 생각한다. 그 때문에 '학學'도 그에게 도道의 경지에 들지 못하게 하며, '서恕'도 그에게 만물을 두로 살피게 하지 못한다. 이것이 바로 치우친 재능을 가진 자를 더욱 실패의 길로 내몰도록 하는 것이다.

夫學, 所以成才也.[1)

恕, 所以推情也.[2)

偏才之性, 不可移轉矣.[3)

雖敎之以學, 才成而隨之以失.[4)

雖訓之以恕, 推情各從其心.[5)

信者逆信,⁶⁾ 詐者逆詐.⁷⁾
故學不入道, 恕不周物,⁸⁾ 此偏才之益失也.⁹⁾

> **劉昞(注)**
>
> 1) 彊毅靜其抗, 柔順厲其愞.
> 2) 推己之情, 通物之性.
> 3) 固守性分, 聞義不徙.
> 4) 剛毅之性已成, 激訐之心彌篤.
> 5) 意之所非, 不肯是之於人.
> 6) 推己之信, 謂人皆信, 而詐者得容爲僞也.
> 7) 推己之詐, 謂人皆詐, 則信者或受其疑也.
> 8) 偏材之人, 各是己能, 何道之能入, 何物之能周也?
> 9) 材不能兼, 教之愈失, 是以宰物者用人之仁去其貪, 用人之智去其詐, 然後 羣材必御, 而道周萬物也矣.

【恕】자신의 경우를 미루어 남을 생각함을 뜻함. 유가의 중요한 덕목 중 하나. 《論語》里仁篇에 "曾子曰:「夫子之道, 忠恕而已矣.」"라 하였고, 衛靈公篇에는 "子貢問曰:「有一言而可以終身行之者乎?」 子曰:「其『恕』乎! 己所不欲, 勿施於人.」"라 하였으며, 《中庸》13章에는 "忠恕違道不遠: 施諸己而不願, 亦勿施於人"이라 함.
【推情】人之常情을 미루어 남을 이해함.
【逆信】남의 신실함을 인정하고 받아줌. '逆'은 '迎'과 같음. 雙聲互訓.
【逆詐】남이 속이려는 마음을 가졌을 때 이를 미리 변별하여 대처함.
【入道】도의 경지에 들어감. '升堂入室'과 같음. 《논어》先進篇에 "子曰:「由之瑟奚爲於丘之門?」 門人不敬子路. 子曰:「由也升堂矣, 未入於室也.」"라 함.
【周物】만물에 두루 미침. 보편타당함을 말함.

3. 유업 流業

유업流業이란 각기 가지고 있는 전업專業과 같다. 어떤 유형인가에 따라 각기 그 가지게 되는 직업이나 업무가 다름을 말한다.

유병劉昞의 주에 "삼재(德, 法, 術)가 근원이 되지만 각기 익힌 대로 분파를 나누어 점차 그 본원을 잃게 된다. 그 때문에 사람마다 각기 다른 전문 특장을 갖게 되는 것이다"(三材爲源, 习者爲流; 流渐失源, 其业各異)라 하였다.

〈嵌貝鹿形銅鎭〉(서한) 1957 河南 陝縣 출토

015(3-1)
열두 가지 전업專業

대체로 사람의 각기 전업專業은 열두 가지로 나눌 수 있다.
즉 청절가淸節家, 법가法家, 술가術家, 국체國體, 기능器能, 장부臧否, 기량伎倆, 지의智意, 문장文章, 유학儒學, 구변口辨, 웅걸雄傑이다.

蓋人流之業, 十有二焉:[1)]
有淸節家,[2)] 有法家,[3)] 有術家,[4)] 有國體,[5)] 有器能,[6)] 有臧否,[7)] 有伎倆,[8)] 有智意,[9)] 有文章,[10)] 有儒學,[11)] 有口辨,[12)] 有雄傑.[13)]

劉昞(注)

1) 性旣不同, 染习又異; 枝流條別, 各有志業.
2) 行爲物範.
3) 立憲垂制.
4) 智慮無方.
5) 三材純備.
6) 三材而微.
7) 分別是非.
8) 错意工巧.
9) 能鍊衆疑.
10) 屬辭比事.

11) 道藝深明.
12) 應対給捷.
13) 膽畧過人.

【流業】劉昞의 주에 "三材爲源, 習者爲流; 流漸失源, 其業各異"라 함.
【人流之業】사람마다 각기 가지고 있는 專業. 流는 流派, 流別, 類別과 같음.
【淸節家】세상에 고결하고 절조가 있어 이를 퍼뜨려 감화시키는 자.《漢書》王貢兩龔鮑傳贊에 "春秋列國卿大夫及至漢興將相名臣, 懷祿耽寵以失其世者多矣! 詩稱淸節之士, 於是爲貴"라 함.
【法家】전국시대 법을 통치의 가장 중요한 벼리로 여겨 이를 학술로 발전시킨 諸子學의 하나. 李悝, 商鞅, 韓非子 등이 대표적인 인물임.《史記》老莊申韓列傳 참조.
【術家】권모술수를 일삼는 학파. 諸子 중의 縱橫家나 法家와 같은 방법으로 일을 처리하는 부류.

〈한비자〉夢谷 姚谷良 그림

【國體】임금을 도와 나라를 이끌어 가는 대신을 가리킴.《穀梁傳》昭公 15년에 "大夫, 國體也"라 하였고, 范寧의 주에 "君之卿佐, 是謂股肱, 故曰國體"라 함.
【器能】기량과 재능.
【臧否】장점과 단점. 선악, 장단 등의 여부를 품평함을 말함.
【伎倆】기능이나 기예 등. 여기서는 재능이 공교함을 뜻함.
【智意】지혜와 식견.
【文章】저술. 문사. 저술에 뛰어난 자.
【儒學】제자백가 중 孔孟을 중심으로 한 사상. 중국 諸子學 중 가장 영향을 미쳤으며 六經, 十三經 등은 모두 유가의 학술임.
【口辨】口辯과 같음. 말솜씨에 뛰어남.

016(3-2)
청절가淸節家

이를테면 무릇 덕행이 고묘高妙하고 행동거지가 법에 맞는다면 이런 부류를 일러 '청절가淸節家'라 한다. 연릉계자延陵季子와 안영晏嬰 같은 이가 이에 속한다.

법과 제도를 만들어 세우며 나라를 강하게 하고 백성을 부유하게 하는 사람을 일러 법가法家라 한다. 관중管仲과 상앙商鞅 같은 이가 이런 사람이다.

사유가 통달하고 도道로써 변화시키며 모책이 기묘한 경우, 이런 사람들을 일러 술가術家라 한다. 범려范蠡나 장량張良 같은 이들이 이런 유형의 사람들이다.

연릉계자《삼재도회》

관이오(관중, 관자)《삼재도회》

張良《삼재도회》

若夫德行高妙, 容止可法, 是謂淸節之家, 延陵·晏嬰是也.

建法立制, 彊國富人, 是謂法家, 管仲·商鞅是也.

思通道化, 策謀奇妙, 是謂術家, 范蠡·張良是也.

【容止可法】 그 행동거지와 표정을 법으로 삼을 만함.
【延陵】 延陵季子. 춘추시대 吳나라 季札. 壽夢의 넷째 아들로 가장 어질어 왕의 자리를 양보하였음. 延陵 땅에 봉해져 연릉계자라 부름. 《史記》 吳太伯世家에 "季札封於延陵, 故號曰延陵季子"라 함.
【晏嬰】 晏子. 자는 平仲. 춘추시대 齊나라 景公을 도와 재상이 되었으며 齊나라 二大 賢相(管仲과 함께). 《史記》 管晏列傳 참조. 키가 작고 검소하며 재치와 덕이 있어 많은 고사를 남김. 특히 《說苑》·《史記》 등에 널리 알려진 '晏子使楚', '橘化之枳', '狗洞', '馬夫를 교화시킨 이야기' 등이 유명함. 저술로는 《晏子春秋》가 전함.

晏子(晏嬰)

【彊國富人】 나라를 강하게 하고 백성을 부유하게 함.
【管仲】 管子, 夷吾. 鮑叔과의 親交로 유명하며, 桓公을 도와 패자가 되게 하였다. 晏子(景公의 재상)와 더불어 齊나라 二大名相. 《史記》 管晏列傳 참조.
【商鞅】 衛鞅, 公孫鞅. 戰國時代 魏나라 출신. 秦孝公을 도와 宰相이 되어 法家政治를 실현함. '徙木'의 고사를 남겼으며 뒤에 태자와의 갈등으로 도망하다가 잡혀 거열형을 당함. 《史記》 商君列傳 참조.

〈商鞅車裂刑圖〉

【思通道化】 사상이 널리 통달하여 교화를 성취함. 《史記》 太史公自序에 "是故禮以節人, 樂以發和, 書以道事, 詩以達意, 易以道化, 春秋以道義"라 함.
【范蠡】 춘추 말기 越나라 대부. 자는 少伯. 句踐을 도와 어려움을 극복하고 吳나라를 쳐서 이김. 그 뒤 즉시 가족을 데리고 월나라를 떠나 山東 陶 땅에서 상업을 일으켜 큰 부자가 됨. 이에 陶周公이라 불림. '功成身退' 등의 고사를 남김. 《國語》 越語 및 《史記》 越王句踐世家 등 참조.
【張良】 漢興三傑의 하나. 字는 子房. 원래 韓나라 출신으로 韓나라가 秦始皇에게 망하자 복수를 결심하고 始皇을 博浪沙에서 저격, 실패로 끝나자 下邳로 도망갔다가 黃石公을 만났고, 다시 劉邦에게 합류하여 項羽를 멸함. 留侯에 봉해짐. 《史記》 留侯世家 참조.

〈張良〉

017(3-3)
국체國體와 기능器能

삼재(德, 法, 術)를 모두 겸하여 재능을 가지고 있고 아울러 그 세 가지에 모두 능한 자로써 그 덕은 족히 풍속을 바로잡을 수 있고, 그 법은 족히 천하를 바르게 할 수 있으며, 그 술은 족히 조정에서 먼 변방의 전투를 승리로 이끌 수 있는 사람, 이러한 경우를 일러 '국체國體'라 한다. 바로 이윤伊尹과 여상呂望이 이런 인물이다.

정나라 子産《三才圖會》

삼재를 겸하여 가지고 있으나 그 삼재가 모두 미미하여 그 덕德은 족히 한 군국郡國을 통솔할 수 있고, 그 법法은 족히 향읍鄕邑 정도를 바로잡을 수 있으며, 그 술術은 족히 일에 마땅하게 저울질 할 수 있는 경우, 그러한 사람을 일러 '기능器能'이라 한다. 바로 자산子産과 서문표西門豹가 이런 사람이다.

兼有三才, 三才皆備,¹⁾ 其德足以厲風俗, 其法足以正天下, 其術足以謀廟勝, 是謂國體, 伊尹·呂望是也.

兼有三才, 三才皆微,²⁾ 其德足以率一國, 其法足以正鄕邑, 其術足以權事宜, 是謂器能, 子産·西門豹是也.

> 劉昞(注)

1) 德與法術, 皆純備也.
2) 不純備也.

【三才】 본문에서 말한 淸節家의 德, 法家의 法, 術家의 術 등 세 가지 재능을 말함.
【謀廟勝】 조정에 앉아 모책으로 멀리 있는 적을 이겨냄. 묘는 묘당. 궁궐에서 조상에게 국가의 변고가 있을 때 이를 알리고 제를 올리며 모책을 강구함.
【伊尹】 殷(商)나라 시조 成湯을 도와 天下를 평안히 한 名相. 이름은 摯. 有莘氏의 들에서 농사를 짓다가 湯에게 발탁되었음. 一說에는 桀王의 요리사였다고도 함.
【呂望】 周 文武 때의 군사 책임자. 渭水 가에서 낚시로 세월을 기다려 문왕을 만났으며 뒤에 무왕을 도와 은 紂를 멸하고 주나라를 부흥시킴. 太公望·呂尙·姜子牙. 姜太公이라 불림. 뒤에 齊나라에 封을 받아 齊나라의 始祖가 됨. 《史記》 齊太公世家 등 참조.
【正鄕邑】 鄕里와 州邑의 풍속을 바로잡음.
【子産】 鄭나라 大夫인 公孫僑. 字는 子産. 東里에 살아 東里子産으로도 불림. 鄭나라 成公·簡公·定公을 거치면서 나라를 안정시켰으며, 그가 죽자 孔子가 눈물을 흘렸다고 함. 《史記》 鄭世家 참조.
【西門豹】 전국 시대 위나라 사람. 文侯의 신하로 鄴令이 되어 '河伯娶婦'의 무당 미신을 물리친 일과 치수 사업에 큰 공을 세운 일로 유명함. 《史記》 滑稽列傳 참조.

018(3-4)
장부臧否, 기량伎倆, 지의智意

삼재三才의 일부를 겸하여 가지고 있고 그 중 한 유파만을 지녀 청절가淸節家이기는 하지만 능히 널리 서恕의 경지에까지는 오르지 못한 채 남을 기롱하고 꾸짖기를 즐겨하며 시비를 분별하는 데에 뛰어난 사람을 일러 '장부臧否'라 한다. 자하子夏 같은 무리가 이런 유형이다.

법가法家의 유파로써 새로운 사상을 창조하거나 원대하게 도모하지는 못하지만 한 가지 일을 맡아서는 능히 해내며, 여러 가지를 가로세로 짜서 공교하게 처리해나가는 재능을 가진 자를 일러 '기량伎倆'이라 한다. 바로 장창張敞과 조광한趙廣漢 같은 이들이 이 부류이다.

술가術家의 유파로써 능히 제도를 창조하여 법칙을 내려주지는 못하지만 변화를 만나면 능히 권형權衡을 운용할 줄 알며, 권형과 지혜가 남음이 있으나 공정함이 부족한 경우를 일러 '지의智意'라 한다. 바로 진평陳平과 한안국韓安國 같은 경우가 이들이다.

兼有三才之別, 各有一流.[1] 清節之流, 不能弘恕,[2] 好尚譏訶, 分別是非,[3] 是謂臧否, 子夏之徒是也.
法家之流, 不能創思遠圖,[4] 而能受一官之任, 錯意施巧[5] 是謂伎倆, 張敞·趙廣漢是也.
術家之流, 不能創制垂則,[6] 而能遭變用權, 權智有餘, 公正不足,[7] 是謂智意, 陳平·韓安國是也.

> **劉昞(注)**

1) 三材爲源, 則刁者爲流也.
2) 以清爲理, 何能寬恕?
3) 己不寬恕, 則是非生.
4) 法制於近, 思不及遠.
5) 務在功成, 故巧意生.
6) 以術求功, 故不垂則.
7) 长於权者, 必短於正.

【譏訶】꾸짖고 힐책함.
【子夏】孔子의 弟子. 卜商·卜子夏. 문학에 뛰어났으며 위 문후가 그를 존경하여 스승으로 삼음.《史記》仲尼諸子列傳 및《孔子家語》七十二弟子解 등 참조
【錯意】의견을 이리저리 얽어 정리함.
【張敞】서한 때의 대신. 자는 子固. 선제 때 京兆尹이 되었으며 기주자사 등을 역임함. 치안을 엄격하게 다스려 도둑이 사라졌다고 함. 한편 그는 아내와 정분이 두터웠으나 아내를 위해 눈썹을 그려 화장을 해주자 아내가 정에 겨워 나무랐다 함. 이에 부부간의 아름다운 정을 '畫眉'라 함.《漢書》張敞傳 참조.
【趙廣漢】서한 때의 대신. 자는 子都. 선제 때 穎川太守가 되었으며 뒤에 京兆尹에 오름. 귀족에게조차 법을 엄격하게 적용한 것으로 유명함.《漢書》趙廣漢傳 참조.
【創制垂則】제도를 만들어 이를 법으로 삼음.
【陳平】처음에는 項羽를 섬겼으나 뒤에 劉邦에게로 감. 字는 孺子이며, 陽武人으로 黃老術을 익혔음. 曲逆侯에 봉해졌으며, 惠帝와 孝文帝 때에 丞相을 지냄.《史記》陳丞相世家 및《漢書》陳平傳 참조.
【韓安國】서한 때의 대신. 자는 長孺. 지략이 뛰어나 梁孝王의 中大夫를 지냄. 吳楚七國의 난 때 吳楚를 평정하여 그 이름이 드날렸음. 武帝 때 御史大夫를 거쳐 衛尉에 오름. 匈奴 토벌에 나섰다가 패하자 분을 품고 죽음.《漢書》韓安國傳 참조.

019(3-5)
문장文章, 유학儒學, 구변口辯, 효웅驍雄

무릇 이 여덟 가지 업무는 모두가 삼재三才를 근본으로 판단한다. 그러므로 비록 파문波紋 정도와 본류의 구분은 있지만 모두가 가벼운 일을 해낼 정도의 재능일 뿐이다.

司馬遷 《三才圖會》

문장과 저술에 뛰어난 자를 일러 '문장文章'이라 한다, 사마천司馬遷과 반고班固가 이런 유형이다.

성인의 업적을 전하는 데에는 능하되 일을 처리하고 정치를 베푸는 데에는 능하지 못한 자를 일러 '유학儒學'이라 한다. 바로 모공毛公과 관공貫公이 이런 사람들이다.

韓信 《三才圖會》

변론을 하면서 도道의 경지에는 들지 못하였고 응대應對에는 말솜씨가 뛰어난 이들을 '구변口辯'이라 한다. 바로 악의樂毅와 조구생曹丘生 같은 이들이 이런 사람들이다.

담력이 무리에 뛰어나고 재략이 보통 사람을 넘어서는 경우를 일러 '효웅驍雄'이라 한다. 백기白起와 한신韓信이 이런 유형이다.

凡此八業, 皆以三才爲本,[1] 故雖波流分別, 皆爲輕經事之才也.[2]

能屬文著述, 是謂文章, 司馬遷・班固是也.

能傳聖人之業, 而不能幹事施政, 是謂儒學, 毛公・貫公是也.

辯不入道, 而應對資給, 是謂口辯, 樂毅・曹丘生是也.

膽力絶衆, 才略過人, 是謂驍雄, 白起・韓信是也.

劉昞(注)

1) 非德無以正法, 非法無以興術, 是以八業之建, 常以三材爲本.
2) 耳目殊管, 其用同功; 羣材雖異, 成務一致.

【波流】'波'는 파도나 波紋. '流'는 본류. '波'는 '流'의 아래 단계.
【輕事之才】'輕'은 '經'의 오자가 아닌가 함. 많은 일을 경험한 재자.
【司馬遷】《史記》의 저술로 유명한 서한 때의 역사가. 자는 子長, 夏陽人으로 武帝 때 太史令이 되어 李陵을 변호하다가 宮刑을 당함. 뒤에 역사정리를 필생의 사업으로 삼고 중국 최초의 紀傳體 正史인《史記》를 저술하여 一家之言을 이룸.《史記》太史公自序 및《漢書》司馬遷傳을 참조할 것.
【班固】정사《漢書》의 저술로 유명한 동한의 역사학자. 자는 孟堅, 扶風 安陵 사람으로 明帝 때 蘭臺令史에 올랐음. 그 아버지 班彪와 여동생 班昭에 걸쳐 최초의 斷代史《漢書》를 완성함. 和帝 때 사건에 연루되어 옥사함.

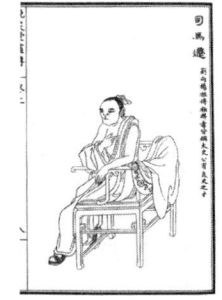

〈司馬遷〉

【毛公】한나라 초기《詩經》을 전수한 학자. 大毛公(毛亨)과 小毛公(毛萇). 모형(魯나라 사람, 혹은 河間人)은《毛詩故訓傳》을 지어 모장(趙나라 사람, 河間獻王의 박사, 北海太守를 지냄)에게 전수하였고 모장은 이를 정리하여

《毛詩》를 완성함. 당시《韓詩》,《齊詩》,《魯詩》등 '三家詩'와《毛詩》가 있었으나 앞의 '삼가시'는 모두 사라지고《毛詩》를 지금은《詩經》이라 부름. 《韓詩》는《韓詩外傳》이 전함.

【貫公】서한 때 趙나라 사람으로 河間獻王의 박사. 賈誼에게《春秋左氏傳訓詁》를 배웠음. 한편 그의 아들 貫長卿이 毛公에게《詩》를 전수받아 蕩陰令을 지냄.

【辯不入道】말을 잘 하지만 성인의 도에 부합하지는 않음.

【資給】천품이 총명하고 말솜씨에 뛰어남. '給'은 말을 잘함을 뜻함. '口給'과 같음.《論語》公冶長篇에 "或曰:「雍也仁而不佞」. 子曰:「焉用佞? 禦人以口給, 屢憎於人. 不知其仁, 焉用佞?」"라 하였고, 주에 "給, 辦也. 佞人所以應答人者, 但以口取辦而無情實"이라 함.

【樂毅】燕 昭王 때의 上將軍. 昌國君에 봉해졌으며, 제나라를 쳐 70여 개 성을 함락하는 큰 공을 세웠으나 소왕의 뒤를 이은 惠王이 제나라 田單의 반간계를 믿고 장군직을 騎劫으로 바꾸자 趙나라로 망명함. 뒤에 그를 다시 부르려 편지를 보냈을 때 그 답신이 명문으로 알려짐.《史記》樂毅田單列傳 및《戰國策》燕策 등 참조.

【曹丘生】서한 때 楚나라 사람으로 언변에 뛰어났었음. 季布가 임협에 관심이 있을 때 조구생을 통해 그 명성이 올라갔음.《史記》欒布季布列傳 참조.

【白起】戰國時代 秦나라 將帥. 秦나라 동진 정책의 遠交近攻策의 수행 장군. 長平(지금의 山西省 高平縣 王報村) 전투(秦 昭王 四十七年(B.C. 260) 때 白起가 趙나라를 쳐부수고 항복한 군사 40만을 생매장한 사건으로 유명함. 뒤에 范雎와 틈이 벌어져 관직에서 쫓겨나 죽임을 당함.《史記》白起王翦列傳 참조.

【韓信】漢나라 淮陰人. 처음 項梁을 도와 거병하였으나, 뒤에 劉邦에게 옮겨 天下통일을 이룸.《史記》淮陰侯列傳 및《漢書》韓信列傳 참조.

〈漢初三傑〉(蕭何, 張良, 韓信)
명각본《帝鑒圖說》

020(3-6)
열두 인재들이 맡아야 할 임무

    무릇 이상 열두 가지 재능은 모두 남의 신하로서의 임무이다. 임금의 덕은 여기에 포함되지 않는다.
    덕을 주관하는 임금의 경우, 총명하고 평담하다. 그 때문에 그 많은 인재들을 총괄하여 통치하는 것이며 스스로 어떤 일을 직접 자임하지는 않는다.
    이런 까닭으로 군주의 도가 확립되면 12 종류의 인재들이 각기 자신의 임무를 담당하게 되는 것이다.

    청절한 덕을 가진 자는 사씨師氏의 임무를 맡게 된다.
    법가의 재질을 가진 자는 사구司寇의 임무를 맡게 된다.
    술가術家의 재질을 가진 자는 삼고三孤의 임무를 맡게 된다.
    덕, 법, 술 삼재三才의 순수함을 모두 갖춘 자는 삼공三公의 임무를 맡게 된다.
    삼재를 갖추었으되 약간 미흡하다면 그런 자는 총재冢宰의 임무를 맡게 된다.
    장부臧否에 뛰어난 재능을 가진 자는 사씨의 보좌 임무를 맡기면 된다.
    지혜와 식견을 가진 인재라면 총재의 보좌 임무를 맡기면 된다.
    기량伎倆에 뛰어난 재질을 가진 자라면 사공司空의 임무를 맡기면 된다.
    유학儒學에 뛰어난 인재라면 백성을 평안히 하는 임무를 맡기면 된다.
    문장文章에 뛰어난 재질을 가진 자라면 국사國史의 임무를 맡기면 된다.
    변론과 말솜씨에 뛰어난 인재라면 행인行人의 임무를 맡기면 된다.
    효웅驍雄의 재능을 가진 자라면 장수將帥의 임무를 맡기면 된다.

凡此十二才, 皆人臣之任也,¹⁾ 主德不預焉.

主德者, 聰明平淡, 總達衆才, 而不以事自任者也.²⁾

是故主道立, 則十二才各得其任也.³⁾

清節之德, 師氏之任也.⁴⁾

法家之才, 司寇之任也.⁵⁾

術家之才, 三孤之任也.⁶⁾

三才純備, 三公之任也.⁷⁾

三才而微, 冢宰之任也.⁸⁾

臧否之才, 師氏之佐也.⁹⁾

智意之才, 冢宰之佐也.¹⁰⁾

伎倆之才, 司空之任也.¹¹⁾

儒學之才, 安民之任也.¹²⁾

文章之才, 國史之任也.¹³⁾

辯給之才, 行人之任也.¹⁴⁾

驍雄之才, 將帥之任也.¹⁵⁾

劉昞(注)

1) 各抗其才, 不能兼備, 保守一官, 故爲人臣之任也.
2) 目不求視, 耳不參聽, 各司其官, 則衆材達, 衆材旣達, 則人主垂拱, 無爲而理.
3) 上無爲, 則下當任也.
4) 掌以道德, 教道胄子.
5) 掌以刑法, 禁止姦暴.
6) 掌以廟謨, 佐公論正.
7) 位於三槐, 坐而論道.

8) 天官之卿, 總御百官.
 9) 分別是非, 以佐師氏.
10) 師事制宜, 以佐天官.
11) 錯意施巧, 故掌冬官.
12) 掌以德毅, 保安其人.
13) 憲章紀述, 垂之後代.
14) 掌之應答, 送迎道路.
15) 掌轄師旅, 討平不順.

【主德不豫】 군주의 덕과 무관함.
【總達衆才】 여러 유형의 인재를 모두 모아들임.
【自任】 스스로 그렇다고 여기며 이를 자신의 직무로 삼음.
【主道】 임금으로서 나라를 통치하는 도리.
【師氏】 周나라 때의 관직 이름으로 왕실을 보도하고 귀족 자제의 교육을 담당하며, 의전 등을 맡았었음. 《周禮》 참조.
【司寇】 周나라 때 六卿(冢宰, 司徒, 宗伯, 司馬, 司寇, 司空)의 하나로 刑獄(사법, 재판 등)을 담당함. 뒤에 刑部尙書의 직위가 이에 해당함.
【三孤】 주나라 때 三公의 副官으로 少師, 少傅, 少保를 '三孤'라 불렀음.
【三公】 주나라 때 太師, 太傅, 太保. 임금을 보좌하여 국정을 이끄는 최고 직위에 해당함.
【冢宰】 육경의 우두머리로 '太宰'라고도 부르며 백관을 통솔하고 국정을 주도하였음. 뒤에 吏部尙書가 이에 해당함.
【司空】 역시 육경의 하나로 건설, 제조, 車服, 기계, 공정 등을 맡았으며 뒤에 工部尙書가 이에 해당함.
【國史】 나라 역사를 기록하는 임무. 이에 해당하는 직위로 太史, 小史, 處史, 御史 등이 있었으며 임금 곁에는 左史와 右史가 있었음.
【行人】 외교관. 사방 이웃나라와 제후국과의 조빙, 의전, 통역 등을 담당하였음. 당시 大行人, 小行人 등의 직책이 있었음. 이들은 전권을 가지고 외교관의 임무를 수행하였으며 그 지식은 《詩》에서 얻은 것으로 여겼음. 이에 따라 《論語》 子路篇에 "子曰:「誦詩三百, 授之以政, 不達; 使於四方, 不能專對; 雖多, 亦奚以爲?」"라 함.

021(3-7)
지도자는 평담만 지키면 된다

이것이 군주로서의 도가 제자리를 얻고 신하로서의 그 도에 따른 질서라고 하며, 관직에서는 자신의 업무 이외의 것으로 바꾸지 않도록 하여야 태평성대가 이루어지고 그 쓰임이 완성되는 것이다.

만약 임금의 도가 평담하지 못하여 편재偏才처럼 굴면서 함께 자신이 좋아하는 것만 등용하게 되면 그러한 한 가지 재능만 가진 자가 자신에게 맞지 않은 권력의 가운데 처하게 되고, 그렇게 되면 많은 인재들은 그 자신들의 직책을 상실하게 된다.

是謂主道得而臣道序, 官不易方, 而太平用成.[1]

若道不平淡, 與一才同用好,[2] 則一才處權, 而衆才失任矣.[3]

> 劉昞(注)
>
> 1) 太平之所以成, 由官人之不易方. 若使足操物, 手求行, 四體何由寧? 理道何由平?
> 2) 譬大匠善規, 惟規之用.
> 3) 惟規之用, 則矩不得立其方, 繩不得經其直, 雖日運規矩, 無由成矣.

【主道得而臣道序】 군주의 도가 제자리를 얻으면 신하의 도가 저절로 질서가 잡힘을 말함.
【官不易方】 관리는 자신이 맡은 업무를 마구 바꿀 수 없음.
【用好】 자신이 좋아하는 자를 임용함.
【處權】 권력을 바르게 쥐고 있음.

4. 재리才理

재리才理는 재리材理로도 표기하며 본래 타고난 재능이 각기 가는 길이 달라 이를 이치에 따라 정리하였음을 말한다.

유병劉昞의 주에 "재능이 이미 그 가는 길이 달라 원리조차 각기 취향에 따라 달리 보아야 한다. 그 때문에 여러 재능을 모두 설명하여 지극한 원리로써 이를 분류하여 정한 것이다" (材旣殊塗, 理亦異趣; 故講羣材, 至理乃定)라 하였다.

〈陶院落〉(明器) 1956 廣東 廣州 출토

022(4-1)
의義를 세워 순서에 맞게

무릇 일을 시작하고 의義를 세움에는 이치에 순리대로 하여 정하지 않으면 안 된다.

논란과 비난에 부딪치면 능히 이를 결정해내는 자가 적으니, 이는 무슨 이유 때문이겠는가?

바로 논리에 있어 그 품평이 제각각일 수 있으며, 사람마다 다른 생각을 가지고 있을 수 있기 때문이다.

무릇 서로의 품평에 대한 논리가 많으면 소통하기가 어렵고, 사람마다 각기 재능의 차이가 있으면 서로의 감정이 궤변을 낳게 된다.

감정에 궤변이 생기고, 서로 소통이 어렵다면 이치는 제 몫을 잃고 일은 어그러지고 만다.

夫建事立義, 莫不順理而定.[1]

及其論難, 鮮能定之. 夫何故哉?

蓋理多品而人異也.[2]

夫理多品, 則難通;

人才異, 則情詭.

情詭·難通, 則理失而事違也.[3]

> 劉昞(注)

1) 言前定則不惑, 事前定則不躓.
2) 事有萬端, 人情舛駁, 誰能定之?
3) 情詭理多, 何由而得?

【建事立義】 사업을 창건하고 도의의 규범을 세움.
【論難】 변론과 힐난.
【情詭】 감정과 뜻이 서로 어긋남.

023(4-2)
논리에 따른 분류들

대체로 논리에는 네 가지 부류가 있으며, 명석함에는 네 가지 유형이 있고, 감정에는 아홉 가지 치우침이 있으며, 유파流派에는 일곱 가지 닮은 것이 있으며, 논설에는 세 가지 과실이 있으며, 힐난에는 여섯 가지 얽힘이 있으며, 소통에는 여덟 가지 능함이 있다.

夫理有四部,[1] 明有四家,[2] 情有九偏,[3] 流有七似,[4] 說有三失,[5] 難有六構,[6] 通有八能.[7]

> 劉昞(注)

1) 道義事情, 各有部也.
2) 明通四部, 各有其家.
3) 以情犯明, 得失有九.
4) 似是而非, 其流有七.
5) 辭勝理滯, 所失者三.
6) 彊良競氣, 忿構有六.
7) 聰思明達, 能通者八.

【四部】 '道之理', '事之理', '義之理', '情之理' 등 네 가지 유형.
【明有四家】 理의 네 가지 유형에 대하여 밝히 아는 것.
【情有九偏】 본문의 '剛略之人', '不能理微' 등 9가지 치우침.
【流有七似】 似而非의 경우를 낳는 7가지 경우. '似有流行者', '似若博意者', '似若讚解者', '似能聽斷者', '似若有餘而實不知者', '似悅而不懌者' 등의 경우를 가리킴.
【說有三失】 이치로 보아 과오를 저지르는 3가지 유형. '以辭取勝之失', '不善接論之失', '不善喩之失'을 가리킴.
【難有六構】 남을 힐난하다가 얻게 되는 6가지 좋지 않은 결과 즉 '氣構', '怨構', '忿構', '辭構', '妄構', '怒構' 등을 말함.
【通有八能】 반드시 명통해야 할 8가지 능력을 말함. '聰能聽序', '思能造端', '明能見機', '辭能辯意', '捷能攝失', '守能待攻', '攻能奪守', '奪能易予' 등임.

024(4-3)
천지의 변화처럼

천지의 변화처럼 차면 기우는 것이며 덜어내면 다시 더해지게 되는 것이니 이것이 도의 이치이다.
법으로써 일을 바로잡는 것은 사물의 이치이며,
예로써 합당하도록 백성을 가르치는 것은 의를 실행하는 이치이며,
사람의 감정으로 사물의 기틀을 삼는 것은 인지상정의 이치이다.

若夫天地氣化, 盈虛損益, 道之理也.[1]
法制正事, 事之理也.[2]
禮敎宜適, 義之理也.[3]
人情樞機, 情之理也.[4]

> **劉昞(注)**
>
> 1) 以道化人, 與時消息.
> 2) 以法理人, 務在憲制.
> 3) 以理敎之, 進止得宜.
> 4) 觀物之情, 在於言語.

【氣化】 음양의 기가 만물을 化育시킴.
【盈虛損益】 사물의 변화와 성장, 혹은 발전. 차고 기우는 것과 손해와 이익 등 다양한 형태.
【道之理】 자연 법칙. 천도의 당연한 이치.
【正事】 일을 바르게 고쳐 잡음.
【義】 儀와 같음. 儀表, 禮儀, 禮節.
【樞機】 만물의 변화를 발동시키는 중요한 기틀. 원래는 弩를 발사할 때의 장치를 말함.

025(4-4)
각 품성에 따를 전문 업무

이상 네 가지의 원리는 같지 않다. 인재에 있어서 모름지기 명석하면서도 창달함이 있어야 한다. 명석함은 본바탕을 근거로 하여 그것이 행동으로 나타난다.

이런 까닭으로 사람의 본바탕이 사리와 합치되어야 한다. 이들이 합치되면 명석함이 있게 마련이며 명석함이 족하면 그 이치가 드러나며, 이치가 족하면 드디어 하나의 전문가가 되는 것이다.

이런 까닭으로 바탕과 품성이 평담한 사람은 그 사상과 마음 씀씀이가 오묘하여 능히 자연과 소통할 수 있으니 이는 도리道理의 전문가이다.

바탕과 성품이 경철警徹한 사람은 권술과 책략에 기민하고 민첩하여 능히 번거로운 일을 빠르게 처리할 수 있으니 이는 사리事理의 전문가이다.

바탕과 성품이 화평한 사람은 능히 예교禮敎를 논할 수 있으며 그 득실을 분별할 수 있으니 이는 예의義禮의 전문가이다.

바탕과 성품이 기민하고 밝은 사람은 남의 사정을 미루어 그 뜻에 원칙을 세우며, 능히 그 변화에 적응할 수 있으니 이는 정리情理의 전문가이다.

四理不同, 其於才也, 須明而章, 明待質而行.
是故質於理合, 合而有明, 明足見理, 理足成家.[1]
是故質性平淡, 思心玄微,[2] 能通自然, 道理之家也.[3]

質性警徹, 權畧機捷,⁴⁾ 能理煩速, 事理之家也.⁵⁾
質性和平, 能論禮敎,⁶⁾ 辯其得失, 義禮之家也.⁷⁾
質性機解, 推情原意,⁸⁾ 能適其變, 情理之家也.⁹⁾

劉昞(注)

1) 道義與事情, 各有家.
2) 容不躁擾, 其心詳密.
3) 以道爲理故, 能通自然也.
4) 容不遲鈍, 則其心機速.
5) 以事爲理, 故審於理煩也.
6) 容不失敵, 則禮敎得中.
7) 以義爲理, 故明於得失也.
8) 容不妄動, 則原物得意.
9) 以情爲理, 故能極物之變.

【章】彰과 같음. 顯彰함. 드러냄.
【質】본바탕, 자질, 소질.
【玄微】지극히 오묘하고 미세한 원리나 현상.
【警徹】어떤 일에 대한 警惕이나 통찰력.
【權略機捷】권모가 뛰어나며 기지가 민첩함.
【煩速】번잡하고 급한 사무.
【義禮之家】윤리 도덕을 잘 지켜내는 사람. 劉昞 주에 "以義爲禮, 故明於得失也"라 함.
【機解】기민하고 똑똑함.
【推情原意】인지상정을 미루어 짐작하고 본래의 뜻을 터득하여 밝혀냄.

026(4-5)
아홉 가지 치우침

이상 네 가지 유형의 명석함이 이미 차이를 드러내고 있는 것이니 이에 따라 다음의 아홉 가지 치우친 정황이 있게 되는 것이다.
한편 이들은 성품이 명석함을 범하여 각기 그 유형대로의 득실이 있다.

강략剛略한 사람은 미세한 것을 잘 다루지 못한다. 그 때문에 대체大體를 논할 때면 넓고 크게 보며 높고 멀리 본다. 그러나 섬세한 이치를 분석할 때는 마구 헤매기만 하면서 소략하고 엉성하다.

항려抗厲한 사람은 되돌아올 줄 모른다. 그 때문에 법의 곧음을 논할 때는 묶을 곳을 알며 공정하다. 그러나 변통變通을 논할 때는 막히고 고집스러워 뚫고 들어갈 수가 없다.

견경堅勁한 사람은 그 사실을 파고들기를 좋아한다. 기회와 이치를 지적할 때는 똑똑하여 빛이 나며 끝까지 철저히 대처하지만, 대도大道를 건너야 할 때는 직설적인 면이 곧바로 노출되어 단순하고 고집이 있다.

변급辯給한 사람은 말이 번거롭고 그 주제가 날카롭다. 그리하여 인사를 추론推論할 때는 정밀한 식견에 이치를 끝까지 궁구하지만, 대의大義에 이르러서는 진솔하고 직언만 내어놓을 뿐 주도면밀하지는 못하다.

부침浮沉의 사람은 깊이 생각하는 데에는 능하지 못하여 친소와 원근의 구별이라면 활달하고 오만하며 박식하지만, 일의 요체를 세워야 할 경우에는 불꽃만 요란할 뿐 확정을 짓지 못한다.

천해淺解한 사람은 논란의 문제에 대하여 깊이 생각하는 능력이 부족하여, 남의 변설을 들을 때는 깊이 이해하지 못하면서도 쉽게 기뻐하고 찬동한다. 그러나 정밀한 이치를 심의해야 할 때는 빙글빙글 돌리기만 할 뿐 근거가 없다.

관서寬恕의 사람은 급히 서둘러 민첩하게 대처하는 능력이 모자란다. 그리하여 인의를 논할 때면 넓고 상세하여 단아한 것을 장점으로 내세우지만, 급한 시무時務를 쫓아가 처리해야 할 때는 느리고 느슨하여 그에 미치지 못한다.

온유溫柔한 사람은 뛰어나고 강한 힘을 발휘하지 못한다. 그리하여 도리를 음미할 때는 맞는 이치에 순응하여 온화하고 화창하지만, 의심나는 난제를 풀어야 할 때는 유약하고 겁이 많아 끝까지 붙잡고 늘어지지 못한다.

호기好奇의 인물은 제멋대로 일탈하여 기이한 것에 호기심이 많다. 그리하여 권변과 기휼을 만들 때면 아주 뛰어나지만, 깨끗한 도리를 초안할 때는 상식에 궤변을 부리며 넓고 우활하기만 할 뿐이다.

이것이 소위 말하는 성격의 아홉 가지 치우침으로 각기 자신의 마음 가는 바를 따르며, 그것이 옳은 이치인 줄로 여기는 폐단이다.

四家之明旣異, 而有九偏之情.
以性犯明, 各有得失.[1)
剛畧之人, 不能理微.[2) 故其論大體, 則弘博而高遠;[3)
歷纖理, 則宕往而踈越.[4)

抗厲之人, 不能迴撓.[5] 論法直, 則括處而公正;[6] 說變通, 則否戾而不入.[7]

　堅勁之人, 好攻其事實.[8] 指機理, 則穎灼而徹盡;[9] 涉大道, 則徑露而單持.[10]

　辯給之人, 辭煩而意銳.[11] 推人事, 則精識而窮理;[12] 即大義, 則恢愕而不周.[13]

　浮沉之人, 不能沉思.[14] 序疏數, 則豁達而傲博;[15] 立事要, 則熿炎而不定.[16]

　淺解之人, 不能深難.[17] 聽辯說, 則擬鍔而愉悅;[18] 審精理, 則掉轉而無根.[19]

　寬恕之人, 不能速捷.[20] 論仁義, 則弘詳而長雅;[21] 趨時務, 則遲緩而不及.[22]

　溫柔之人, 力不休彊.[23] 味道理, 則順適而和暢;[24] 擬疑難, 則濡愞而不盡.[25]

　好奇之人, 橫逸而求異.[26] 造權譎, 則倜儻而瓌壯;[27] 案清道, 則詭常而恢迂.[28]

　此所謂性有九偏, 各從其心之所可以爲理.[29]

劉昞(注)

1) 明出於眞, 情動於性. 情勝明則蔽, 故雖得而必喪也.
2) 用意麁疏, 意不玄微.
3) 性剛則志遠.
4) 志遠故疏越.
5) 用意猛奮, 志不旋屈.

6) 性厲則理毅.
7) 理毅則滯礙.
8) 用意端確, 言不虛徐.
9) 性確則言盡.
10) 言切則義少.
11) 用意疾急, 志不在退挫.
12) 性銳則窮理.
13) 理細, 故遺大.
14) 用意虛廓, 志不淵密.
15) 性浮則志傲.
16) 志傲則理疏.
17) 用意淺脫, 思不深熟.
18) 性淺則易悅.
19) 易悅故無根.
20) 用意徐緩, 思不疾速.
21) 性恕則理雅.
22) 徐雅故遲緩.
23) 用意溫潤, 志不美悅.
24) 性和則理順.
25) 理順故依違.
26) 用意奇特, 志不同物.
27) 性奇則尙麗.
28) 奇逸故恢詭.
29) 心之所可以爲理, 是非相蔽, 終無休已.

【剛略】 강경하면서 거침.
【弘博】 넓고 광대함.
【織理】 미세한 이치나 도리. 원리.
【宕往】 막힘이 없이 다님.
【疏越】 거칠어 마구 뛰어넘음.
【抗厲】 격분하여 대듦.

【括處】약속. 잘 묶어 간수함. 여기서는 법을 잘 준수함을 뜻함.
【否戾】'비려'로 읽으며 막히고 위배됨을 뜻함.
【指機理】사물의 변화와 이치를 지적함.
【穎灼】총명하여 빛이 남.
【徹盡】끝까지 철저하게 파고 듦.
【大道】큰 도리. 이상적인 최상의 도.《禮記》禮運篇에 "大道之行也, 天下爲公"이라 함.
【徑露】너무 곧은 지름길이어서 쉽게 노출됨. 비천함을 뜻함.
【單持】그 한 끝만 잡고 있음.
【辯給】말솜씨에 뛰어남. '給'은 '口給'과 같음. 말을 잘함.《論語》公冶長篇에 "或曰:「雍也仁而不佞.」子曰:「焉用佞? 禦人以口給, 屢憎於人. 不知其仁, 焉用佞?」"라 하였고, 주에 "給, 辨也. 佞人所以應答人者, 但以口取辨而無情實"이라 함.
【意銳】의견이 매우 날카로움.
【怃愕】진솔하고 솔직함. 직언을 하기를 좋아함.
【浮沉之人】줏대가 없이 부화뇌동하는 사람.
【疏數】친소와 원근의 구별. '數'는 '近'의 뜻임.
【燂炎】불이 번져나감.
【深難】깊이 논란을 벌임. 심하게 힐난함.
【擬鍔】손으로 칼날이나 창 끝 따위를 만져보아 그 날카로움을 측정함.
【掉轉】엎어지기를 반복함.
【弘詳】넓고 상세함.
【時務】당장 처리해야 할 업무.
【味】직접 맛을 보듯이 체험함.
【濡愞】유순하고 연약함.
【橫逸】제멋대로 하여 구속됨이 없음.
【權譎】권모와 술수.
【倜儻】'척당'으로 읽으며 뛰어남을 뜻함.
【瓌壯】기이하고 훌륭함. '瓌'는 '瑰'와 같음.
【案】살펴봄. 고찰함. 자신의 의견을 넣음.
【淸道】청정무위의 도리.
【詭常】상규에 어긋남.
【恢迂】우활(迂闊)함.

027(4-6)
일곱 가지 사이비

만약 성품이 정밀하고 창동하지 못하게 되면 다음과 같은 사이비와 같은 유형으로 흐를 수 있다.

끝없이 이야기를 떠벌리며 말을 늘어놓는 경우, 마치 이를 실행하는 사람처럼 보일 수 있다.

논리는 빈약하면서 많은 사단事端을 야기하는 경우, 이는 마치 많은 지식을 가진 사람처럼 보일 수 있다.

우회의 설법을 즐겨 쓰면서 뜻에 영합하는 경우, 이는 마치 남의 일에 찬동하고 이해를 잘하는 사람처럼 보일 수 있다.

언제나 자신의 의견은 먼저 말하지 않고 남의 장점을 지지하기만 하는 경우, 이는 마치 남의 말을 잘 듣고 판단을 잘하는 사람처럼 보일 수 있다.

어려운 문제는 늘 피하기만 하여 응대하지 않으려는 경우, 마치 여유를 가지고 있는 사람처럼 보이지만 실제로는 아는 것이 없는 사람이다.

통달한 지식을 가진 사람을 사모하면서 입으로만 떠드는 경우, 이는 마치 남의 말에 즐거움을 느끼는 사람처럼 보이지만 속으로는 시큰둥하게 여기는 사람이다.

이기기를 좋아하며 그 실정이 어긋나고, 말이 궁한데도 오히려 너무 의미가 심오하기 때문이라 하며, 넘어지면 더욱 잘못을 끌어들여 억지를 부리는 경우, 마치 의지가 굳어 어떠한 경우에도 굽히지 않는 강한 장점을 가진 사람처럼 보일 수 있다.

무릇 이 일곱 가지 사이비로 인해 많은 사람들이 곤혹함에 빠지게 되는 것이다.

若乃性不精暢, 則流有七似:

有漫談陳說, 似有流行者;[1]

有理少多端, 似若博意者;[2]

有迴說合意, 似若讚解者;[3]

有處後持長, 從衆所安, 似能聽斷者;[4]

有避難不應, 似若有餘而實不知者;[5]

有慕通口解, 似悅而不懌者;[6]

有因勝情失, 窮而稱妙,[7] 跌則掎蹠,[8] 實求兩解, 似理不可屈者.[9]

凡此七似, 衆人之所惑也.[10]

劉昞(注)

1) 浮漫流雅, 似若可行.
2) 辭繁喩博, 似若弘廣.
3) 外佯稱善, 內實不知.
4) 實自無知, 如不言, 觀察衆談, 讚其所安.
5) 實不能知, 妄佯不應, 似有所知而不答者.
6) 聞言卽悅, 有似於解者, 心中漫漫不能悟.
7) 辭已窮矣, 自以爲妙而未盡.
8) 理已跌矣, 而彊牽據.
9) 辭窮理屈, 心樂兩解, 而言猶不止, 聽者謂之未屈.
10) 非明鏡, 焉能鑑之?

【精暢】精純하고 暢達함. 모든 것이 순조롭고 잘 해결됨을 말함.
【似有流行】浮言이나 流言을 퍼뜨려도 되는 듯이 여김.

【多端】복잡하여 실마리를 찾을 수 없음.
【博意】지식이 광박함.
【迴說合意】말을 우회하여 하지만 그 뜻에는 맞음.
【讚解】찬동하며 이해함.
【處後持長】다른 사람의 말이 다 끝나도록 하여 자신을 뒤로 미루었다가 가장 좋은 의견을 내놓음.
【聽斷】남의 의견을 잘 듣고 판단함.
【慕通】통효한 의견을 앙모함.
【口解】이해하는 듯함.
【似悅而不懌】즐거워하는 듯하나 실제로는 감복하지 않음. 劉昞 주에 "有似於解者 心中漫漫不能悟"라 함.
【窮而稱妙】말이 궁하여 더 이상 이어가지 못하면서 마치 묘한 내용인 듯이 얼버무림.
【跌則掎躃】이치에 어긋났는데도 여전히 자신의 잘못된 주장을 끌어들여 더욱 막히게 됨. '跌'은 '넘어지다. 어긋나다'의 뜻. '掎'는 '끌어들이다'. '躃'은 원래 발바닥을 뜻하는 말이나 여기서는 '막히다'의 뜻.

028(4-7)
세 가지 오류

무릇 변론이란 이론으로 이기는 것과 말로 이기는 것 등 두 가지가 있다.

이론으로 상대를 이기는 것은 흑백을 바르게 가려 그 논리를 넓혀나감으로써 미세하고 미묘한 것을 해석하여 이로써 통하게 하는 것이다.

말로 상대를 이기는 것은 정당한 원리를 파괴하고 그와 다른 것으로써 자신을 정당화하는 것이다. 다른 것으로써 자신을 정당화한다면 진짜 정당한 것은 상실되고 만다.

무릇 아홉 가지 편재(偏才)에는 서로 같은 것과 서로 상반되는 것, 그리고 두 가지가 뒤얽혀 있는 것 등 세 가지가 있다.

서로 의견이 같으면 서로 이해하게 되며, 서로 상반되면 비난하게 되고 서로 뒤섞이면 용납되도록 맞추게 된다.

그러므로 사람을 만나 토론을 잘하는 자는 그 장점을 헤아려 논지를 펴나가며 한참을 주고받아도 상대가 감동하지 않으면 더 이상 말을 하지 않는다.

곁에 알아듣는 이가 없다고 해서 이를 비난하지도 않는다.

그러나 남과 대하여 토론에 능하지 못한 자는 논제와 상반된 이야기를 복잡하게 꺼낸다. 따라서 그 복잡하고 상반된 논제는 상대의 귀와 가슴에 먹혀들어가지 않게 된다.

남을 잘 깨우치는 자는 한 마디 말로 여러 가지 사안을 명쾌하게 설명한다.

그러나 남을 잘 깨우치지 못하는 자는 백 마디 말을 해도 단 한 가지도 무슨 뜻인지 명확하지 않다.

백 마디 말에 한 가지 뜻도 명료하지 못하다면 그런 말은 남이 들어주지 않는다.

이것이 말에 있어서 세 가지 잘못된 경우이다.

夫辯, 有理勝,¹⁾ 有辭勝.²⁾

理勝者, 正白黑以廣論, 釋微妙而通之;³⁾

辭勝者, 破正理以求異, 求異則正失矣.⁴⁾

夫九偏之才, 有同, 有反, 有雜.

同則相解,⁵⁾ 反則相非,⁶⁾ 雜則相恢.⁷⁾

故善接論者, 度所長而論之,⁸⁾ 歷之不動, 則不說也.⁹⁾

偞無聽達, 則不難也.¹⁰⁾

不善接論者, 說之以雜反.¹¹⁾

說之以雜反, 則不入矣.¹²⁾

善喻者, 以一言明數事.¹³⁾

不善喻者, 百言不明一意.¹⁴⁾

百言不明一意, 則不聽也.¹⁵⁾

是說之三失也.

> 劉昞(注)

1) 理至不可動.
2) 辭巧不可屈.
3) 說事分明, 有如粉黛, 朗然區別, 辭不潰雜.
4) 以白馬非馬, 一朝而服千人, 及其至關禁錮, 直而後過也.
5) 譬水流於水.
6) 猶火滅於水.
7) 亦不必同, 又不必異, 所以恢達.
8) 因其所能, 則其言易曉.
9) 意在杓馬, 彼俟他日.
10) 凡相難講, 爲達者聽.

11) 彼意在狗, 而說以馬; 彼意大同, 而說以小異.
12) 以方入圓, 理終不可.
13) 辭附於理, 則言寡而事明.
14) 辭遠乎理, 雖泛濫多言, 己不自明, 況他人乎?
15) 自意不明, 誰聽之?

【正白黑】是非와 曲直을 바로잡음.
【廣論】널리 찾아내어 논의를 펼침.
【正理】정당한 도리.
【相恢】서로 용납함.
【接論】마주 대하여 논의함.
【度】'탁'으로 읽으며 '헤아리다'의 뜻.
【歷】경과함.
【傍】'傍'과 같음. 가까이 함.
【聽達】많은 사람들의 의견을 듣고 통달시킴.
【難】힐난함. 논박함. 비난함.

029(4-8)
논박을 잘하는 자

변론에서 논박을 잘하는 사람은 그 사실의 근본을 풀어내는 데에 온힘을 쏟는다.

그러나 논박에 서투른 사람은 근본을 버리고 말을 다스리기에 힘을 쏟는다. 근본을 버리고 말을 다스리기에 힘쓰면 말이 뒤엉키게 마련이다.

강한 자에 대한 공격을 잘하는 사람은 상대의 날카로움을 피하여 자신을 낮추고 대신 그 근본이 지향하는 바를 북돋워 점차 공격해 들어간다.

강한 자에 대한 공격을 제대로 수행하지 못하는 사람은 잘못된 언사를 끌어들여 상대의 예리한 의견을 좌절시키려 한다. 그러나 상대의 예리한 의견이 좌절당하면 결국 기氣 싸움에 말려들게 된다.

남의 과실을 잘 잡아내는 사람은 단지 그 과실만 지적하는 것으로 끝낸다.

그러나 남의 과실을 잡아내는 데 서툰 사람은 상대가 말이 막혔을 때만을 노린다. 상대가 말이 막혔을 때만 노리게 되면 결국 원망과 분노를 유발하게 된다.

어떤 사람은 항상 어떤 일을 깊이 생각하되 한참 시간을 소비하여 그 원리를 찾아낸다. 그리고는 갑자기 남에게 그것을 일러주면서 상대가 얼른 알아듣지 못하면 그는 상대가 이해하지 못한다고 여긴다. 이렇게 상대가 알아듣지 못한다고 여기게 되면 역시 분노와 원망을 유발하게 된다.

무릇 쟁론이 격렬할 때 상대가 오해를 하고 있다면 그것을 압박해서는 안 된다.

그러므로 논박을 잘하는 사람은 상대가 다시 안정된 상태로 돌아올 수 있도록 해준다.

그러나 논박에 서투른 사람은 상대의 오류를 격렬하게 비판하여 비록 그가 자신의 오류를 인정하려고 해도 그럴 시간이나 기회를 주지 않는다.

그 기회나 여유를 주지 않게 되면 역시 상대는 마구 대들 수밖에 없게 된다.

무릇 사람이 어떤 일에 마음을 쏟아 생각에 깊이 빠져 있을 때에는 다른 사람의 말이 귀에 들어오지 않는다.

이런 까닭으로 상대로 하여금 생각할 시간과 그가 말할 수 있는 분위기를 만들어 주어 서로 제지할 것을 제지하면서 그로 하여금 자신의 말을 듣도록 해야 한다. 그때 그 사람도 역시 바야흐로 생각을 정리하고 있을 것이니 그런데도 자신의 의견을 이해하지 못한다면 그 때는 그가 내 말을 이해하지 못하는 것이라 여겨도 된다.

인지상정이란 자신이 말을 잘 이해하지 못한다는 평을 듣기를 싫어하지 않는 이가 없다. 남이 싫어하는 그런 '이해하지 못한다'는 평가를 면전에서 한다면 결국 분노를 유발하게 될 것이다.

무릇 이상의, 분노나 원망을 유발하는 여섯 가지는 분쟁으로 변질시키는 원인이 되는 것이다.

그러니 논쟁은 비록 좋지 않은 경우로 변질될 수도 있지만 그래도 그를 통해 얻는 바가 있다.

만약 말만 내어놓고 논란이 없이 각기 자신의 의견 진술로만 끝을 낸다면 그 경유할 바를 알지 못하게 된다.

善難者, 務釋事本.[1]

不善難者, 舍本而理末.[2]

舍本而理末, 則辭構矣.[3]

善攻彊者, 下其盛銳,[4] 扶其本指, 以漸攻之.[5]

不善攻彊者, 引其誤辭, 以挫其銳意.[6]

挫其銳意, 則氣構矣.[7]

善躓失者, 指其所跌.[8]

不善躓失者, 因屈而抵其性,[9] 屈而抵其性, 則怨構矣.[10]

或常所思求, 久乃得之.

倉卒論人, 人不速知, 則以爲難諭.[11]

以爲難諭, 則忿構矣.[12]

夫盛難之時, 其誤難迫.[13]

故善難者, 徵之使還.[14]

不善難者, 凌而激之, 雖欲顧藉, 其勢無由.[15]

其勢無由, 則妄構矣.[16]

凡人心有所思, 則耳且不能聽.[17]

是故並思俱說, 競相制止, 欲人之聽己.[18]

人亦以其方思之故, 不了己意, 則以爲不解.[19]

人情莫不諱不解.[20]

諱不解, 則怒構矣.[21]

凡此六構, 變之所由興也.

然雖有變構, 猶有所得.[22]

若說而不難, 各陳所見, 則莫知所由矣.[23]

> 劉昞(注)

1) 每得理而止住.
2) 逐其言而接之.

3) 不尋其本理, 而以煩辭相文.
4) 對家彊梁, 始氣必盛, 故善攻彊者, 避其初鼓也.
5) 三鼓氣勝, 衰則攻易.
6) 彊者意銳, 辭或暫誤; 擊誤挫銳, 理之難也.
7) 非徒羣言交錯, 遂至動其聲色.
8) 彼有跌失, 暫指不逼.
9) 陵其屈跌, 而抵挫之.
10) 非徒聲色而已, 怨恨逆結於心.
11) 己自久思, 而不恕人.
12) 非徒怨恨, 遂生忿爭.
13) 氣盛辭誤, 且當避之.
14) 氣折意還, 自相應接.
15) 棄誤顧藉, 不聽其言.
16) 妄言非訾, 縱橫恣口.
17) 思心一至, 不聞雷霆.
18) 止他人之言, 欲使聽己.
19) 非不解也, 富己出言, 由彼方思, 故人不解.
20) 謂其不解, 則性諱怒.
21) 不顧道理是非, 於其兇怒恣肆.
22) 造事立義, 當須理定, 故雖有變說小故, 終於理定功立.
23) 人人競說, 若不難質, 則不知何者可用也.

【善難者】남을 힐난하고 난처하게 만들기에 능한 사람.
【事本】사물의 근본.
【辭構】쟁론을 조성함.
【彊】강량함. 굳세어 꺾일 줄 모르는 유형의 사람.
【下其盛銳】심히 날카로운 기운을 피함.
【扶其本指】그 근본 요지를 잘 파악하고 있음.
【銳意】날카롭게 그 뜻을 세우고 있음.
【氣構】괴로움을 조성함.
【躡失】남의 과실을 끝까지 밟아 추적함.

【跌】넘어짐. 과오를 저지름.
【屈】어그러짐. 논리에 궁함.
【抵】觸犯. 저촉됨.
【怨構】원한을 조성함.
【諭人】남에게 하소연함. 남에게 사정을 알림.
【難諭】남에게 이해시키기 어려움.
【忿構】분함을 조성함.
【盛難】격렬하게 힐난함.
【其誤難迫】그 잘못을 인정하도록 하기가 매우 어려움.
【徵之使還】남으로 하여금 잘못을 두고 급박하게 여기던 마음을 평온하게 되돌리도록 함을 뜻함.
【凌而激之】남을 능멸하여 분격하도록 만듦.
【顧藉】되돌아보도록 함. 애석히 여기도록 함.
【無由】방법이 없음. 경유할 길이 없음.
【妄構】망탄(妄誕)한 언어를 마구 만들어 냄.
【諱】꺼림. 기피함.
【怒構】분노를 자아내도록 함.
【變】변화, 분규, 분쟁을 일으킴.
【由】이유, 원인, 구실, 명분 등의 뜻.

030(4-9)
겸하여야 할 여덟 가지

이로써 논하건대 말만 꺼내놓고 그대로 결정하는 경우란 매우 드물다. 반드시 총명으로써 능히 그 순서를 잘 들어보고, 사고로써 능히 그 일의 발단을 잘 살펴보며, 명석함을 동원하여 그 일의 기미를 밝혀내며, 언사로써 그 뜻을 알기 쉽게 설명하며, 민첩함을 동원하여 능히 그 실패의 경우를 잘 추슬러야 하며, 지켜내는 능력으로 상대의 공격을 대비하며, 공격력을 동원하여 상대의 수비를 뚫고 들어가며 빼앗는 능력을 동원하여 상대를 능동에서 피동으로 전환시켜야 한다.

이 여덟 가지를 겸한 연후에야 능히 천하의 이치에 통달할 수 있는 것이다. 천하의 이치에 통달하게 되면 사람에게도 능히 통할 수 있는 것이다.

능히 이 여덟 가지 아름다움을 겸하지 못한 채 한 가지에만 적용되는 능함을 가지고 있다면 그 달성하는 결과도 한 곳에 치우칠 것이며 그가 가지고 있는 능력도 그저 그와 다른 한 가지에만 능하다는 명칭에 그치고 말 것이다.

由此論之, 談而定理者, 眇矣.[1]
必也聰能聽序,[2] 思能造端,[3]
明能見機,[4] 辭能辯意,[5]
捷能攝失,[6] 守能待攻,[7]
攻能奪守,[8] 奪能易予.[9]

兼此八者, 然後乃能通於天下之理.

通於天下之理, 則能通人矣.

不能兼有八美, 適有一能,¹⁰⁾ 則所達者偏, 而所有異目矣.¹¹⁾

> 劉昞(注)

1) 理多端, 人情異, 故發言盈庭, 莫肯執其咎.
2) 登高能賦, 求物能名, 如顔回聽哭, 蒼舒量象.
3) 子展謀侵晉, 乃得諸侯之盟.
4) 史騈覩目動, 卽知秦師退.
5) 伊籍答吳王:「一拜一起, 未足爲勞.」
6) 郭淮答魏帝曰:「自知必免防風之誅.」
7) 墨子謂楚人:「吾弟子已學之於宋.」
8) 毛遂進曰:「今日從爲楚, 不爲趙也.」楚王從而謝之.
9) 以子之矛, 易子之盾, 則物主辭窮.
10) 所謂偏材之人.
11) 各以所通, 而立其名.

【眇】 매우 적음.
【聰能聽序】 남의 진술을 잘 알아들음.
【造端】 단서를 창조함. 일의 발단을 밝혀냄.
【明能見機】 사물의 변화에 대한 예견이나 대처 능력이 뛰어남.
【辭意】 뜻을 잘 변별하여 냄. '辭'은 '辨'과 같음.
【捷能攝失】 과실을 즉시 고치는데 민첩하고 능력이 있음.
【易予】 변화가 주는 조건들. 劉昞 주에 "以子之矛, 易子之盾, 則物主辭窮"이라 함. 즉 상대로 하여금 능동에서 피동으로 바뀌도록 조건을 만듦.
【八美】 본문에서 말한 여덟 가지 유리한 점.
【適】 '단지, 겨우'의 뜻.
【異目】 다른 명칭.

031(4-10)
재능의 종류

이런 까닭으로 총명으로써 능히 일의 순서를 잘 들어주는 것을 일러 '명물名物의 재능'이라 하고,

사고력을 발휘하여 일의 발단을 잘 밝혀내는 것을 일러 '구가構架의 재능'이라 하며,

명석함을 발휘하여 능히 그 일의 기미를 밝혀내는 것을 일러 '달식達識의 재능'이라 하며,

언변으로 능히 그 뜻을 잘 알아듣도록 설명하는 것을 일러 '섬급贍給의 재능'이라 하며,

민첩함을 가지고 실패의 경우를 잘 추스르는 것을 '권첩權捷의 재능'이라 하며,

지켜내는 힘을 발휘하여 능히 상대의 공격에 대비하는 것을 일러 '지론持論의 재능'이라 하며,

공격력을 발휘하여 상대 수비를 치고 들어가 빼앗기를 잘하는 것을 일러 '추철推徹의 재능'이라 하며,

상대를 능동에서 피동으로 바꾸어 놓는 것을 일러 '무설貿說의 재능'이라 한다.

是故聰能聽序, 謂之名物之才;

思能造端, 謂之構架之才;

明能見機, 謂之達識之才;

辭能辯意, 謂之贍給之才;
捷能攝失, 謂之權捷之才;
守能待攻, 謂之持論之才;
攻能奪守, 謂之推徹之才;
奪能易予, 謂之貿說之才.

【名物】 사물의 명칭과 특징을 변별함.
【構架】 얽어서 만듦. 처음으로 건설하고 창조함을 뜻함.
【達識】 널리 통달한 식견.
【贍給】 풍족하게 베풂.
【權捷】 변화에 대응하는 능력이 민첩함.
【持論】 자신이 밝힌 논리를 적극적으로 견지함.
【推徹】 깊이 궁리하여 투철하게 파악하고 있음.
【貿說】 사령, 말솜씨에 특장이 있음.

032(4-11)
실행은 도道로써 해야 한다

통재通才의 사람이 이미 앞서 말한 여덟 가지 재능을 겸비하였다면 이를 실행함에는 도道로써 한다.

그러한 사람은 학식에 통달한 사람과 토론을 할 때면 함께 이해하여 마음이 서로를 깨우친다.

보통 흔한 많은 사람과 이야기를 나눌 때면 그 얼굴 표정을 관찰하여 그 상대가 가진 품성을 따라 준다.

비록 자신이 많은 이치를 밝게 포함해 가지고 있다 해도 그러한 상대의 위에 올라 있으려 하지 않는다.

그리고 자신이 총명하고 예지하며 나아가 말솜씨까지 가지고 있다 해도 그러한 상대를 앞서 나가려고 하지도 않는다.

훌륭한 말을 자신에게서 내놓고 나서 그 이치가 충분하다면 그 정도에서 그친다.

상대가 비천하고 오류가 많은 경우라도 이를 지나치다고 여기기만 할 뿐 그를 다그치지도 않는다.

남이 품은 뜻을 잘 설명하여 그 사람의 능한 바를 북돋워준다.

어떤 사안을 들어 그 사람이 감추고 싶은 바를 범하는 경우가 없으며, 비슷한 예를 거론하여 자신의 장점을 강조하여 말하지도 않는다.

바르게 말할 때는 바르게 말하고 변화에 적응할 때는 그 변화에 적응하여 상대가 하는 말에 두려워하거나 미워하지도 않는다.

벌레 우는 소리를 선택하되 그 아름답게 우는 소리면 되는 것처럼, 어리석은 사람이라도 그에게 우연히라도 정당한 것이라면 찬동한다.

빼앗고 주는 것에 마땅함이 있으며 거취도 분명히 하여 구차스럽게 머물고자 하지 않는다.

　상대가 한창 기가 성할 때는 그에게 자신을 꺾어 굴복하는 것에도 인색하지 않다.

　상대가 자신에게 어려운 난제를 내어놓았을 때 이를 능히 이겨내고 나서, 그 이겼다는 것을 두고 자랑하지도 않는다.

　마음이 평안하고 뜻이 밝다면 세상에 꼭 그렇게 해야 할 것도 없게 되고 꼭 하지 말아야 할 것도 없게 되는 것이니, 그저 도를 얻는 데에 그칠 뿐이다.

　이것이 가히 더불어 세상을 경영하는 토론이며 만물의 이치이다.

通才之人, 旣兼此八才, 行之以道.
與通人言, 則同解而心喩.[1]
與衆人言, 則察色而順性.[2]
雖明包衆理, 不以尙人.[3]
聰叡資給, 不以先人.[4]
善言出己, 理足則止.[5]
鄙誤在人, 過而不迫.[6]
寫人之所懷, 扶人之所能.[7]
不以事類犯人之所婟.[8]
不以言例及己之所長.[9]
說直說變, 無所畏惡.[10]
采蟲聲之善音,[11] 贊愚人之偶得.[12]
奪與有宜, 去就不留.
方其盛氣, 折謝不恡.[13]

方其勝難, 勝而不矜.¹⁴⁾

心平志諭, 無適無莫,¹⁵⁾ 其於得道而已矣.

是可與論經世而理物也.¹⁶⁾

> **劉昞(注)**

1) 同卽相是, 是以心相喩.
2) 下有盛色, 避其所短.
3) 恒懷謙下, 故處物上.
4) 常懷退後, 故在物先.
5) 通理則止, 不務煩辭.
6) 見人過跌, 輒當歷避.
7) 扶贊人之所能, 則人人自任矣.
8) 胡故反. 與盲人言, 不諱眇瞎之類.
9) 己有武力, 不與虓虎之倫.
10) 通材平釋, 信而後諫, 雖觸龍鱗, 物無害者.
11) 不以聲醜, 棄其善曲.
12) 不以人愚, 廢其嘉言.
13) 不避銳跌, 不惜屈撓.
14) 理自勝耳, 何所矜也?
15) 付是非於道理, 不貪勝以求名.
16) 曠然無懷, 委之至當, 是以世務自經, 萬物自理.

【通人】 천하의 일과 고금의 사적에 통달한 사람.
【心喩】 마음이 명료함. 喩는 어떤 일을 잘 알아차려 명석함을 말함.
【明包衆理】 많은 이치를 모두 포괄하여 명료하게 알아냄.
【尙人】 무리에서 뛰어난 사람. '尙'은 '초월하다, 뛰어나다'의 뜻.
【聰叡資給】 타고난 천품이 총명하고 말솜씨가 뛰어난 자. '給'은 '口給'과 같음. 말을 잘함. 《論語》 公冶長篇에 "或曰:「雍也仁而不佞.」子曰:「焉用佞? 禦人

以口給, 屢憎於人. 不知其仁, 焉用佞?"라 하였고, 주에 "給, 辨也. 佞人所以 應答人者, 但以口取辨而無情實"이라 함.

【鄙誤】비천할뿐더러 과오를 잘 저지름.

【過而不迫】남의 과실을 지적하되 급박하게 굴지는 않음.

【寫】호소함. 표달함. 표현함.

【事類】비슷한 사안들.

【嗣】기피함. 감추어 은닉함. 상대가 감추고 싶어하는 바.

【說直說變】곧게 말해야 할 때 곧게 말하며 변화하는 경우에 그 변화에 맞추어 설득함. 말을 바르게 함을 뜻함.

【畏惡】두려워함. 두려워하면서 싫어함. 꺼림. 《戰國策》魏策(2)에 "魏王之愛 習魏信也, 甚矣! 其智能而任用之也, 厚矣! 其畏惡嚴尊秦也, 明矣!"라 하였고, 鮑彪의 주에 "惡, 猶憚也"라 함.

【采蟲聲之善者】벌레의 아름다운 소리를 택할 때 소리가 아름다우면 그뿐임. 그 외 다른 것은 그 선택 기준에 들지 않음. 목소리가 추하다고 그의 장점을 포기해서는 안 됨을 말함.

【奪與有宜】빼앗거나 줄 때 각기 그 이유와 상황에 맞아야 함.

【折謝不悋】남에게 꺾이거나 사과해야 할 때 인색하게 굴어서는 안 됨. '悋'은 '吝'과 같으며 '인색하다, 아까워하다'의 뜻.

【無適無莫】적당함도 없으며 안 된다는 것도 없음. 《論語》里仁篇에 "子曰: 「君子之於天下也, 無適也, 無莫也, 義之與比.」"라 하였고, 注에 "適·莫, 猶厚· 薄也. 比, 親也. 君子與人無有偏頗厚薄, 唯仁義是親也"라 함.

【經世】세상을 경영함.

【理物】백성을 다스림을 뜻함. 《白虎通》誅罰에 "王者承天理物, 故率天下靜, 不復行役, 扶助微氣, 成萬物也"라 함.

Ⅱ. 中卷

5. 재능才能
6. 이해利害
7. 접식接識
8. 영웅英雄
9. 팔관八觀

〈鴞尊〉(商) 1976 河南 安陽 婦好墓 출토

5. 재능才能

　재능才能은 재능材能으로도 표기하며 타고난 재질과 이를 실현해 낼 수 있는 역량, 그리고 그에 알맞은 업무 담당을 말한다.
　유병劉昞의 주에 "재능은 크기가 다르다. 따라서 그 판별 기준도 다르다. 그 역량에 따라 일을 주어야 그 맡은 업무를 해낼 수 있는 것이다"(材能大小, 其準不同; 量力而授, 所任乃濟)라 하였다.

〈七牛虎耳銅貯貝器〉(서한) 1956 雲南 晉寧縣 滇王墓 출토

033(5-1)
일의 크기와 담당 능력

혹 어떤 이가 이렇게 말하였다.

"사람의 재능에는 큰일에는 능하면서 작은 일에는 능하지 못한 경우가 있다. 이는 마치 큰 소 한 마리를 통째로 삶을 만한 크기의 솥에 닭을 삶을 수는 없는 것과 같다."

나는 이러한 명제는 잘못된 것이라 여긴다.

무릇 능력이라는 어휘는 이미 특정한 뜻을 가지고 있는 명칭인데 어찌 능히 큰일을 하는 사람은 작은 일은 할 수 없다는 것인가?

或曰:「人才有能大而不能小, 猶函牛之鼎, 不可以烹雞」

愚以爲此非名也.[1]

夫能之爲言, 已定之稱,[2] 豈有能大而不能小乎?

> **劉昞(注)**
>
> 1) 夫人材猶器, 大小異. 或者以大鼎不能烹雞, 喩大材不能治小, 失其名也.
> 2) 先有定質, 而後能名生焉.

【函牛之鼎】소 한 마리를 그대로 넣어 끓일 수 있을 정도의 큰 솥.
【愚】자신의 의견을 낮추어 말할 때 쓰는 接詞. '竊以爲'와 같음.
【非名】명분에 맞지 않음. 관점이 정확하지 못함.

034(5-2)
나라를 다스릴 능력과 현을 다스릴 능력

　대체로 소위 능히 큰일을 할 수 있으면서 작은 일은 할 수 없다는 것은 그 말이 성격에 관대함과 급하고 협소함이라는 의미를 가지고 출발한 것이다.
　성격의 관대함과 급하고 협소함으로 인해 그 때문에 사람이 처리할 수 있는 일의 크기가 있는 것이다.
　너그럽고 큰 역량을 가진 사람은 군국郡國 정도의 큰 땅을 다스리기에 알맞아 아랫사람에게 그 행정을 베풀어 공을 삼을 수 있도록 하면서 자신은 그 일을 총괄하여 관리하기만 한다.
　그러나 급하고 협소한 사람은 백 리 정도의 좁은 현縣을 다스리기에 알맞아 모든 업무를 자신이 직접 처리한다.
　그렇다면 군 정도의 구역과 현 정도의 차이란 크기의 대소일 뿐이다.
　그런데 성격의 관대하고 조급함이라는 실질적인 논리로 이를 변별해보면 마땅히 사람의 능력은 대소의 차이가 있다고 말하는 것은 옳지만 큰 것에 능한 자는 작은 것에는 능하지 못하다고 말하는 것은 맞지 않는다.
　만약 또 닭과 소를 구분함에 역시 그 몸체의 크기에 대소가 있을 뿐이다. 따라서 솥 역시 의당 크기의 대소가 있을 뿐이다.
　만약 송아지를 삶는다면 어찌 닭을 삶을 수 없다는 것인가?
　그러므로 능히 대군大郡을 다스릴 수 있다면 역시 작은 군도 다스릴 수 있는 것이다.
　이를 통해 추론해보건대 사람의 재능은 각기 그에 맞는 곳이 있을 뿐 유독 대소의 구분만을 들어 말할 수는 없는 것이다.

凡所謂能大而不能小, 其語出於性有寬急.[1]

性有寬急, 故宜有大小.[2]

寬弘之人, 宜爲郡國, 使下得施其功, 而總成其事.[3]

急小之人, 宜理百里, 使事辦於己.[4]

然則郡之與縣, 異體之大小者也.[5]

以實理寬急論辨之, 則當言大小異宜, 不當言能大不能小也.[6]

若夫雞之與牛, 亦異體之小大也,[7] 故鼎亦宜有大小.

若以烹犢, 則豈不能烹雞乎?[8]

故能治大郡, 則亦能治小郡矣.

推此論之, 人才各有所宜, 非獨大小之謂也.[9]

劉昞(注)

1) 寬者弘裕, 急者急切.
2) 寬弘宜治大, 急切宜治小.
3) 急切則煩碎, 大事不成.
4) 弘裕則網漏, 庶事荒矣.
5) 明能治大郡, 則能治小郡; 能治大縣, 亦能治小縣.
6) 若能大而不能小, 仲尼豈不爲季氏臣.
7) 鼎能烹牛, 亦能烹雞; 銚能烹雞, 亦能烹犢.
8) 但有宜與不宜, 豈有能與不能?
9) 文者理百官, 武者治軍旅.

【寬急】관대함과 편협함. 느슨함과 급박함.
【大小】큰일과 작은 일을 구분하여 다스림. 劉昫 주에 "寬弘宜治大, 急切宜治小"라 함.
【郡國】한대 이후 나라를 다스리던 지방 행정 구분. 周代 封建制에서 秦始皇의 郡縣制를 거쳐 漢代 이후 이 두 가지의 단점을 폐하고 장점을 취하기 위해 이를 절충, 郡國制를 채택하였음. 즉 왕실 혈족에게는 땅을 떼어 나라를 세우도록 하여 세습을 허락하되, 나머지는 군을 두어 군수를 중앙정부에서 직접 임면하는 제도.
【使下】휘하의 속관이나 백성.
【急小】편협하고 기량이 좁음.
【百里】고대 한 縣은 그 관할 지역이 대체로 1백 리 정도 되어 흔히 縣을 대신하는 말로 쓰임.
【實理】사실 그대로의 정황.

035(5-3)
여러 가지 재능의 구분

무릇 사람의 재질이란 같지 않아서 그 능력도 각기 차이가 있다.
따라서 '스스로 어떤 일을 맡을 수 있다고 여기는 재능', '법을 잘 제정하여 사람들로 하여금 이를 준수하게 할 수 있는 재능', '사물의 변화 생성에 대한 설명을 잘하는 능력', '일을 잘 처리하여 사람들을 견책도 하고 깨우치기도 잘하는 능력', '사무 처리에 대한 감찰과 그 잘못을 잘 지적하여 고쳐주는데 뛰어난 능력', '권변과 기휼에 뛰어난 재능을 가진 능력', '위엄을 내세워 용맹을 떨치는데 뛰어난 능력' 등이 있다.

夫人才不同, 能各有異:
有自任之能,[1]
有立法使人從之之能,[2]
有消息辨護之能,[3]
有德教師人之能,[4]
有行事使人譴讓之能,[5]
有司察糾摘之能,[6]
有權奇之能,[7]
有威猛之能.[8]

劉昞(注)

1) 脩己潔身, 總御百官.
2) 法懸人懼, 無敢犯也.
3) 智意辨護, 周旋得節.
4) 道術深明, 勤爲物敎.
5) 云爲得理, 義和於時.
6) 督察是非, 無不區別.
7) 務以奇計, 成事立功.
8) 猛毅昭著, 振威敵國.

【自任】자신의 임무로 여김. 그러나 첫머리 이 부분은 뒤의 설명으로 보아 "자신을 깨끗이 하여 스스로 어떤 일을 맡을 수 있다고 여기는 자"라는 뜻을 내포하고 있다.
【消息辨護】사물의 소멸과 생식. 그리고 그 과정에서 서로 변호해 줌을 뜻함. 辨護는 살피고 보호해 줌을 뜻함. 《墨子》號令에 "良吏一人, 辨護諸門"이라 하였고, 주에 "辨護, 猶言監治也"라 함.
【德敎師人】덕으로 교화를 펴 남의 師表가 됨.
【譴讓】견책함. 감독하여 살핌.
【司察糾摘】감찰의 업무를 담당하여 잘못을 바로잡음.
【權奇】權變과 기휼(奇譎). 통치술과 속임수를 뜻함.

036(5-4)
재능에 따라 달리 맡아야 할 정무政務

무릇 이러한 능력은 그 사람의 재질才質에서 나오는 것으로 재질이란 그 도량이 같지 않다. 그 재질이 이미 다르다면 그 유형에 따라 맡아야 할 정사政事에서의 임무도 역시 달라야 한다.

따라서 스스로 어떤 일이든 맡을 수 있다고 여기는 능력은 청철淸節한 인재이다. 그 때문에 조정에서 이러한 사람은 총재冢宰의 임무를 맡길 수 있으며, 나라를 다스림에는 교정矯正과 정직의 행정 목표를 실현해 낼 수 있을 것이다.

법을 제정하는데 뛰어난 재능을 가진 사람은 국가를 다스릴 수 있는 인재이다. 그 때문에 조정에서는 사구司寇의 임무를 맡길 수 있으며, 나라를 다스림에는 공정公正의 행정 목표를 실현해 낼 수 있을 것이다.

계책을 세우는 데 뛰어난 재능을 가진 사람은 술가術家의 인재이다. 따라서 이러한 사람은 조정에서는 삼고三孤의 임무를 맡길 수 있으며, 나라를 다스림에는 다양한 변화의 행정 목표를 실현해 낼 수 있을 것이다.

인사人事에 뛰어난 재능을 가진 사람은 지의智意의 인재이다. 따라서 이러한 유형의 사람은 조정에서는 총재冢宰의 보좌로 삼을 수 있으며, 나라를 다스림에는 조정과 화합의 행정 목표를 실현해 낼 수 있을 것이다.

일을 실천함에 뛰어난 능력을 가진 사람은 견양譴讓의 인재이다. 따라서 이러한 사람은 조정에서 사구司寇의 임무를 맡길 수 있으며, 나라를 다스림에는 감독과 책임을 명확히 하는 행정 목표를 실현해 낼 수 있을 것이다.

권변과 기휼에 뛰어난 능력을 가진 사람은 기량伎倆의 인재이다. 따라서 이러한 사람은 조정에서 사공司空의 임무를 맡길 수 있으며, 나라를 운영하는 데에는 기예와 제작의 행정 목표를 달성할 수 있을 것이다.

사찰司察에 뛰어난 능력을 가진 사람은 장부臧否의 인재이다. 따라서 조정에서 이러한 사람은 사씨師氏의 보좌로 삼을 수 있으며, 나라를 다스림에는 엄격하게 깎을 것을 깎아내는 행정 목표를 실현해 낼 수 있을 것이다.

위엄과 용맹에 뛰어난 능력을 가진 사람은 호걸豪傑의 인재이다. 따라서 조정에서는 이러한 사람에게 장수將帥의 임무를 맡길 수 있으며 나라를 다스림에는 엄격하고 과감한 행정 목표를 실현해 낼 수 있을 것이다.

夫能出於才, 才不同量.
才能旣殊, 任政亦異.
是故自任之能, 淸節之才也. 故在朝也, 則冢宰之任; 爲國, 則矯直之政.[1)]
立法之能, 治家之才也. 故在朝也, 則司寇之任; 爲國, 則公正之政.[2)]
計策之能, 術家之才也. 故在朝也, 則三孤之任; 爲國, 則變化之政.[3)]
人事之能, 智意之才也. 故在朝也, 則冢宰之佐; 爲國, 則諧合之政.[4)]

行事之能, 譴讓之才也. 故在朝也, 則司寇之任; 爲國, 則督責之政.⁵⁾

權奇之能, 伎俩之才也. 故在朝也, 則司空之任; 爲國, 則藝事之政.⁶⁾

司察之能, 臧否之才也. 故在朝也, 則師氏之佐; 爲國, 則刻削之政.⁷⁾

威猛之能, 豪傑之才也. 故在朝也, 則將帥之任; 爲國, 則嚴厲之政.⁸⁾

> 劉昞(注)
>
> 1) 其身正, 故掌天官而總百揆.
> 2) 法無私, 故掌秋官而詰姦暴.
> 3) 計慮明, 故輔三槐而助論道.
> 4) 智意審, 故佐天官而諧內外.
> 5) 辨衆事, 故佐秋官而督傲慢.
> 6) 伎能巧, 故任冬官而成藝事.
> 7) 是非章, 故佐師氏而察善否.
> 8) 體果毅, 故總六師而振威武.

【任政】 정치를 맡김.
【冢宰】 육경의 우두머리로 '太宰'라고도 부르며 백관을 통솔하고 국정을 주도하였음. 뒤에 吏部尙書가 이에 해당함.
【爲國】 나라를 다스림.
【矯直】 사악하거나 잘못된 것을 바로잡아 정직하게 함.
【治家】 원래 글자대로의 뜻은 가정을 다스리는 것이겠으나 여기서는 국가를 다스림을 뜻함.

【司寇】 周나라 때 六卿(冢宰, 司徒, 宗伯, 司馬, 司寇, 司空)의 하나로 刑獄(사법, 재판 등)을 담당함. 뒤에 刑部尙書의 직위가 이에 해당함.
【計策】 계획과 모책.
【術家】 권모술수에 능한 사람.
【三孤】 주나라 때 三公의 副官으로 少師, 少傅, 少保를 '三孤'라 불렀음.
【變化之政】 변화에 민첩하게 대처함을 뜻함.
【智意】 지혜와 식견.
【督責】 감독하여 책임을 물음.
【伎倆】 기능. 기예. 어떤 일에 뛰어난 재주나 능력.
【司空】 周나라 때 六經의 하나로 건설, 제조, 車服, 기계, 공정 등을 맡았으며 뒤에 工部尙書가 이에 해당함.
【藝事】 기량과 같음.
【臧否】 장점과 단점. 선악, 장단 등의 여부를 품평함을 말함.
【師氏】 周나라 때의 관직 이름으로 왕실을 보도하고 귀족 자제의 교육을 담당하며, 의전 등을 맡았었음.
【刻削】 지나치게 각박함.
【豪傑】 豪杰과 같음.《呂氏春秋》 功名 "人主賢則豪傑歸之"의 주에 "才寡百人曰豪, 千人曰傑"이라 함.

037(5-5)
재능을 잘못 적용하는 경우의 예

무릇 편재偏才의 인물은 모두가 한 가지 좋은 맛만 가지고 있는 사람이다. 그 때문에 한 가지 관직에서의 사무 처리 능력은 뛰어나지만 하나의 나라를 다스리는 일에는 단점이 있다.

어찌 그렇겠는가?

무릇 하나의 관직에서의 임무란 하나의 맛으로 오미五味에 도움을 줄 수 있지만 하나의 나라를 다스리는 국정이란 무미無味로써 오미의 조화를 이루어야 하기 때문이다.

또 나라라고 하는 것은 풍속과 교화가 있고 백성의 정서도 다스리기 어려운 자와 다스리기 쉬운 자들이 섞여 있다. 그리하여 사람의 재능이 같지 않음으로 해서 그 행정의 결과도 전혀 다른 득실을 가져올 수 있다.

이런 까닭으로 왕도를 실현할 교화의 행정은 전체 큰 것을 통어하는 데에 알맞은 것임에도, 이를 작은 일을 다스리는 데에 적용한다면 너무 먼 길이 되고 만다.

변호辨護의 행정은 번거로운 것을 다스리는 데에 알맞은 것임에도, 이를 쉬운 일을 다스리는 데에 적용한다면 쉽게 처리할 일도 제대로 해결되지 않게 된다.

책술策術의 행정은 어려운 난제를 처리하는 데에 알맞은 것임에도, 이를 평온한 일을 다스리는 데에 적용한다면 아무런 기이한 정책을 내놓을 수 없게 된다.

교항矯抗의 정책은 사치를 부리는 일을 바로잡는 데에 알맞은 것임에도, 이를 폐단을 다스리는 데에 적용한다면 백성들이 잔폐해지고 말 것이다.

해화諧和의 정치는 새로 시작된 국가에 알맞은 것임에도, 이를 오래된 나라에서 적용하려 한다면 공허한 정책이 되고 말 것이다.

공각公刻의 정책은 간악한 무리를 규정糾正하는 데에 알맞은 것임에도, 이를 변방을 다스리는 데에 적용한다면 많은 무리를 잃게 될 것이다.

위맹威猛의 행정은 난을 토벌하는 데에 알맞은 것임에도, 이를 선량한 사람들을 다스리는 데에 적용한다면 포악한 정치가 되고 말 것이다.

기량伎倆의 정책은 백성을 부유하게 하고자 함에 알맞은 것임에도, 이를 가난한 사람을 억압하는 데에 쓰인다면 백성은 노고롭기만 하고 아랫사람은 피곤에 지치게 될 것이다.

그러므로 그 능력을 헤아려 관직을 수여하는 일은 깊이 헤아리지 않을 수 없는 것이다.

凡偏才之人, 皆一味之美,[1] 故長於辨一官,[2] 而短於爲一國.[3]
何者?
夫一官之任, 以一味協五味;[4]
一國之政, 以無味和五味.[5]
又國有俗化, 民有劇易,[6] 而人才不同, 故政有得失.[7]
是以王化之政, 宜於統大,[8] 以之治小, 則迂.[9]

5. 재능才能　159

辨護之政, 宜於治煩,¹⁰⁾ 以之治易, 則無易.¹¹⁾

策術之政, 宜於治難,¹²⁾ 以之治平, 則無奇.¹³⁾

矯抗之政, 宜於治侈,¹⁴⁾ 以之治弊, 則殘.¹⁵⁾

諧和之政, 宜於治新,¹⁶⁾ 以之治舊, 則虛.¹⁷⁾

公刻之政, 宜於糾姦,¹⁸⁾ 以之治邊, 則失衆.¹⁹⁾

威猛之政, 宜於討亂,²⁰⁾ 以之治善, 則暴.²¹⁾

伎倆之政, 宜於治富,²²⁾ 以之治貧, 則勞而下困.²³⁾

故量能授官, 不可不審也.

> **劉昞(注)**

1) 譬飴以甘爲名, 酒以苦爲實.
2) 弓工揉材, 而有餘力.
3) 兼掌陶冶, 器不成矣.
4) 鹽人調鹽, 醯人調醯, 則五味成矣. 譬梓里治材, 土官治墻, 則廈屋成.
5) 水以無味, 故五味得其和, 猶君體平淡, 則百官施其用.
6) 五方不同, 風俗各異, 土有剛柔, 民有劇易.
7) 以簡治易則得, 治煩則失.
8) 易簡而天下之理得矣.
9) 網疏而吞舟之姦漏.
10) 事皆辨護, 煩亂乃理.
11) 甚於督促, 民不便也.
12) 權略無方, 解釋患難.
13) 術數煩衆, 民不安矣.
14) 矯枉過正, 以勵侈靡.
15) 俗弊治嚴, 則民殘矣.
16) 國新禮殺, 苟合而已.
17) 苟合之敎, 非禮實也.

18) 刻削不深, 姦亂不止.
19) 衆民憚法, 易逃叛矣.
20) 亂民桀逆, 非威不服.
21) 政猛民殘, 濫良善矣.
22) 國以彊, 民以使.
23) 易貨改鑄, 民失業矣.

【一味之美】어떤 한 방면에만 뛰어나거나 장점을 가지고 있는 경우.
【辦一官】한 가지 일에 대하여 처리할 수 있도록 임무를 부여받은 관원.
【爲一國】하나의 나라를 다스림.
【五味】다섯 가지 맛. 酸, 苦, 辛, 鹹, 甘을 가리킴. 여기서는 여러 유형의 인재를 비유한 것임.
【無味和五味】임금은 평담하고 맛이 없으므로 인해 재능 있는 많은 사람을 끌어들일 수 있다고 본 것임.
【俗化】습속(풍습)과 교화.
【劇易】難易와 같음. 어렵고 쉬운 구분.
【王化】왕의 교화. 임금의 덕치.
【統大】천하를 통솔함.
【迂】우회의 길로 감. 시의에 맞지 않음을 말함.
【辨護之政】감독과 관리를 중시하는 통치 방법.
【治煩】번거로운 잡무를 처리해 나감.
【策術之政】권모술수를 중시하는 통치 방법.
【矯抗之政】잘못을 바로잡고 바른 것을 널리 펼쳐 가는 통치 방법.
【治侈】사치와 낭비를 잘 다스려 나감.
【殘】완전하지 못함. 殘缺된 상태가 있음.
【虛】실질과 어울리지 않는 허상.
【公刻之政】공정하고 엄혹한 법을 중시하여 다스리는 통치 방법.
【糾姦】사악한 무리를 바로잡음.
【治邊】변경을 다스리는 정책. 국방 정책.
【討亂】반란을 토벌함.
【勞而下困】노고로울뿐더러 아래 백성이 곤핍함. 이 책 〈利害〉편에 "其敝也, 民勞而下困"이라 함.

038(5-6)
지도자의 역할

무릇 이러한 재능은 모두가 치우친 재능을 가진 자의 것이다.

그러므로 혹 능히 말로 표현하면서도 이를 실행하지 못하는 경우가 있고, 혹 행동을 하면서도 이를 말로 표현하지 못하는 경우가 있다.

국체國體의 정도에 이른 사람이라면 능히 말로도 표현하고 행동으로도 실천한다. 그러므로 많은 재능을 가진 자 가운데 준재儁才가 되는 것이다.

임금의 능력은 이와는 다르다.

그러므로 신하는 스스로 어떤 일을 자임하는 것을 능력으로 삼고, 임금은 사람을 부리는 것으로써 능력을 삼는 것이다.

신하는 능히 말로 표현하는 것으로써 능력을 삼고, 임금은 능히 들어주는 것으로써 능력을 삼는다.

신하는 능히 실행해내는 것으로써 능력을 삼고, 임금은 능히 이들에게 상벌을 내리는 것으로써 능력을 삼는다.

이처럼 서로의 능력이 다르다. 그 때문에 임금은 능히 그토록 많은 재능 있는 자를 다스릴 수 있는 것이다.

凡此之能, 皆偏才之人也.

故或能言而不能行, 或能行而不能言.[1]

至於國體之人, 能言能行, 故爲衆才之儁也.

人君之能, 異於此.[2]

故臣以自任爲能,³⁾ 君以用人爲能.⁴⁾
臣以能言爲能,⁵⁾ 君以能聽爲能.⁶⁾
臣以能行爲能,⁷⁾ 君以能賞罰爲能.⁸⁾
所能不同,⁹⁾ 故能君衆才也.¹⁰⁾

劉昞(注)

1) 智勝則能言, 材勝則能行.
2) 平淡無爲, 以任衆能.
3) 竭力致功, 以取爵位.
4) 任賢使能, 國家自理.
5) 各言其能, 而受爲官.
6) 聽言觀行, 而授其官.
7) 必行其所言.
8) 必當其功過也.
9) 君無爲而臣有事.
10) 若君以有爲代大匠斲. 則衆能失巧, 功不成矣.

【國體】 나라를 이끄는 고굉. 《穀梁傳》 昭公 15년에 "大夫, 國體也"라 하였고, 范寧의 주에 "君之卿佐, 是謂股肱, 故曰國體"라 함.
【雋】 俊과 같음. 재능과 지혜가 출중한 인물.
【君】 임금으로서 통치권을 발동함. '나라를 다스리다'의 뜻.

6. 이해利害

이해利害는 사람마다 다른 품성과 특장을 어떻게 판단하고 이에 맞는 업무를 어떻게 맡기는가에 따라 이익과 손해가 있다는 뜻이다.

유병劉昞의 주에 "법을 만들고 자신이 가진 모책을 펴게 하여 국가에 이로움이 되도록 해야 한다. 자신에게 맞지 않는 일을 맡으면 그 폐해는 결국 자신에게 귀속되고 만다"(建法陳術, 以利國家; 及其弊也, 害歸於己)라 하였다.

〈詛盟場面〉 銅貯貝器(서한) 1956 雲南 晉寧縣 滇王墓 출토

039(6-1)
이익과 손해

대체로 사람마다 각기 자신의 일이 있으며 그에 따라 이익과 손해도 있다.

蓋人業之流, 各有利害.[1]

> 劉昞(注)
>
> 1) 流漸失源, 故利害生.

【人業之流】 사람들이 하는 일의 여러 가지 유형.

040(6-2)
청절한 사람의 모습

무릇 청절한 사람의 일은 그 의용에 드러나고 덕행에 발현되어 아직 등용되지는 못해도 현창하게 된다. 그리하여 그 도는 순통하며 남을 감화시키는 힘이 있다.

따라서 아직 세상에 널리 알려지지 않았을 때라도 많은 사람들의 추천을 받게 되며, 이미 현달하였다면 윗사람이나 아랫사람 모두에게 존경을 받는다.

그의 공은 족히 탁한 것을 격분시키고 맑은 것을 널리 퍼뜨려 동료와 친구들 사이에 사표로써 모범이 된다.

그가 하는 업무는 남에게 폐해를 주지 않아 항상 이름을 드날리게 한다.

그러므로 세상으로부터 귀함을 받는 것이다.

夫節淸之業, 著于儀容, 發於德行,[1] 未用而章, 其道順而有化.[2]

故其未達也, 爲衆人之所進;[3]

旣達也, 爲上下之所敬.[4]

其功足以激濁揚淸, 師範僚友.

其爲業也, 無弊而常顯,[5]

故爲世之所貴.[6]

> 劉昞(注)

1) 心清意正, 則德容外著.
2) 德輝昭著, 故不試而效; 效理於人, 故物無不化.
3) 理順, 則衆人樂進之.
4) 德和理順, 誰能慢之?
5) 非徒不弊, 存而有顯.
6) 德信有常, 人不能賤.

【節淸】 고매하고 청렴함.
【著】 드러남.
【發】 표현함.
【章】 '彰'과 같음.
【順而有化】 순종하여 교화를 성취시킴.
【達】 득의. 뜻을 이룸. 귀한 신분이 됨.
【進】 추천하여 進達시킴.
【激濁揚淸】 탁한 물을 격동시키고 맑은 물을 드러나게 함.
【師範】 모범이 되는 것. 학습에 가장 중요한 표준.
【僚友】 관직에서의 동료.
【貴】 중요시 함. 귀하게 여김.

041(6-3)
법가의 특징

법가의 업무는 제도制度에 근본을 두고 성공을 기다린 다음에야 그 효과가 드러나는 것이다.

그 도道는 먼저 고통을 당하고 나중에 다스려지는 것으로 엄격함을 수단으로 무리를 다스리는 방법이다.

그런 까닭으로 그가 아직 현달하지 않았을 때는 많은 사람들로부터 시기를 받는다. 그리고 이미 시도하는 단계가 되면 윗사람과 아랫사람으로부터 역시 시기와 꺼림을 받는다.

그의 공적은 법을 세워 통치를 성사시키는 데에 있다.

그러나 그러한 자의 폐단은 많은 잘못된 자들로부터 원수가 되어야 한다는 점이다.

그가 하는 업무는 지도자가 보지 못하도록 엄폐하는 것으로서 어느 때나 항상 사용할 수 있는 것은 아니다. 그 때문에 공은 크게 이루면서도 그 끝은 제대로 마무리되지 못한다.

法家之業, 本于制度, 待乎成功而效.[1]

其道前苦而後治, 嚴而爲衆.[2]

故其未達也, 爲衆人之所忌;[3]

已試也, 爲上下之所憚.[4]

其功足以立法成治;[5]

其弊也, 爲群枉所讐.⁶⁾
其爲業也, 有敝而不常用.⁷⁾
故功大而不終.⁸⁾

> **劉昞(注)**
>
> 1) 法以禁姦, 姦止乃效.
> 2) 初布威嚴, 是以勞苦; 終以道化, 是以民治.
> 3) 姦黨樂亂, 忌法者衆.
> 4) 憲防肅然, 內外振悚.
> 5) 民不爲非, 治道乃成.
> 6) 法行寵貴, 終受其害.
> 7) 明君乃能用之, 彊明不繼世, 故法不常用.
> 8) 是以商君車裂, 吳起支解.

【法家】제자백가의 法家와 같은 유형의 특장을 가진 자.《漢書》藝文志 諸子略에 "法家者流, 蓋出於理官. 信賞必罰, 以輔禮制. 易曰:「先王以明罰飭法.」此其所長也. 及刻者爲之, 則無敎化, 去仁愛, 專任刑法, 而欲致治. 至於殘害至親, 傷恩薄厚"라 하였다.
【制度】법령이나 법규, 규정, 규범 등 지켜야 할 법도.
【苦】勞苦. 고통.
【爲衆】'爲'는 '治'와 같음. 무리를 다스림. 劉昞의 주에 "初布威嚴, 是以勞苦; 終以道化, 是以民治"라 함.
【忌】미워하고 한스럽게 여김. 劉昞의 주에 "姦黨樂亂, 忌法者衆"이라 함.
【試】임용함. 일을 실시해 보도록 기회를 부여함.
【憚】꺼림. 두려워함.
【群枉】옳지 못한 짓을 저지르는 많은 무리들. 많은 무리들이 옳지 못한 일을 저지름. '枉'은 '直'의 상대되는 말로 잘못된 행동.《論語》爲政篇에 "哀公問

曰:「何爲則民服?」孔子對曰:「擧直錯諸枉, 則民服; 擧枉錯諸直, 則民不服.」라 함.

【讐】원수로 여김. 원망함.
【蔽】'蔽'와 같음. 막거나 가려 보지 못하도록 함.
【不終】좋은 결과를 얻지 못함. 끝이 잘 마무리되지 못함. 결과가 불행함.

042(6-4)
술가術家의 업무

술가術家의 업무는 총명한 사고에서 나오며 모책이 제대로 쓰인 다음에야 빛이 나는 것이다.

그 통치 방법은 먼저 미세한 것을 다루고 나중에 그것이 드러나는 것이며 정밀하면서도 또한 오묘하다.

그러한 자가 아직 현달하지 않았을 때는 많은 무리들로부터 제대로 알려지지 않는다.

그러나 그 모책이 사용되면 명석한 군주로부터 보배로 여김을 받는다.

그의 공은 족히 모책을 운용하며 변화에 통달하는 것이다.

그러나 그들은 물러나서는 세상으로부터 깊이 숨어 모습을 드러내지 않는다.

그들의 업무는 기이하면서 군주에게 쓰이는 예는 그리 많지 않다. 그 때문에 혹 미약한 곳에 묻혀 드러나지 못하는 경우가 있다.

術家之業, 出於聰思, 待於謀得而章.[1]

其道先微而後著, 精而且玄.[2]

其未達也, 爲衆人之所不識;[3]

其用也, 爲明主之所珍.[4]

其功足以運籌通變.[5]

其退也, 藏於隱微.[6]

其爲業也, 奇而希用.⁷⁾
故或沈微而不章.⁸⁾

劉昞(注)

1) 斷於未行, 人無信者; 功成事效, 而後乃彰也.
2) 計謀微妙, 其始至精, 終始合符, 是以道著.
3) 謀在功前, 衆何由識?
4) 暗主昧然, 豈能貴之?
5) 變以求通, 故能成其功.
6) 計出微密, 是以不露.
7) 主計神奇, 用之者希也.
8) 世希能用, 道何由彰?

【聰思】총명하고 사려에 밝음.
【謀得而章】모책을 성취시킨 다음 그 공이 드러남. '章'은 '彰'과 같음.
【微】겉으로 드러나기 어려운 미세함. 隱微함.
【著】겉으로 쉽게 드러남.
【精而且玄】정밀하면서도 오묘함. 劉昞의 주에 "計謀微妙, 其始至精; 終始合符, 是以道玄"이라 함.
【珎】'珍'과 같음. 보배와 같은 器量을 말함. 〈新編諸子集成〉본에는 '珍'으로 되어 있음.
【運籌】잘 따지고 계책을 세워 일을 모책함.
【退】은퇴. 공직을 사직하고 물러남. '功成身退'의 의미임.
【隱微】드러나지 않으며 미세한 부분.
【希】'稀'와 같음. 드묾. 적음. 그리 많지 않음.
【沈微】은폐, 隱伏, 잠복, 은거. 감추어 자신을 드러내지 않음.

043(6-5)
지의가智意家

지의가智意家의 업무는 법도를 원칙으로 삼고, 그의 도는 순리대로 하면서 어긋남이 없음을 원칙으로 삼고 있다.

그러므로 그가 아직 현달하지 않았을 때라면 많은 사람들로부터 용납을 받으며, 그가 이미 현달했을 때라면 총애하는 사람으로부터 칭찬을 받는다.

그러나 그러한 사람의 폐단이란 앞으로 나갈 줄만 알고 물러설 줄은 모르며, 혹자는 정도를 벗어나 자신을 보호하는 쪽으로 기울 수 있다는 점이다.

그러한 사람의 업무는 계획이나 모책을 세우고도 이를 지속시키기 어렵다. 그러므로 혹 이익을 먼저 얻으나 뒤에 해를 입을 수 있다.

智意之業, 本于原度, 其道順而不忤.[1]
故其未達也, 爲衆人之所容矣;[2]
已達也, 爲寵愛之所嘉,[3] 其功足以讚明計慮;[4]
其敝也, 知進而不退,[5] 或離正以自全.[6]
其爲業也, 諝而難持.[7]
故或先利而後害.[8]

劉昞(注)

1) 將順時宜, 何忤之有?
2) 庶事不逆, 善者來親.
3) 與衆同和, 內外美之.
4) 媚順於時, 言計是信也.
5) 不見忌害, 是以慕進也.
6) 用心多媚, 故違於正.
7) 韜情諂智, 非雅正之倫也.
8) 知進忘退, 取悔之道.

【原度】원칙대로 법도를 적용함.
【忤】위배됨, 저촉됨. 어긋남.
【容】용납함.
【嘉】찬미함. 아름답게 여김.
【讚明計慮】신하로서 국가의 계책과 염려를 잘 밝혀내고 찬술함.
【離正以自全】정도에서 벗어나 자신만이 온전하기를 궁리함.
【謂】계획이나 모책.
【持】견지함. 지켜냄.

044(6-6)
장부가臧否家

장부가臧否家의 업무는 시비是非에 근본을 두고 있으며, 그 도는 청렴하면서도 또한 잘못된 것은 바로잡는 데에 있다.

그러므로 그가 아직 현달하지 않았을 때라면 많은 사람들로부터 인정을 받으며, 이미 현달하고 나서는 많은 이들의 칭찬을 받는다.

그의 공적은 시비를 변별하여 잘 살피는 것에 있다.

그러나 이러한 사람의 병폐는 비방하고 헐뜯는 이들로부터 원망을 산다는 점이다.

그가 하는 업무는 날카롭게 뾰족 솟아 여유가 없다. 그 때문에 혹은 먼저 신임을 얻지만 뒤에 무리들로부터 멀어질 수 있다.

臧否之業, 本乎是非, 其道廉而且砭.[1]

故其未達也. 爲衆人之所識;[2]

已達也, 爲衆人之稱.[3]

其功足以變察是非;[4]

其敝也, 爲訛訶之所怨.[5]

其爲業也, 峭而不裕.[6]

故或先得而後離衆.[7]

劉昞(注)

1) 淸而混雜, 砭去纖芥.
2) 淸潔不汚, 在幽而明.
3) 業常明白, 出則受譽.
4) 理淸道潔, 是非不亂.
5) 詆訶之徒, 不樂聞過.
6) 峭察於物, 何能寬裕?
7) 淸亮爲時所稱, 理峭爲衆所憚.

【是非】옳고 그름. 여기서는 포폄(褒貶)의 뜻으로 쓴 것임.
【廉而且砭】청렴하면서 동시에 잘못된 것을 바로잡음. '砭'은 석침으로 병을 고치듯 잘못을 고침을 뜻함.《菜根譚》에 "居逆境中, 周身皆鍼砭藥石, 砥節礪行而不覺; 處順境內, 滿前盡兵刃戈矛, 銷膏靡骨而不知"라 함.
【稱】칭찬하여 허락함. 그에 맞추어줌.
【變察】'變'은 '辨'과 같음. 변별하고 고찰함.
【詆訶】훼멸하고 비방함. 질책하고 꾸짖음.
【怨】원망함. 남에게 책임을 미룸.
【峭而不裕】엄격하고 날카롭기만 할 뿐 관용을 베풀거나 여유를 주지는 않음.

045(6-7)
기량가伎倆家

기량가伎倆家의 업무는 그 하는 일의 능함에 본을 두고 있으며, 그 기량은 일에 대한 처리 능력이 뛰어나면서도 빠르게 해낸다는 것이다.

그러한 사람은 아직 현달하지 않았을 때는 많은 사람들로부터 기이하다는 평을 들으며, 이미 현달하였을 때는 관사官司로부터 임무를 부여받게 된다.

그의 공은 족히 복잡하고 번거로운 일을 잘 정리하며 사악한 자를 규정糾正해 낼 수 있다.

그러나 그러한 자의 폐단이란 백성은 노고롭게 여기며, 아랫사람은 피곤함을 느끼게 하는 점이다.

그의 업무는 세밀한 것에만 주안점을 두며 큰일에는 대범하게 대처하지 못한다. 그러므로 이 경우는 정치의 말류末流에 해당한다.

伎倆之業, 本乎事能, 其道辨而且速.[1)]
其未達也, 爲衆人之所異;[2)]
已達也, 爲官司之所任.[3)]
其功足以理煩糾邪;[4)]
其斃也, 民勞而下困.[5)]
其爲業也, 細而不泰.
故爲治之末也.[6)]

劉昫(注)

1) 伎計如神, 是以速辨.
2) 伎能出衆, 故雖微而顯.
3) 遂事成功, 政之所務.
4) 釋煩理邪, 亦須伎倆.
5) 上不端, 而下困.
6) 道不平弘, 其能泰乎?

【事能】일에 능함. 기예나 능력이 뛰어남.
【辨】판(辦)과 같음. 일을 처리하는 능력. 劉昫의 주에 "伎計如神, 是以速辨"이라 함.
【異】기이한 재능이 있어 남으로부터 경이롭다 여김을 받음.
【官司】관부. 공관. 관청. 공무.
【下困】백성이 피곤하고 힘들게 여김. '下'는 백성, 아랫사람을 가리킴.
【細而不泰】자질구레한 일에 신경을 쓰며 큰일은 제대로 살피지 못함. 《禮記》曲禮(上)에 "假爾泰龜有常, 假爾泰筮有常"이라 하였고 疏에 "泰, 大中之大也"라 함. 《論語》子路篇에 "子曰:「君子泰而不驕, 小人驕而不泰.」"라 함.

7. 접식接識

접식接識이란 면접과 같다. 직접 대면하여 사람을 판별하는 것이다. 그러나 자신이 우선 정확한 기준과 다양한 상황을 이해해야 오류를 범하지 않을 수 있음을 주장하기도 하였다.

유병劉昞의 주에 "자신의 상황을 미루어 남을 대면할 때 대체로 누구나 자신과 같은 유형은 알아보게 된다. 그러나 많은 재능을 겸한 자는 다른 많은 유형의 인재를 통효하게 알아본다"(推己接物, 俱識同體; 兼能之士, 乃達羣材)라 하였다.

〈吊人銅矛〉(서한) 1956 雲南 晉寧縣 滇王墓 출토

046(7-1)
친소에 따르는 변별 오류

무릇 사람을 처음 만나보고 바로 어떤 인물인가 알아낸다는 것은 심히 어렵다. 그런데도 선비들은 자신들은 많고 적은 사람을 떠나 모두가 자신들은 사람을 잘 알아볼 수 있다고 여긴다.

그런 까닭으로 자신이 사람을 관찰할 때는 잘 알아보는데, 남들은 사람을 관찰할 때 자신만큼 잘 알아보지 못한다고 여긴다.

어찌하여 그렇겠는가?

이 까닭은 자신과 같은 사람을 볼 때는 좋은 점만 보이지만 자신과 다른 사람의 경우 그의 아름다운 면은 놓치기 때문이다.

夫人初甚難知,¹⁾ 而士無衆寡, 皆自以爲知人.

故以己觀人, 則以爲可知也.²⁾

觀人之察人, 則以爲不識也.

夫何哉?³⁾

是故能識同體之善,⁴⁾ 而或失異量之美.⁵⁾

劉昞(注)

1) 貌厚情深, 難得知也.
2) 己尚淸節, 則凡淸節者, 皆己之所知.

3) 由己之所尚在於淸節, 人之所好, 在於利欲, 曲直不同於他, 便謂人不識物也.
4) 性長思謀, 則善策略之士.
5) 遵法者雖美, 乃思謀之所不取.

【同體】 같은 유형의 사람. 體는 風格, 樣式, 模型을 뜻함.
【異量】 同體에 상대되는 말로 도량이 다른 사람.

047(7-2)
장점 뒤에 숨은 결함

어찌 그렇다고 말할 수 있는가?

무릇 청절淸節한 사람은 정직을 그 척도로 삼는다. 그러므로 그들이 사람을 선발할 때는 능히 그들의 성격과 품행의 일상은 잘 인식해내면서, 법술法術의 궤휼에는 의심을 갖는다.

법제法制에 밝은 사람은 분수分數를 척도로 삼는다. 그 때문에 능히 비교와 방직方直의 역량에 대해서는 잘 식별해내면서, 변화를 잘하는 술법은 귀하게 여기지 않는다.

술모術謀에 밝은 사람은 사모思謨를 척도로 삼는다. 그 때문에 능히 성공과 책략의 기묘함에는 성공 점수를 주면서, 준법의 선량한 면에 대해서는 인식하지 못한다.

기능器能에 뛰어난 사람은 변호辨護를 척도로 삼는다. 그 때문에 능히 방략方略의 규범은 잘 인식해 내면서, 제도의 원칙에 대해서는 잘 알지 못한다.

지의智意에 능한 사람은 원의原意를 척도로 삼는다. 그 때문에 능히 도서韜諝의 권변에 대해서는 잘 인식해내면서, 법교法敎의 훌륭함은 귀하게 여기지 않는다.

기량伎倆에 뛰어난 사람은 격공邀功을 척도로 삼는다. 그 때문에 진취進趣에 대해서는 잘 인식해내면서, 도덕道德의 교화에 대해서는 통달하지 못한다.

장부臧否에 밝은 사람은 사찰伺察을 척도로 삼는다. 그 때문에 능히 가폄訶砭의 명확함은 잘 인식해내지만, 척당倜儻의 차이에 대해서는 창통하지 못하다.

언어言語에 밝은 사람은 변석辨析을 척도로 삼는다. 그 때문에 능히 첩급捷給의 혜택은 인식해내면서 함장含章의 아름다움에 대해서는 잘 모른다. 이로써 서로 비방하고 반박하여 서로 상대방을 긍정하거나 인정하지 않게 된다.

자신과 같은 유형을 만나게 되면 서로 말을 나누면서 융합하며, 자신과 다른 유형을 만나게 되면 비록 오래 접촉한다 해도 서로를 모르게 된다.

何以論其然?
夫淸節之人, 以正直爲度, 故其歷衆才也, 能識性行之常,[1] 而或疑法術之詭.[2]
法制之人, 以分數爲度, 故能識較方直之量,[3] 而不貴變化之術.[4]
術謀之人, 以思謨爲度, 故能成策畧之奇,[5] 而不識遵法之良.[6]
器能之人, 以辨護爲度, 故能識方略之規,[7] 而不知制度之原.[8]

智意之人, 以原意爲度, 故能識韜諝之權,⁹⁾ 而不貴法敎之常.¹⁰⁾

伎俩之人, 以邀功爲度, 故能識進趣之功,¹¹⁾ 而不通道德之化.¹²⁾

臧否之人, 以伺察爲度, 故能識訶砭之明,¹³⁾ 而不暢佪儻之異.¹⁴⁾

言語之人, 以辨析爲度, 故能識捷給之惠,¹⁵⁾ 而不知含章之美.¹⁶⁾

是以互相非駁, 莫肯相是.¹⁷⁾

取同體也, 則按論而相得;¹⁸⁾

取異體也, 雖歷久而不知.¹⁹⁾

劉昞(注)

1) 度在正直, 故悅有恒之人.
2) 謂守正足以致治, 何以法術爲也?
3) 度在法分, 故悅方直之人.
4) 謂法分足以濟業, 何以術謀爲也!
5) 度在思謀, 故貴策略之人.
6) 謂思謨足以化民, 何以法制爲也!
7) 度在辨護, 故悅方計之人.
8) 謂方計足以立功, 何以制度爲也!
9) 度在原意, 故悅韜諝之人.
10) 謂原意足以爲正, 何以法理爲也!
11) 度在邀功, 故悅功能之人.
12) 謂伎俩足以成事, 何以道德爲也!
13) 度在伺察, 故悅譴訶之人.

14) 謂譴訶乃成教, 何以寬弘爲也!
15) 度在剖析, 故悅敏給之人.
16) 謂辨論事乃理, 何以含章爲也!
17) 人皆自以爲是, 誰肯道人之是?
18) 性能苟同, 則雖胡越, 接響而情通.
19) 性能苟異, 則雖比肩, 歷年以逾疎矣.

【度】 표준, 척도.
【歷】 선택하여 排列함.
【性行】 품성과 행위.
【常】 고정적임. 항상 변함없이 굳건함.
【詭】 궤휼. 남을 속이거나 비열한 방법으로 옭아맴.
【分數】 법도. 규범.
【識較】 식별하여 비교함.
【方直之量】 방정하고 단정하며 곧은 도량을 가진 사람.
【思謨】 깊이 생각하고 모책을 세움.
【器能】 재능. 그릇 됨과 능력.
【辨護】 변별하고 엄호함. 일을 잘 처리함을 뜻함.
【方略】 계획과 모책. 어떤 일의 장래 발전계획과 기틀을 세움.
【規】 모책. 規劃.
【原】 근본. 본원.
【以原意爲度】 본래의 의도를 근본으로 하여 이를 법도로 삼음.
【韜謨】 감추어진 지혜나 모책. '謨'는 재지를 뜻함.
【權】 權變. 저울대의 기울기를 조절하듯 그러한 권한을 쥐고 있을 때의 역할.
【法敎】 법으로 교화를 삼음.
【邀功】 공명을 취하고자 함.
【進趣】 '進趨'와 같음. 추구함, 모책함.
【化】 교화.
【伺察】 정탐함. 탐색함.
【訶砭】 질책과 치료. 폄은 고대 수술용 砭針.
【暢】 창달함. 어떤 일에 通曉함을 말함.

【倜儻】'척당'으로 읽으며 매우 뛰어나 무리와 다름을 말함. 시원하고 얽매임이 없음.
【捷給】언사가 민첩하여 막힘이 없음. '給'은 '口給'과 같음. 말을 잘함.《論語》公冶長篇에 "或曰:「雍也仁而不佞」子曰:「焉用佞? 禦人以口給, 屢憎於人. 不知其仁, 焉用佞?」"라 하였고, 주에 "給, 辨也. 佞人所以應答人者, 但以口取辨而無情實"이라 함.
【惠】장점. 훌륭한 점.
【含章】아름다운 재질을 머금고 있음.
【非駁】비난하고 논박함. 박(駁)은 박(駮)과 같은 글자임.
【接論】대면하여 논의함.
【歷久】장구함. 오랜 시간이 흐름. 오래 서로 접촉함.

048(7-3)
일류지재一流之才

무릇 이와 같은 유형을 모두 '일류지재一流之才'라 부른다.

만약 두 가지 이상의 재능을 가진 사람이라면 역시 그가 가지고 있는 재능을 겸함에 따라 더 높은 경지에 도달할 수 있다.

그러므로 한 가지 재능만 가진 사람은 능히 한 가지 훌륭함만 가진 사람을 식별할 수 있으며, 두 가지 재능을 가진 사람은 두 가지 재능을 가진 사람의 아름다움을 식별할 수 있는 것이다.

여러 재능을 두루 다 가지고 있다면 역시 능히 이를 겸하고 여러 재능에 통달할 수 있는 것이다.

따라서 여러 재능을 겸한 사람은 국체國體의 재능을 가진 사람과 동등한 것이다.

凡此之類, 皆謂一流之才也.[1]

若二至已上, 亦隨其所兼, 以及異數.[2]

故一流之人, 能識一流之善;[3]

二流之人, 能識二流之美.[4]

盡有諸流, 則亦能兼達衆才.[5]

故兼才之人, 與國體同.[6]

【劉昞(注)】

1) 故同體則親, 異體則疎.
2) 法家兼術, 故能以術輔法.
3) 以法治者, 所以舉不過法.
4) 體法術者, 法術兼行.
5) 體通八流, 則八材當位, 物無不理.
6) 謂八材之人, 始進陳言; 冢宰之官, 察其所以.

【一流之才】한 가지 유형이나 소질을 가진 사람.
【二至已上】두 가지 이상의 재능과 소질, 혹 덕을 갖춘 사람.
【異數】같은 등급이나 유형이 아님. 더 높은 경지를 말함.
【二流之人】두 가지 유형을 겸비한 사람.
【國體】임금을 도와 나라를 이끌어 가는 대신을 가리킴.《穀梁傳》昭公 15년에 "大夫, 國體也"라 하였고, 范寧의 주에 "君之卿佐, 是謂股肱, 故曰國體"라 함.

049(7-4)
시간을 두고 지켜보아야

그러한 사람의 어떤 한 일면을 보려고 하면 그저 한 나절이면 충분히 알아낼 수 있다. 그러나 그의 상세한 면을 끝까지 살펴보려고 한다면 사흘 정도는 되어야 충분하다.

어찌하여 사흘씩이나 시간이 필요한가?

무릇 국체國體의 자질에 세 가지 재능을 겸하였기 때문에 그 까닭으로 사흘 정도가 아니면 족히 그 모든 것을 알 수 없는 것이다.

첫째는 도덕의 면에서 살펴보아야 하고, 둘째는 그의 통제 능력에 대해 논해 보아야 하며, 셋째는 그의 책술策術에 대하여 논해보아야 한다. 그런 연후에야 능히 그가 가지고 있는 장점을 다 볼 수 있으며 그를 천거해도 더 이상 의심을 가질 것이 없기 때문이다.

欲觀其一隅, 則終朝足以識之.

將究其詳, 則三日而後足.

何謂三而後足?

夫國體之人兼有三才, 故談不三日不足以盡之.

一以論道德, 二以論法制, 三以論策術.

然後乃能竭其所長, 而擧之不疑.[1)]

> 劉昞(注)

1) 在上者兼明八材, 然後乃能盡其所進, 用而無疑矣.

【一隅】 한쪽 귀퉁이.
【終朝】 이른 아침. 아침 한 나절이 끝나기 전의 짧은 시간.
【竭】 다함.
【擧】 천거. 추천함.

050(7-5)
겸재兼才와 편재偏才

그렇다면 어찌해야 그가 겸재兼才인지 편재偏才인지를 알아내어 그와 말을 나눌 수 있을까?

그 사람의 됨됨이가 여러 유파流派를 펴 보이면서 그들 각 사람의 장점을 찾아 이에 이름을 붙여주기에 힘쓰는 자라면 이러한 사람은 겸재이다.

그러나 자신의 장점만 진술하여 남에게 칭찬을 들으려 하며, 다른 사람이 가진 장점에 대해서는 알고 싶어하지도 않는다면 이러한 사람은 편재이다.

남을 알려고 하지 않는다면 그는 결국 남의 말에 대해 의심을 갖지 않는 경우가 없다.

이런 까닭으로 식견이 천박한 사람에게 오묘한 뜻을 일러주면 깊을수록 더욱 의견이 맞지 않게 된다.

의견이 맞지 않으면 서로 상반될 것이요, 상반되면 서로 비난하게 된다.

然則何以知其兼偏而與之言乎?[1]

其爲人也, 務以流數杼人之所長而爲之名目, 如是兼也.[2]

如陳以美欲人稱之,[3] 不欲知人之所有, 如是者偏也.[4]

不欲知人, 則言無不疑.[5]

是故以深說淺, 益深益異.[6]

異則相返, 反則相非.[7]

劉昞(注)

1) 察言之時, 何以識其偏材, 何以識其兼材也.
2) 每因事類杼盡人之所能, 爲之名目, 言不容口.
3) 己之有善, 因事自說, 又欲令人, 言常稱己.
4) 人之有善, 耳不樂聞, 人稱之口, 不和也.
5) 聞法則疑其刻峭, 聞術則疑其詭詐.
6) 淺者意近, 故聞深理而心愈衒, 是以商君說帝王之道不入, 則以彊兵之義示之.
7) 聞深則心衒焉, 得而相是, 是以李兌塞耳, 而不聽蘇秦之說.

【兼偏】兼容之才와 偏至之才.
【流數】'流'는 각가 각파의 流別. '數'는 숫자.
【杼】'抒'와 같음. 서술함. 표현함.
【名目】평가.
【陳】진술함. 널리 펼침.
【稱】칭송함.
【益】더함. 보탬.
【相返】'相反'과 같음. 서로 반대됨.
【非】비난함.

051(7-6)
편재偏才를 잘못 판단하는 예

따라서 솔직하게 많은 의견을 늘어놓으면 그는 자신을 훌륭하게 여긴다고 생각하게 될 것이요,

조용히 듣기만 하고 의견을 내놓지 않으면 그는 나를 속이 텅 비어 아무것도 모르는 자라고 여기게 될 것이다.

그런가 하면 목소리를 높여 큰 소리로 주장을 하면 그는 나를 불손한 자라 여기게 될 것이며,

겸손하고 양보하기를 끝없이 하면 그는 나를 천박하고 비루한 자라 여기게 될 것이다.

한 가지 잘하는 것만 지적하여 칭찬하면 그는 나를 박식하지 못한 자라 할 것이요,

여러 가지 기이한 논제를 하나씩 내놓으면 그는 나를 정리도 제대로 하지 못하는 사람이라 여기게 될 것이다.

그 뜻에 앞서 내가 말을 하면 그는 나를 남의 훌륭함을 가로채어 나누어 갖는 사람이라 여길 것이요,

그의 과실을 지적하여 힐난을 하면 그는 나를 잘 깨우치지 못하는 자라 여길 것이다.

그의 의견과 상반되는 논리를 펴면 그는 나를 자신과 비교하려 든다고 여길 것이요,

박식한 논리로 여러 가지 다른 복잡한 논리를 펴면 그는 나를 요령도 터득하지 못한 자라 여길 것이다.

그는 자신과 한몸처럼 여겨 찬동해준 연후에야 즐거움을 느낀다.

이에 친절하고 사랑하는 감정을 가지고 있어야 그는 천거의 영예를 누린 것으로 여기게 된다.

이것이 바로 편재偏才가 늘 저지르게 되는 과실이다.

是故多陳處直, 則以爲見美.¹⁾
靜聽不言, 則以爲虛空.²⁾
抗爲高談, 則爲不遜.³⁾
遜讓不盡, 則以爲淺陋.⁴⁾
言稱一善, 則以爲不博.⁵⁾
歷發衆奇, 則以爲多端.⁶⁾
先意而言, 則以爲分美.⁷⁾
因失難之, 則以爲不喩.⁸⁾
說以對反, 則以爲較己.⁹⁾
博以異雜, 則以爲無要.¹⁰⁾
論以同體, 然後乃悅.¹¹⁾
於是乎有親愛之情, 稱擧之譽.¹²⁾
此偏才之常失.¹³⁾

劉昞(注)

1) 以其多方, 疑似見美也.
2) 待時來語, 疑其無實.
3) 辭護理高, 疑其凌己.
4) 卑言寡氣, 疑其淺薄.

5) 未敢多陳, 疑其陋狹.
6) 徧擧事類, 則欲以釋之, 復以爲多端.
7) 言合其意, 疑分己美.
8) 欲補其失, 反不喩也.
9) 欲反其事而明言, 乃疑其較也.
10) 控盡所懷, 謂之無要.
11) 兄弟忿肆, 爲陳管蔡之事, 則欣暢而和悅.
12) 苟言之同, 非徒親愛而己, 乃至譽而擧之.
13) 意常姻護, 欲人同己, 己不必得, 何由暫得?

【多陳處直】 솔직하게 많은 말을 하여 진술함.
【見美】 표현하기를 즐겨함. 자신을 드러내기를 좋아함. '見'은 '現'과 같음.
【抗】 '亢'과 같음. 격앙됨. 높이 솟구침. 꼭대기에 오름.
【不遜】 공손하지 못함.
【歷發】 하나씩 차례로 펼쳐 보임.
【多端】 복잡하여 실마리를 찾을 수 없음.
【先意】 남보다 먼저 추측하고 생각해냄.
【分美】 남의 장점이나 아름다움을 함께 하여 칭찬함.
【因失難之】 제대로 하지 못하였다고 해서 남을 힐난하거나 비난함.
【不喩】 사리에 명백하지 못함.
【對反】 상반된 비유를 들어 설명함.
【較己】 자신의 역량과 비교함.
【無要】 요령을 터득하지 못함.

8. 영웅英雄

영웅英雄은 뛰어난 인재를 의미한다. 그러나 저자 유소는 이를 다시 '영'과 '웅'으로 나누어 어떤 성분을 더 많이 가지고 태어났는가에 따라 성취 방향이 다르다고 보았으며 특히 '영'의 성분을 중시하고 있다.

유병劉昞의 주에 "스스로 평담하지 않음으로써 능히 각각 그 이름대로 성취한다. '영'은 문文으로 창성함을 말하며, '웅'은 무위武威로써 이름을 날림을 말한다"(自非平淡, 能各有名; 英爲文昌, 雄爲武稱)라 하였다.

〈陶鶴〉(東漢) 명기 四川 成都 출토

052(8-1)
'영英'과 '웅雄'의 차이점

  무릇 풀 중에 아주 빼어난 것을 '영英'이라 하고, 짐승 가운데 무리에서 특출한 것을 '웅雄'이라 한다.
  그러므로 사람 가운데 문무文武를 겸비하여 재능이 특이한 경우 여기에서 그 이름을 취하게 된 것이다.
  이런 까닭으로 총명하면서 아주 우수함을 일러 '영'이라 하고, 담력이 남보다 뛰어남을 일러 '웅'이라 하는 것이니, 이는 그 대체大體의 또 다른 이름이다.
  만약 그 타고난 재능을 비교한다면 서로 어울려 도움을 받아 이룬 것이다. 사람마다 각기 두 푼分의 함량을 가지고 있되 상대의 일분一分까지 내가 취한 연후에야 성취할 수 있는 것이다.

夫草之精秀者爲英,
獸之特群者爲雄.[1]
故人之文武茂異, 取名於此.[2]
是故聰明秀出謂之英,
膽力過人謂之雄,
此其大體之別名也.
若校其分數, 則牙則須,[3] 各以二分, 取彼一分, 然後乃成.[4]

劉昞(注)

1) 物尚有之, 況於人乎!
2) 文以英爲名, 武以雄爲號.
3) 英得雄分, 然後成章; 雄得英分, 然後成剛.
4) 膽者雄之分, 智者英之分. 英有聰明, 須膽而後成; 雄有膽力, 須智而後立.

【英雄】유소는 '英'을 文範으로, '雄'을 武威로 나누어 설명하려고 하였으며 두 가지 유형의 재능이 모두 각기 뛰어나기는 하나 '영'을 갖추지 않은 '웅'은 그 가치가 감손됨을 주장하였음. 한편 《三國志演義》〈靑梅煮酒論英雄〉에 曹操가 劉備에게 '英雄'에 대하여 "夫英雄者, 胸懷大志, 腹隱良謀, 有包藏宇宙之氣, 吐沖天地之志, 方可謂英雄也"라 한 구절이 있음.
【精秀】정미하면서 우수함. 매우 빼어남을 말함.
【特群】여러 무리 중에 아주 특출함.
【文武】文德과 武功. 劉昞 주에 "文以英爲名, 武以雄爲號"라 함.
【茂異】재덕이 출중함. '茂'는 '茂才'.
【秀出】아주 빼어남.
【膽力】담량과 기력.
【校】따져 비교하거나 바로잡음. 考覈함.
【分數】수량. 정도. 본래 가지고 있는 소질이나 涵量.
【則牙則須】뜻을 정확히 알 수 없음. 〈四庫全書〉에는 '則須'가 '相須'로 되어 있으며 이는 '相需'와 같아 '서로 필요로 하여 의존함'을 말함. '相須'는 《論衡》 無形篇에 "人稟氣於天, 氣成而形立, 形命相須, 以致終死"라 함. 한편 劉昞 주에 "英得雄分, 然後成章. 雄得英分, 然後成剛"이라 함.
【然後乃成】그런 연후에 완성됨. 劉昞 주에 "膽者雄之分, 智者英之分. 英有聰明, 須膽而後成; 雄有膽力, 須知而後立"이라 함. 사람마다 각기 '웅'과 '영'의 자질을 가지고 있지만 '영웅'은 남의 그러한 자질 중 하나를 더 취할 수 있어야 영웅이 될 수 있다는 말.

053(8-2)
'영英'과 '웅雄'의 성분

어찌 그렇다고 논할 수 있는가?

무릇 총명함이란 '영英'의 성분이다. 그런데 '웅雄'의 담력이 없다면 그의 설득은 실행될 수가 없다.

담력膽力이란 '웅'의 성분이다. 그런데 '영'의 지혜가 없다면 그의 사업은 공을 거둘 수 없다.

이런 까닭으로 '영'이 그 모책을 총괄하여 시작할 때 그 명석함으로써 기회의 변화를 보고 '웅'의 담력을 기다려 이를 실천에 옮겨야 한다.

마찬가지로 '웅'이 그 힘으로 무리를 복종시킬 때는 그 용기로써 어려움을 물리치고 '영'의 지혜를 기다려 이를 성취시켜야 한다.

그러한 연후에야 각기 그 자신들의 장점을 성취시킬 수 있는 것이다.

何以論其然?
夫聰明者, 英之分也, 不得雄之膽, 則說不行.[1]
膽力者, 雄之分也, 不得英之智, 則事不立.[2]
是故英以其聰謀始, 以其明見機,[3] 待雄之膽行之.[4]
雄以其力服衆, 以其勇排難,[5] 待英之智成之.[6]
然後乃能各濟其所長也.[7]

> 劉昞(注)

1) 智而無膽, 不能正言.
2) 勇而無謀, 不能立事
3) 智以謀事之始, 明以見事之機.
4) 不決則不能行.
5) 非力衆不服, 非勇難不排.
6) 智以制宜, 巧乃可成.
7) 譬金待水而後成利功, 物得水然後成養功.

【說不行】주장이나 학설, 능력 따위를 실행해 보지 못함.
【謀始】어떤 모책이나 학설을 처음 창제함.
【見機】사물의 발전이나 변화를 미리 예견함.
【待】기다림. 의지함. 그것을 통하여 다음 단계를 실행함.
【濟】유리하게 이끎.

054(8-3)
장량張良과 한신韓信

만약 총명하여 능히 모책을 짜서 시작하면서 일의 기회를 명백하게 보지 못한다면 이는 앉아서 담론만 하는 꼴로 그 일을 처리할 수가 없다.

총명하여 모책을 짜고 일을 시작하면서 능히 그 기회도 놓치지 않으나 용기가 부족하여 실천에 옮기지 못한 채 평시 흐르는 대로 따른다면 그 복잡한 변화에 대처할 수 없다.

만약 힘은 남을 넘어서지만 용기가 능히 이를 실행에 옮기지 못한다면 힘 있는 사람으로 인정받을 수는 있으나 남 앞에 우뚝 설 수는 없다고 평가를 받게 된다.

만약 힘도 남을 넘어서고 용기도 있어 이를 실행에 옮기지만 지혜가 모자라 능히 결단을 내리지 못한다면 남 앞에 우뚝 설 수는 있다고 여겨지지만 아직 족히 장수가 될 수는 없다.

반드시 총명함은 능히 그 시초부터 모책을 짤 수 있고, 명석함은 능히 그 기회를 놓치지 아니하며, 담력은 능히 결단을 내릴 수 있는 연후에야 가히 '영英'이 될 수 있는 것이니 장량張良이 바로 이러한 유형이다.

기력은 남을 넘어서고, 용맹도 능히 실천에 옮기며 지혜도 족히 일을 결단하여야 이에 가히 '웅雄'이 될 수 있는 것이니 바로 한신韓信이 이러한 유형이다.

若聰能謀始, 而明不見機, 乃可以坐論, 而不可以處事[1]
聰能謀始, 明能見機, 而勇不能行, 可循常, 而不可以慮變[2]
若力能過人, 而勇不能行, 可以爲力人, 未可以爲先登[3]

力能過人, 勇能行之, 而智不能斷事, 可以 爲先登, 未足以爲將帥.⁴⁾

必聰能謀始, 明能見機, 膽能決之, 然後可以爲英, 張良是也.

氣力過人, 勇能行之, 智足斷事, 乃可以爲雄, 韓信是也.

〈韓信〉

劉昞(注)

1) 智能坐論, 而明不見機, 何事務之能處?
2) 明能循常, 勇不能行, 何應變之能爲?
3) 力雖絶羣, 膽雄不決, 何先鋒之能爲?
4) 力能先登, 臨事無謀, 何將帥之能爲?

【坐論】 앉아서 의논만 함. 실질적인 것을 추구하지 못하고 공론만 일삼음을 말함.
【循常】 상도에 어긋나지 않도록 이를 따름.
【慮變】 변화를 고려함.
【力人】 力士. 장사. 힘이 센 사람.
【先登】 먼저 정상에 오름. 先鋒이 됨.
【斷事】 일을 결단하여 처리함.
【張良】 漢興三傑의 하나. 字는 子房. 원래 韓나라 출신으로 韓나라가 秦始皇에게 망하자 복수를 결심하고 始皇을 博浪沙에서 저격, 실패로 끝나자 下邳로 도망갔다가 黃石公을 만났고, 다시 劉邦에게 합류하여 項羽를 멸함. 留侯에 봉해짐.《史記》留侯世家 참조.
【韓信】 漢나라 淮陰人. 처음 項梁을 도와 거병하였으나, 뒤에 劉邦에게 옮겨 天下통일을 이룸.《史記》淮陰侯列傳 및《漢書》韓信列傳 참조.

055(8-4)
항우項羽와 유방劉邦

타고난 체질과 성분性分이 각기 다른 것으로 그 명칭은 이처럼 다양하다. 그 때문에 '영英'과 '웅雄'은 다른 이름이다.

그러나 이는 모두가 한쪽으로 지극히 치우친 재능으로서 남의 신하로의 임무를 다할 수 있을 뿐이다.

그러므로 '영'은 가히 재상이 될 수 있고, '웅'은 가히 장수가 될 수 있다.

만약 한 사람으로서 이 두 가지 '영'과 '웅'을 겸비하였다면 능히 세상의 우두머리가 될 수 있는 것이니 고조高祖 유방과 초패왕 항우項羽가 이런 예이다.

그러나 '영英'의 성분이 '웅雄'의 성분보다 많아야 하며, '영'의 성분이 적어서는 안 된다. 영의 성분이 적으면 지혜로운 자들이 떠나버리기 때문이다.

그 때문에 항우項羽는 그 기력이 세상을 덮을 만하였고 명석함은 능히 그 어떤 변화도 취합하여 해결할 수 있을 정도였지만 기이하거나 자신과 다른 의견을 청취하는 데는 뛰어나지 못하였다. 그 때문에 그 하나의 범증范增 같은 이도 등용하지 못하였고, 이로써 진평陳平같은 무리도 모두 도망하여 돌아가 버리고 말았던 것이다.

그런가 하면 한 고조高祖 유방은 '영'의 성분이 많아, 그 때문에 많은 웅걸들이 그에게 복종하였고 영재들이 그에게 귀의하여 두 부류의 인물을 겸하여 쓸 수 있었다. 따라서 이로 인해 그는 진秦나를 병탄하고 항우의 초楚나를 깨뜨려 천하를 차지하게 된 것이다.

體分不同, 以多爲目, 故英·雄異名.[1]
然皆偏至之才, 人臣之任也.
故英可以爲相,[2] 雄可以爲將.[3]
若一人之身兼有英·雄, 則能長世, 高祖·項羽是也.
然英之分以多於雄, 而英不可以少也.[4]
英分少, 則智者去之.
故項羽氣力蓋世, 明能合變,[5] 而不能聽采奇異, 有一范增不用.
是以陳平之徒皆亡歸.
高祖英分多, 故群雄服之, 英才歸之, 兩得其用.[6]
故能吞秦破楚, 宅有天下.

劉昞(注)

1) 張良英智多, 韓信雄膽勝.
2) 制勝于近.
3) 揚威于遠.
4) 英以致智, 智能役雄, 何可少也?
5) 膽烈無前, 濟江焚糧.
6) 雄旣服矣, 英又歸之.

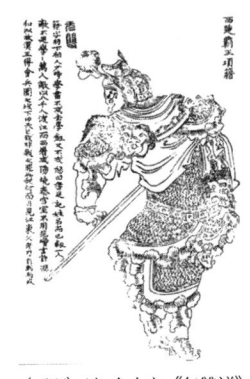

〈項羽〉清 金古良《無雙譜》

【體分】직접 타고난 재질. 하늘로 품부받은 재능이나 분수.
【目】명칭.
【人臣】남의 신하의 신분.
【長世】오랜 시대를 두고 이어감.

【項羽】이름은 籍. 秦나라 때 下相人. 숙부인 項梁과 거사하여 西楚霸王으로 자칭. 지나치게 자신의 능력을 믿어 많은 참모를 잃고 垓下에서 劉邦에게 패하여 최후를 마침.《史記》項羽本紀 참조.

【蓋世】세상을 덮을 만한 공적이나 재능. 項羽의 〈垓下歌〉에 "力拔山兮氣蓋世, 時不利兮騅不逝"라 함.

【合變】변화에 대등함.

【聽采奇異】특기한 의견을 듣고 이를 채납함.

【范增】秦末 항우의 모사. 항우가 그를 亞父라 칭할 정도였음. 여러 차례 유방을 죽여 없앨 것을 항우에게 권하였으나 이를 듣지 않았음. 유방이 뒤에 反間計를 써서 항우와 범증을 이간시켜 결국 범증은 고향으로 가던 중, 등에 종기가 돋아 사망함.《史記》項羽本紀 및 高祖本紀 등을 참조할 것.

【陳平】처음에는 項羽를 섬겼으나 뒤에 劉邦에게로 감. 字는 孺子이며, 陽武人으로 黃老術을 익혔음. 曲逆侯에 봉해졌으며, 惠帝와 孝文帝 때에 丞相을 지냄.《史記》陳丞相世家 및《漢書》陳平傳 참조.

【亡歸】도망하여 돌아감.

【呑秦破楚】진나라를 삼키고 초나라를 깨뜨림. 楚漢戰 끝에 한 고조 유방이 진나라 함양에 입성하여 항복을 받아내고 뒤에 항우까지 물리쳐 漢帝國을 세웠음을 말함.《史記》참조.

【宅有天下】천사를 자신의 주거지로 여김. 유방이 천하를 차지하였음을 말함.

한고조 유방《삼재도회》

056(8-5)
'영'과 '웅'을 겸해야 대업을 이룰 수 있다

그렇다면 '영英'과 '웅雄'의 다소多少는 능히 저절로 승리를 거두는 중요한 요소인 셈이다.

한갓 '영'만 있고 '웅'이 없다면 웅재雄才가 복종하지 않는다.

한갓 '웅'만 있고 '영'이 없다면 지혜로운 자가 그에게 찾아들지 않는다.

그러므로 '웅'은 '웅'을 얻을 수는 있으나 '영'은 얻을 수 없고, '영'은 '영'을 얻을 수는 있으나 '웅'을 얻을 수는 없다.

이 까닭으로 한 사람으로서 '영'과 '웅'을 겸유하여야 능히 '영'과 '웅'을 다 부릴 수 있는 것이니 그래야 능히 대업大業을 이룰 수 있다.

然則英·雄多少, 能自勝之數也.[1]

徒英而不雄, 則雄才不服也.[2]

徒雄而不英, 則智者不歸往也.[3]

故雄能得雄, 不能得英.[4]

英能得英, 不能得雄.[5]

故一人之身兼有英·雄, 乃能役英與雄, 故能成大業也.[6]

劉昞(注)

1) 勝在於身, 則能勝物.

2) 內無主於中, 外物何由入?
3) 無名以接之, 智者何由往?
4) 兕虎自成群也.
5) 鸞鳳自相親也.
6) 武以服之, 文以綏之, 則業隆當年, 福流後世.

【自勝之數】 스스로 자신을 이기고 천하를 얻는 운수. 劉昞 주에 "勝在於身, 則能勝物"이라 함.
【徒】 한갓.
【役】 사역, 천하를 다스리는 일.

9. 팔관八觀

팔관八觀은 인물을 품평하는 데에 꼭 갖추어야 할 여덟 가지 관점, 즉 척도를 말한다.

유병劉昞의 주에 "많은 재능들은 각기 그 품品이 다르며 그들이 가지고 있는 지志도 그 귀착점이 다르다. 그 통하는 바와 막힌 바를 잘 관찰하여야 하며, 그에 맞는 척도가 여덟 가지이다"(群材異品, 志各異歸; 觀其通否, 所格者八)라 하였다.

〈擊鼓說唱陶俑〉(東漢) 明器 1957 四川 成都 天回山 출토

057(9-1)
팔관八觀

팔관八觀이란 다음의 여덟 가지이다.

첫째, 그 사람이 빼앗기를 좋아하는지 아니면 남을 구제하기를 좋아하는지를 통해 그의 간잡間雜을 밝혀낼 수 있다.

둘째, 그 사람의 감정 변화를 관찰하여 그의 상도常度를 알아볼 수 있다.

셋째, 그 사람의 지향하는 바와 소질을 관찰하여 그가 명실상부한 사람인지의 여부를 알아낼 수 있다.

넷째, 그 사람의 행동 동기를 관찰하여 그의 진실과 사이비 차이를 변별할 수 있다.

다섯째, 그 사람이 무엇을 사랑하는지, 어떤 사람을 존경하는지를 관찰하여 그의 통색通塞을 알 수 있다.

여섯째, 그 사람의 정서 변화의 각종 동기를 살펴보아 그의 서혹恕惑을 변별할 수 있다.

일곱째, 그 사람의 결점이나 단점을 관찰하여 그의 장점을 알아낼 수 있다.

여덟째, 그 사람의 총명함 여부를 관찰하여 그의 통달함 정도를 알 수 있다.

八觀者:
一曰觀其奪救, 以明間雜.[1)]
二曰觀其感變, 以審常度.[2)]

三曰觀其志質, 以知其名.[3]
四曰觀其所由, 以辨依似.[4]
五曰觀其愛敬, 以知通塞.[5]
六曰觀其情機, 以辨恕惑.[6]
七曰觀其所短, 以知所長.[7]
八曰觀其聰明, 以知所達.[8]

劉昞(注)

1) 或慈欲濟恤, 而悋奪某仁; 或救濟廣厚, 而乞醯爲惠.
2) 親其慍怍, 則常度可審.
3) 徵質相應, 覩色知名.
4) 依訐似直, 倉卒難明, 察其所安, 昭然可辨.
5) 純愛則物親而情通, 純敬則理疏而情塞.
6) 得其所欲則恕, 違其所欲則惑.
7) 訐刺雖短, 而長於爲直.
8) 雖體衆材, 而材不聰明, 事事蔽塞, 其何能達?

【觀】 관찰함. 따져보고 고찰함.
【奪救】 탈취함과 구원함.
【間雜】 서로 뒤섞여 혼잡함. 본 책 〈九徵〉편에 "一至一違, 謂之間雜. 間雜, 無恆之人也"라 함.
【感變】 변화에 감응함.
【審】 깊이 따짐.
【常度】 평상시의 태도.
【志質】 지향과 기질.
【由】 경유. 이유. 그로 말미암음. 《論語》 爲政편에 "子曰:「視其所以, 觀其所由, 察其所安. 人焉廋哉? 人焉廋哉?」"하고 그 주에 "由, 從也. 事雖爲善, 而意

之所從來者有未善焉, 則亦不得爲君子矣. 或曰:「由, 行也. 謂所以行其所爲者也.」라 함.

【依似】 '擬似'와 같음. '似而非'의 다른 말. 비슷하나 실질과 다른 경우.

【通塞】 통함과 막힘.

【情機】 정서 변화의 기틀. 변화가 일어나게 되는 所以.

【恕惑】 관용과 곤혹. 惑은 迷惑함을 말함. '恕'는 유가에서 남을 이해하는 중요한 덕목임. 《論語》 衛靈公篇에 "子貢問曰:「有一言而可以終身行之者乎?」子曰:「其'恕'乎! 己所不欲, 勿施於人.」"라 함.

【聰明】 원래는 보고 듣는 것이 모두 영민(靈敏)함을 뜻하는 말이었지만 뒤에 사리에 밝고 똑똑함을 뜻하는 말로 쓰임. 《尙書》 堯典에 「昔在帝堯, 聰明文思, 光宅天下」라 하였고, 孔穎達의 疏에 「言聰明者, 據人近驗, 則聽遠爲聰, 見微爲明. ……以耳目之聞見, 喩聖人之智慧, 兼知天下之事」라 함.

【達】 통달함. 《論語》 雍也篇에 "子貢曰:「如有博施於民而能濟衆, 何如? 可謂仁乎?」子曰:「何事於仁! 必也聖乎! 堯舜其猶病諸! 夫仁者, 己欲立而立人, 己欲達而達人. 能近取譬, 可謂仁之方也已.」"라 함.

058(9-2)
간잡間雜

무엇을 일러 그가 빼앗기를 잘하는가, 구제하기를 잘하는가를 관찰하여 그의 간잡間雜을 명확히 알 수 있다고 하는 것인가?

무릇 바탕이란 지극함이 있고, 위배함이 있으며 지극한 것이 위배된 것을 이겨내지 못한다면 악한 감정이 정직한 도리를 빼앗는 것이 된다.

그러나 그럴 것 같으나 그렇지 않은 경우가 있다.

그 때문에 인仁은 자慈에서 나오는 것이건만 자애로움이 있으면서 도리어 어질지 못한 자가 있다.

어진 자는 반드시 남을 구휼하는 성품이 있지만 어질다면서 도리어 남을 구휼하지 않는 경우가 있다.

엄격한 자는 반드시 강직함을 가지고 있지만 엄격하면서도 도리어 강직하지 못한 자가 있다.

만약 가련한 처지를 보면 눈물을 흘리면서도 장차 그에게 재물을 나누어주어야 할 때에는 도리어 인색하니, 이것이 바로 자애로우면서 '인仁'하지 않은 경우이다.

남의 위급한 상황을 보면 측은한 마음이 들지만 장차 달려가 구제해야 할 경우에는 도리어 자신이 그 일로 인해 환난을 당하지 않을까 두려워하니, 이것이 바로 어질면서 구휼에는 나서지 않는 경우이다.

남이 거짓 정의를 내세우면 얼굴색이 변하지만 이익과 사욕을 돌아보면 마음속에 겁을 먹으니, 이것이 바로 엄격하면서 강직하지 않은 경우이다.

그렇다면 자애롭다면서 어질지 못한 것은 인색함이 그 본연을 빼앗았기 때문이다.

어질면서 남을 구제하는 데에는 나서지 못하는 것은 두려움이 그 본연을 빼앗았기 때문이다.

엄격하면서 강직하지 못한 것은 욕심이 그 본연을 빼앗았기 때문이다.

그러므로 인자함이 능히 인색함을 이겨내지 못하면, 틀림없이 어짊을 실행해 낼 수 없게 되는 것이요,

어짊이 능히 두려움을 이겨내지 못하면, 틀림없이 구휼을 실행해 낼 수 없게 되는 것이며,

엄격함이 능히 욕심을 이겨내지 못하면, 틀림없이 그 강직함을 실행해 낼 수 없게 되는 것이다.

이런 까닭으로 어질지 못한 바탕이 승리하면 기력伎力이라는 것이 도리어 해를 끼치는 도구가 되고 말 것이며,

탐람함과 패덕한 성격이 승리하면 강직하고 용맹이라는 것이 도리어 화를 키워나가는 사다리가 될 것이다.

또한 때에 따라 선량한 본성으로 악을 구제하면 이런 경우 그로부터 해를 입는 경우에까지 이르지는 않는다.

사랑과 은혜를 독실하게 나누어주는 성격이라면 비록 상대가 오만하게 굴고 마구 나를 대한다 해도 그러한 자에게 버림을 받지는 않을 것이다.

선한 이를 도와 현명한 이를 드러나게 하는 성격이라면 비록 그가 나를 미워한다 해도 그로부터 해를 입을 리는 없을 것이다.

남을 구제함이 지나치게 도를 넘어 후하게 하는 성격이라면 그 상대의 것을 되돌려 취한다 해도 나를 탐욕스럽다 여기지 않을 것이다.

이런 까닭으로 그가 빼앗는 성격인지, 아니면 남을 구제하는 성격인지를 잘 관찰하면 그의 간잡間雜에 대한 정황을 명확히 하여 가히 알아낼 수 있는 것이다.

何謂觀其奪救, 以明間雜?

夫質有至·有違,[1] 若至不勝違, 則惡情奪正, 若然而不然.[2]

故仁出於慈, 有慈而不仁者.

仁必有恤, 有仁而不恤者.

厲必有剛, 有厲而不剛者.

若夫見可憐則流涕,[3] 將分與則怯嗇, 是慈而不仁者.[4]

觀危急則惻隱,[5] 將赴救則畏患, 是仁而不恤者.[6]

處虛義則色厲,[7] 顧利慾則內荏, 是厲而不剛者.[8]

然則慈而不仁者, 則怯奪之也.[9]

仁而不恤者, 則懼奪之也.[10]

厲而不剛者, 則慾奪之也.[11]

故曰:「慈不能勝怯, 無必其能仁也.」[12]

仁不能勝懼, 無必其能恤也.[13]

厲不能勝慾, 無必其能剛也.[14]

是故不仁之質勝, 則伎力爲害器.[15]

貪悖之性勝, 則彊猛爲禍梯.[16]

亦有善情救惡, 不至爲害;[17]

愛惠分篤, 雖傲狎不離;[18]

助善著明, 雖疾惡, 無害也.[19]

救濟過厚, 雖取人, 不貪也.[20]

是故觀其奪救, 而明間雜之情, 可得知也.[21]

> 劉昞(注)

1) 剛質無欲, 所以爲至; 貪情或勝, 所以爲違.

2) 以欲勝剛, 以此似剛而不剛.
3) 慈心發於中.
4) 爲仁者, 必濟恤.
5) 仁情動於內.
6) 爲恤者, 必赴危.
7) 精厲見於貌.
8) 爲剛者, 必無慾.
9) 愛財傷於慈.
10) 悎怯損於仁.
11) 利慾害於剛.
12) 愛則不施, 何仁之能爲?
13) 畏懦不果, 何恤之能行?
14) 情存利慾, 何剛之能成?
15) 仁質旣弱, 而有伎力, 此害己之器也.
16) 廉質旣負, 而性强猛, 此禍己之梯也.
17) 惡物宜覉而除, 純善之人, 憐而救之, 此稠厚之人, 非大害也.
18) 平生結交, 情厚分深, 雖原壤夷俟, 而不相棄, 無大過也.
19) 如殺無道, 以就有道, 疾惡雖甚, 無大非也.
20) 取人之物, 以有救濟, 雖譏在乞醯, 非大貪也.
21) 或畏愓奪慈仁, 或救過濟其分, 而平淡之主順而怨.

【間雜】서로 상반된 성격을 함께 뒤섞어 가지고 있는 유형.
【有至有違】지극히 선한 것과 그에 반대되는 유형. 劉昞 주에 "剛質無欲, 所以 爲至; 貪情或勝, 所以爲違"라 함.
【若至勝違】'若至不勝違'가 되어야 함. 勝은 '이겨내다, 압도하다'의 뜻임.
【惡情奪正】사악한 감정이 공정한 것을 빼앗음.
【恤】불쌍히 여김.
【厲】지독함. 엄함.
【分與】나누어 줌.
【惻隱】동정함. 연민의 감정을 느낌. 《孟子》 公孫丑(上)에 "今人乍見孺子將入 於井, 皆有怵惕惻隱之心; 非所以內交於孺子之父母也, 非所以要譽於鄕黨朋

友也, 非惡其聲而然也. 由是觀之: 無惻隱之心, 非人也; 無羞惡之心, 非人也; 無辭讓之心, 非人也; 無是非之心, 非人也. 惻隱之心, 仁之端也; 羞惡之心, 義之端也; 辭讓之心, 禮之端也; 是非之心, 智之端也. 人之有是四端也, 猶其有四體也."라 함.

【畏患】禍患이나 患難을 두려워 함.
【色厲】얼굴색이나 표정이 심히 무서움.
【內荏】마음 속으로 겁을 먹음. '荏'은 '연약하다'의 뜻.
【伎力】기능과 용기.
【害器】禍患을 일으키는 물건.
【貪悖】탐람(貪婪)하고 패덕스러움.
【禍梯】재앙을 불러오는 사다리. 점차 사다리를 오르듯 재앙을 향해 올라감을 뜻함. 《史記》趙世家에 "無爲怨府, 無爲禍梯"라 함.
【善情救惡】훌륭한 정서로써 악을 구제함.
【不至爲害】해가 되는 지경에 이르지 않음. 劉昞 주에 "惡物宜翦而除, 純善之人憐而救之, 此稠厚之人, 非大害也"라 함.
【愛惠分篤】은혜로 사랑하고 독실함을 나누어줌.
【傲狎】오만하며 마구 친압함을 뜻함.
【離】포기함. 떠남.
【著明】밝게 드러남.
【疾惡】미워함. 질시하고 증오함.
【取人】남의 물건을 취함. 여기서는 그 사람에게 다시 되돌려 받음을 뜻하는 것으로 봄.

059(9-3)
감정변화를 통한 변별

무엇을 일러 그의 감정변화를 살펴보면 이로써 그의 평상시 태도를 알아낼 수 있다고 하는가?

무릇 사람은 겉모습은 후덕하나 그 속은 깊은 뜻을 가지고 있어 장차 그의 속뜻을 알고자 한다면 반드시 그 말하는 요지를 잘 관찰하고 그가 남의 일의 어떤 면을 찬동하는가를 잘 살펴보아야 한다.

무릇 그가 말하는 요지를 관찰하는 것은 마치 음악의 미추美醜를 살펴보는 것과 같다.

그리고 그가 어떤 말에 찬동하는가를 살펴보는 것은 마치 상대의 지혜에 대한 능력 고하를 보는 것과 같다.

그러므로 그의 말과 대응을 관찰하면 족히 말하고 있는 사람과 말을 듣고 있는 두 사람 상호간 재능을 식별해 낼 수 있다.

그렇다면 논점이 명확히 드러나고 정도를 바르게 주장하는 사람은 명백한 사람(白)이다.

말과 응답에 뛰어나지 못한 사람은 심오하여 측량하기 어려운(玄) 사람이다.

이상 두 가지 경우(玄, 白)를 경위에 맞게 잘 분석하는 사람은 사물에 통달한(通) 사람이다.

쉬운 쪽으로 기울어 정당한 주장도 없는 사람은 혼잡(雜)한 사람이다.

어떤 일이 일어나기 전에 미리 알아내어 대처하는 사람은 성인(聖)이다.

사건을 추적하여 깊이 생각하며 일을 오묘하게 처리하는 자는 총명예지(叡)한 사람이다.

사물을 보는 눈이 남보다 뛰어난 능력을 가진 사람은 총명한 사람(明)이다.

안으로는 명석함을 가지고 있으면서도 이를 겉으로 드러내지 않아 흐릿한 척하는 사람은 지혜로운(智) 사람이다.

미세하고 경홀히 여길 바도 반드시 인식해 내는 사람은 정묘한(妙) 사람이다.

심지가 미묘하면서도 겉으로도 숨기지 않는 사람은 소탈한(疎) 사람이다.

재어볼수록 더욱 깊은 맛을 느끼는 사람은 견실한(實) 사람이다.

거짓으로 찬동하는 듯하면서 현란하게 떠드는 자는 허황(虛)된 사람이다.

스스로 자신의 뛰어난 면을 드러내는 사람은 부족不足한 사람이다.

자신의 재능을 자랑하지 않는 사람은 여유有餘가 있는 사람이다.

그러므로 "범사에 그 척도에 맞지 않게 행동하는 자가 있다면 이는 틀림없이 그러한 까닭이 있기 때문"이라고 말하는 것이다.

만약 마음에 우환을 가지고 있는 사람의 얼굴색에는 곤핍한 모습과 정신조차 황폐해져 있음이 드러난다.

몸에 병을 가지고 있는 사람의 얼굴색이라면 안정을 잃고 게다가 때와 잡색까지 띠게 된다.

그러나 마음에 즐거움이 가득하다면 그 표정에 행복해하는 표정이 나타나며, 불만과 분노로 가득 찬 사람의 얼굴에는 무섭고 과장된 모습이 드러나게 된다.

그리고 질투와 의혹에 가득 찬 사람은 마구 행동하여 경솔함이 무상한 모습으로 나타나게 된다.

이처럼 그 행동은 모두 그 언사와 함께 하여 살펴보아야 한다.

이런 까닭으로 그 말씨가 심히 즐거움에 차 있으나 그 정신이 나타나는 얼굴색은 도리어 그에 상응하지 못한 경우라면 이는 마음속으로 무언가를 숨기고 있기 때문이며,

그 말은 사실과 달리 하고 있으나 그 정신을 보여주는 얼굴색은 가히 믿을 만하다면 이는 말로 잘 표현해 내지 못하기 때문이며,

말로 하기도 전에 먼저 노한 표정부터 드러내는 자는 그 뜻에 분노가 넘치기 때문이며,

말을 하면서 그를 통해 노기를 멀리 사라지게 삭여버리는 자는 그렇게 하지 말았어야 할 일을 억지로 그렇게 했기 때문이다.

무릇 이러한 유형은 겉으로 그 징조가 드러나는 것으로 감추거나 사실이 아니라고 숨긴다고 되는 것이 아니다.

비록 거짓으로 감추고자 해도 정신을 드러내는 얼굴 표정에 그를 따라주지 않는다.

우리는 사람의 감정 표현으로써 명확히 살필 수 있으니 비록 변한다 해도 이를 알아낼 수 있다.

이런 까닭으로 상대의 감정 변화를 관찰하면 그의 일상 세상에 대처하는 척도의 정서를 가히 알 수 있는 것이다.

何謂觀其感變, 以審常度?

夫人厚貌深情, 將欲求之, 必觀其辭旨, 察其應贊.[1]

夫觀其辭旨, 猶聽音之善醜.[2]

察其應贊, 猶視智之能否也.[3]

故觀辭察應, 足以互相別識.[4]

然則論顯揚正, 白也.[5]

不善言應, 玄也.[6]

經緯玄白, 通也.[7]

移易無正, 雜也.[8]

先識未然, 聖也.

追思玄事, 叡也.

見事過人, 明也.

以明爲晦, 智也.[9]

微忽必識, 妙也.[10]

美妙不昧, 疎也.[11]

測之益深, 實也.[12]

假合炫燎, 虛也.[13]

自見其美, 不足也.[14]

不伐其能, 有餘也.[15]

故曰:「凡事不度, 必有其故.」[16]

憂患之色, 乏而且荒.[17]

疾疢之色, 亂而垢雜.[18]

喜色愉然以懌; 慍色厲然以揚;

妬惑之色, 冒昧無常.[19]

及其動作, 蓋並言辭.[20]

是故其言甚懌, 而精色不從者, 中有違也.[21]

其言有違, 而精色可信者, 辭不敏也.[22]

言未發而怒色先見者, 意憤溢也.[23]

言將發而怒氣送之者, 彊所不然也.[24]

凡此之類, 徵見於外, 不可奄違.[25]

雖欲違之, 精色不從.[26]

感愕以明, 雖變可知.[27]

是故觀其感變, 而常度之情可知.[28]

> **劉昞(注)**

1) 視發言之旨趣, 觀應和之當否.
2) 音唱而善醜別.
3) 聲和而能否別.
4) 彼唱此和, 是非相擧.
5) 辭顯唱正, 是曰明白.
6) 黙而識之, 是曰玄也.
7) 明辨是非, 可謂通理.
8) 理不而據, 言意渾雜.
9) 心雖明之, 常若不足.
10) 理雖之微, 而能察之.
11) 心致昭然, 是曰疎朗.
12) 心有實智, 探之愈精, 猶泉滋中出, 測之益深也.
13) 道聽塗說, 久而無實, 池水無源, 洩而虛竭.
14) 智不贍足, 恐人不知, 以自我.
15) 不畏不知.
16) 色貌失實, 必有憂喜之故.
17) 憂患在心, 故形色荒.
18) 黃黑色雜, 理多塵垢.
19) 粗白粗赤, 憤憤在面.
20) 色旣發揚, 言亦從之.
21) 心恨而言强和, 色貌終不相從.
22) 言不自盡, 故辭雖違而色貌可信.
23) 憤怒塡胸者, 未言而色貌已作.
24) 欲强行不然之事, 故怒氣助言.
25) 心懽而怒容, 意恨而和貌.

26) 心動貌從.
27) 情雖在內, 感愕發外, 千形萬貌, 粗可知矣.
28) 觀人辭色, 而知其心, 物有常度, 然後審矣.

【常度】평상시의 태도.
【厚貌深情】겉으로는 후덕한 듯 표정을 지으나 속으로는 그 뜻을 헤아릴 수 없음.
【辭旨】말의 요지.
【應贊】대응하여 응답함.
【論顯揚正】논거를 드러내 正道임을 크게 자랑함.
【玄】너무 오묘하여 이해할 수 없음.
【經緯】일의 순서나 사건의 얽힌 내용.
【移易無正】변화가 심하여 어느 것이 바른 것인지 알 수 없음.
【叡】통달함. 사물의 이치나 변화에 아주 밝음.
【以明爲晦】내심으로는 명백하게 알면서도 겉으로는 잘 알아듣지 못한 듯이 함.
【微忽】지극히 작음을 말함.
【不昧】어둡지 않음. 감추거나 꾸밈이 없음을 말함.
【踈】시원하게 흩어 밝게 알 수 있도록 함. 疏, 疎, 疏 등과 같음.
【假合】거짓으로 화합한 듯이 함.
【見】'現'과 같음.
【不度】법도에 맞지 않음.
【乏而且荒】궁핍하면서 게다가 표정이 매우 황량하기까지 함. 劉昞 주에 "憂患在心, 故形色荒"이라 함.
【疾疢】'질진'으로 읽으며 병, 질환을 뜻함.
【垢雜】얼굴에 때가 묻고 잡티가 있음.
【懌】즐거워함.
【慍色】원망하는 표정. 《論語》學而篇에 "人不知, 而不慍, 不亦君子乎?"라 하였고, 公冶長篇에는 "子張問曰:「令尹子文三仕爲令尹, 無喜色; 三已之, 無慍色. 舊令尹之政, 必以告新令尹. 何如?」子曰:「忠矣.」"라 함.

【厲然】 지독함을 뜻함.
【妬惑】 시기 질투하며 의혹을 가짐.
【冒昧無常】 경솔하고 우매하여 喜怒의 감정을 때도 없이 표시함.
【不敏】 민첩하지 못함. 똑똑하지 못함. 《論語》 顔淵篇에 "顔淵問仁. 子曰: 「克己復禮爲仁. 一日克己復禮, 天下歸仁焉. 爲仁由己, 而由人乎哉?」 顔淵曰: 「請問其目.」 子曰: 「非禮勿視, 非禮勿聽, 非禮勿言, 非禮勿動」 顔淵曰: 「回雖不敏, 請事斯語矣.」"라 함.
【溢】 흘러 넘침.
【彊】 '强'의 본자. 여기서는 '있는 힘을 다 쏟음'을 뜻함.
【徵】 징조.
【奄違】 잘못을 감추고 은폐함.
【感愕】 놀라는 표정을 지음.

060(9-4)
소질과 명성

그 지극한 소질을 관찰하여 그 명성을 알 수 있다는 것은 무슨 말인가?

무릇 편재偏才의 성품은 두 가지 이상의 지극한 재능을 가지고 있다면 그 지극한 소질이 서로 감발하여 영명令名을 만들어내는 것이다.
이런 까닭으로 골간이 곧고 기가 청랑한 사람이라면 휴명休名이 그로부터 생겨난다.
기가 청랑하고 힘이 굳센 사람이라면 열명烈名이 그로부터 생겨난다.
굳센 지력과 훌륭한 도리를 정밀하게 가지고 있는 자라면 능명能名이 그로부터 생겨난다.
지혜가 곧고 굳건한 믿음성이 있는 자라면 임명任名이 그로부터 생겨난다.
단정한 소질이 집중되어 있는 이라면 영덕令德을 그에 따라 성취할 수 있다.
그러한 사람에게 다시 학문까지 더한다면 문리文理가 빛을 발하여 번쩍일 것이다.

이런 까닭으로 그가 가지고 있는 지극한 소질의 양이 어느 정도인가를 관찰하면 그 특이한 명성이 어디로부터 생겨나는 것인지를 알아낼 수 있는 것이다.

何謂觀其至質, 以知其名?
凡偏才之性, 二至以上, 則至質相發, 而令名生矣.[1)]

是故骨直氣淸, 則休名生焉.[2)]

氣淸力勁, 則烈名生焉.[3)]

勁智精理, 則能名生焉.[4)]

智直彊愨, 則任名生焉.[5)]

集于端質, 則令德濟焉.[6)]

加之學, 則文理灼焉.[7)]

是故觀其所至之多少, 而異名之所生可知也.[8)]

劉昞(注)

1) 二至, 質氣之謂也. 質直氣淸, 則善名生矣.
2) 骨氣相應, 名是以美.
3) 氣旣淸矣, 力勁則烈.
4) 智旣勁矣, 精理則能稱.
5) 直而又美, 是而見任.
6) 質徵端和, 善德乃成.
7) 圭玉有質, 瑩則成文.
8) 尋其質氣, 覽其淸濁, 雖有多少之異, 異狀之名, 斷可知之.

【至質】 사람의 성정 중 가장 독특하게 구비하고 있는 자질.
【二至以上】 두 가지 이상의 재능과 소질. 혹 덕을 갖춘 자.
【相發】 사로 감발시켜 촉진하도록 함.
【令名】 아름다운 명성. 令은 '아름답다'의 뜻.
【骨直】 골간이 바름. 견강하고 과감함.
【休名】 아름다운 이름이나 명성. 영예. 休는 '아름답다'의 뜻.
【烈名】 위엄으로 이름을 날림. 威名과 같음.
【能名】 능력으로서 이름을 날림.

【彊慤】건강하고 성실함. 각은 돈독하고 성의를 다하는 마음가짐을 말함.
【任名】임무를 잘 수행하여 이름이 남.
【端質】단정하고 훌륭한 바탕.
【令德】아름답고 훌륭한 덕.
【濟】일을 잘 처리하여 성취시킴.
【文理】禮로써 겉으로 드러나는 文飾과 儀表 및 節度.《荀子》禮論篇에 "孰知夫禮儀文理之所以養情也?"라 함.
【灼】빛남. 아름답게 빛을 발함.

061(9-5)
이유로 삼는 것에 따라

무엇을 일러 그가 이유로 삼는 바를 관찰하면 그가 사이비인지를 변별해 낼 수 있다는 것인가?

무릇 순전히 남의 위배된 사사로운 일을 들추어내기에 뛰어난 자는 공정한 일을 맡길 수가 없다.

남의 사사로운 일을 들추어내어 이를 정직한 것인 양하지만 이는 그 들추어내는 것으로써 남의 선량함을 공격하는 것이다.

순전히 제멋대로 하여 이것이 마치 세속을 잘 따르는 것처럼 하는 자는 정도에 통달할 수 없다.

방탕함에 의지하는 것이 마치 화통함인 양하지만 이는 오만한 행동으로 예절을 넘어서는 것이다.

그러므로 "정직한 자도 역시 남의 사사로운 일을 들춰낼 수는 있고, 사사로움을 들춰내기를 잘하는 자도 남의 사사로운 일을 들춰낼 수 있어 그 '사사로움을 들춰내는' 면에서는 같지만 그 '사사로움을 들춰내는 이유'는 같지 않다"라고 말하는 것이다.

마찬가지로 화통한 자도 방탕한 모습을 보일 수 있고, 방탕한 자도 역시 방탕함을 보일 수는 있어 그 방탕함은 같지만 그 '방탕한 모습을 보여야 할 이유'는 같지 않은 것이다.

그렇다면 어떻게 이를 구별해 낼 수 있는가?

곧으면서 능히 따뜻함을 지켜낼 수 있다면 이는 덕德이 있기 때문이다.

곧으면서 남의 사사로운 일을 들춰내기를 좋아한다면 이는 치우쳤기(偏) 때문이다.

남의 사사로움을 들춰내면서 정직하지도 못하다면 이는 표리가 같지 않기(依) 때문이다.

정도를 지키면서 절제에 능하다면 이는 사리에 통달하였기(通) 때문이다.

사리에 통달하였으나 때때로 지나치게 행동한다면 이는 치우쳤기(偏) 때문이다.

방탕하면서 절제하지 못한다면 이는 표리가 부동하기(依) 때문이다.

치우치면서 표리가 같지 않으며, 뜻을 같이하는 듯하나 본바탕은 비뚤어져 있는 것을 일러 '그런 것 같으나 실제로는 그렇지 않은' 사이비似而非라 한다.

이런 까닭으로 가볍게 허락하는 것은 마치 열성을 다해주는 것같이 보일 수 있으나 실제로는 믿음이 적은 것이며, 어려울 것이 없다고 떠벌리는 것이 마치 능력이 있는 것처럼 보이지만 실제로는 효과는 별로 드러내지 못한다.

급히 내달아 날카롭게 나서는 것이 마치 정밀한 듯이 보이지만 떠날 때는 빠르게 돌아서고, 제멋대로 변론을 펴며 남을 질책하는 것은 마치 세밀히 살피는 것처럼 보이지만 일을 번잡하게 만드는 것이다.

마찬가지로 제 삼자의 사사로운 일을 들춰내어 나에게 은혜를 베푸는 것은 마치 혜택을 주는 듯이 보이지만 실제로는 성과를 거둘 수 없으며, 얼굴 앞에서 따르며 찬동하는 것은 마치 충성된 것처럼 보이지만 실제로는 돌아서면 나를 비방할 사람이다.

이러한 것들이 바로 그런 것 같으나 실제 그렇지 않은 '사이비'이다.

역시 이와 상반되는 사이비의 경우도 있다.

큰 권술은 마치 간사한 것처럼 보이지만 실제로는 큰 공이 있게 되고, 진실로 큰 지혜는 마치 어리석은 듯이 보이지만 속으로는 아주 명석한 것이며, 널리 베푸는 사랑은 마치 허虛한 듯이 보이지만 실제로는 충실하고 두터운 것이며, 바른 말은 마치 남의 사사로움을 들춰내는 것처럼 보이지만 실제로는 그 정이 충성된 것이다.

무릇 비슷한 것을 잘 살피고 그른 것을 명확히 한다면서 그 감정의 상반된 것을 통해 이를 다스린다면 이는 마치 소송을 잘 처리하는 것처럼 보이지만 실제로는 그 진실을 잘 변별하지 못하는 것이다.

그러니 천하에 지극히 정밀한 자가 아니고서야 누가 능히 그 진실을 터득할 수 있겠는가?

그러므로 단순히 남의 말을 듣고 그 모습을 믿다가는 혹 그 진실을 놓칠 수가 있다.

실정을 잘못 보고 그릇된 척도로 이를 다스렸다가는 혹 그 어짊을 놓치게 된다.

어짊의 여부에 대한 관찰은 실제로 그가 어떤 것에 의지하는가를 척도로 삼아야 한다.

이런 까닭으로 그가 의지하는 바가 무엇인지를 살펴본 연후에야 그의 사이비 기질의 여부를 알아낼 수 있는 것이다.

何謂觀其所由, 以辨依似?
夫純訐性違, 不能公正.[1]
依訐似直, 以訐訐善.[2]
純宕似流, 不能通道.[3]
依宕似通, 行傲過節.[4]
故曰:「直者亦訐, 訐者亦訐, 其訐則同, 其所以爲訐則異」[5]
通者亦宕, 宕者亦宕, 其宕則同, 其所以爲宕則異.[6]
然則何以別之?

直而能溫者, 德也.[7]
直而好訐者, 偏也.[8]
訐而不直者, 依也.[9]
道而能節者, 通也.[10]
通而時過者, 偏也.[11]
宕而不節者, 依也.[12]
偏之與依, 志同質違, 所謂似是而非也.[13]
是故輕諾似烈而寡信,[14] 多易似能而無效.[15]
進銳似精而去速,[16] 訶者似察而事煩.[17]
訐施似惠而無成,[18] 面從似忠而退違.[19]
此似是而非者也.[20]
亦有似非而是者:[21]
大權似姦而有功,[22]
大智似愚而內明,[23]
博愛似虛而實厚,[24]
正言似訐而情忠.[25]
夫察似明非, 御情之反,[26] 有似理訟, 其實難別也.[27]
非天下之至精, 其孰能得其實?[28]
故聽言信貌, 或失其眞.[29]
詭情御反, 或失其賢.[30]
賢否之察, 實在所依.[31]
是故觀其所依, 而似類之質可知也.[32]

> 劉昞(注)

1) 質氣俱訐, 何正之有?
2) 似直之訐, 計及良善.
3) 質氣俱宕, 何道能通?
4) 似通之宕, 容傲無節.
5) 直人之訐, 訐惡彈非, 純訐爲訐, 訐善刺是.
6) 通人之宕簡而達道, 純宕傲僻以自恣.
7) 溫和爲直, 所以爲德.
8) 性直過訐, 所以爲偏.
9) 純訐似直, 所以爲依.
10) 以道自節, 所以爲通.
11) 性通時過, 所以爲偏.
12) 純宕似通, 所以爲依.
13) 質同通直. 或偏或依.
14) 不量己力, 輕許死人, 臨難畏怯, 不能殉命.
15) 不顧材能, 日謂能辦. 受事狙獝, 作無效驗.
16) 情躁之人, 不能久任.
17) 譴訶之人, 每多煩亂.
18) 當時似給, 終無所成.
19) 阿順目前, 却則自是.
20) 紫色亂朱, 聖人惡之.
21) 事同於非, 其功實則是.
22) 伊尹去太甲, 以成其功.
23) 終日不違, 內實分別.
24) 汎愛無私, 似虛而實.
25) 譬帝桀紂, 至誠忠愛.
26) 欲察似類, 審則是非, 御取人情, 反覆明之.
27) 故聖人參訊廣訪, 與衆共之.
28) 若其實可得, 何憂乎驩兜? 何遷乎有苗? 是以昧旦晨興, 揚明仄陋, 語之三槐, 詢之九棘.
29) 言訥貌惡, 仲尼失之子羽.

30) 疑非人情, 公孫失之卜式.
31) 雖其難知, 卽當尋其所依而察之.
32) 雖其不盡得其實, 然察其所依似, 則其體氣, 粗可幾矣.

【純訐性違】하나의 맛이란 사람의 성품에서 감추어진 것을 들춰내는 것. '訐'은 《論語》 陽貨篇에 "子貢曰:「君子亦有惡乎?」子曰:「有惡: 惡稱人之惡者, 惡居下流而訕上者, 惡勇而無禮者, 惡果敢而窒者」曰:「賜也亦有惡乎?」「惡徼以爲知者, 惡不孫以爲勇者, 惡訐以爲直者.」"라 하였고, 〈四書集註〉에 "訐, 謂攻發人之陰私"라 함.
【直】단정함. 공정함.
【純宕似流】하나의 맛이란 방종함을 마치 자유로 여기는 것.
【通道】정당한 대도에 통달함.
【行傲過節】행위가 오만하여 더 이상 어쩔 수 없음.
【溫】성격이 온순함.
【偏】성격이 치우침. '溫'에 상대하여 쓴 말.
【依】비슷하나 실질과 같지 않음. '似而非'와 같은 뜻으로 쓰고 있음.
【道而能節】정도를 지키면서 능히 절도에 맞춤.
【通】통달함.
【時過】때때로 늘 절도를 넘어서는 경우가 있음.
【志同質違】겉으로 드러난 지향은 같으나 성질은 서로 다름.
【輕諾】가볍게 허락함.
【寡信】믿음이 적음. 신용이 적음. 믿을 수 없음.
【多易】변화나 改易이 심함.
【進銳】나가기를 급히 함. 급히 나서고자 함.
【精】정명하고 강함.
【訐施】거짓을 베푸는 척함. '訐'은 《논어》 陽貨篇에 "子貢曰:「君子亦有惡乎?」子曰:「有惡: 惡稱人之惡者, 惡居下流而訕上者, 惡勇而無禮者, 惡果敢而窒者」曰:「賜也亦有惡乎?」「惡徼以爲知者, 惡不孫以爲勇者, 惡訐以爲直者.」"라 하였고, 〈四書集註〉에 "訐, 謂攻發人之陰私"라 함.
【惠】은혜. 혜택을 줌.
【面從】얼굴을 맞대었을 때는 순종함. '面從腹背'와 같은 뜻.

【退違】 등 뒤에서 돌아섬. 뒤에서 배신함.
【大權】 정치에 있어서 가장 중요한 權術, 權柄, 權衡.
【博愛】 널리 사랑을 베풂.
【正言】 바른 말. 단정하고 사리에 맞는 말.
【情忠】 감정이 독실함. 충성됨.
【御情之反】 사람의 정서 변화에 대하여 상반된 것으로 이를 통솔함. 다스림.
【理訟】 소송을 심리함.
【至精】 지극히 정명한 사람.
【詭情御反】 인지상정에 어긋난 태도로 그러한 사실을 모르고 등용하거나 다스림.
【似類】 닮음. 비슷함. 사이비를 뜻함.

062(9-6)
사랑과 공경

그가 사랑과 공경 중에 어느 쪽에 무게를 두는가를 관찰하면 그의 통달함과 막힘을 알아낼 수 있다는 것은 무엇을 말함인가?

대체로 사람으로서의 도리 중에 지극한 것으로써 사랑과 존경을 넘어서는 것은 없다.

이런 까닭으로 《효경孝經》은 사랑을 지극한 덕으로 보았고 공경을 중요한 도리로 본 것이며,

《역易》에서는 감화를 덕德으로, 겸손을 도道로 여겼으며,

《노자老子》에서는 무위無爲를 덕으로, 허虛를 도로 여겼으며,

《예禮》에서는 공경을 근본으로 여겼으며,

《악樂》에서는 사랑을 가장 주된 것으로 보았다.

그러니 사람으로서의 감정의 바탕에 사랑과 공경의 진정함을 가지고 있게 되면 도덕과 한 몸이 되어 남의 감동을 불러올 수 있고, 나아가 그 길에 통하지 않을 것이 없게 된다.

그러나 사랑이 결코 공경보다 적어서는 안 된다.

사랑이 공경보다 적으면 청렴과 절의를 가진 이들은 찾아들지만 보통 일반 사람들은 그에게 다가오지 않는다.

사랑이 공경보다 많으면 청렴과 절의를 가진 자는 좋아하지 않지만 그 사랑을 받은 자는 그를 위해 죽음으로써 보답하려 할 것이다.

어찌하여 그렇겠는가? 공경이란 그 이치로 보아 상하 신분에 따른 구분이 엄격하여 서로 격리될 수가 있어 그 형세로 보아 오래 지속될 수 없다.

그러나 사랑이란 그 도치로 보아 감정으로 친하게 되고 그 뜻이 두터워져서 매우 깊을 수 있으며 만물을 감화시킨다.
이런 까닭으로 그가 사랑이 많은 자인지 공경이 많은 자인지를 잘 살펴보면 그의 통달함과 막힘의 내용을 가히 알아낼 수 있다는 것이다.

何謂觀其愛敬, 以知通塞?

蓋人道之極, 莫過愛敬.[1)]

是故《孝經》以愛爲至德,[2)] 以敬爲要道.[3)]

《易》以感爲德,[4)] 以謙爲道.[5)]

《老子》以無爲德,[6)] 以虛爲道.[7)]

《禮》以敬爲本.[8)]

《樂》以愛爲主.[9)]

然則人情之質, 有愛敬之誠,[10)] 則與道德同體, 動獲人心, 而道無不通也.[11)]

然愛不可少於敬.

少於敬, 則廉節者歸之,[12)] 而衆人不與.[13)]

愛多於敬, 則雖廉節者不悅, 而愛接者死之.[14)]

何則?

敬之爲道也, 嚴而相離, 其勢難久.[15)]

愛之爲道也, 情親意厚, 深而感物.[16)]

是故觀其愛敬之誠, 而通塞之理, 可得而知也.[17)]

劉昞(注)

1) 愛生於父子, 敬立於君臣.
2) 起父子之親, 故爲至德.
3) 終君臣之義, 故爲道之要.
4) 氣通生物, 人得之以利養.
5) 尊卑殊別, 道之次序.
6) 施化無方, 德之則也.
7) 寂寞無爲, 道之倫也.
8) 禮由陰作, 肅然淸淨.
9) 樂由陽來, 歡然親愛.
10) 方在哺乳, 愛敬生矣.
11) 體道修德, 故物順理通.
12) 廉人好敬, 是以歸之.
13) 衆人樂愛, 愛少, 是以不與.
14) 廉人寡; 常人衆, 衆人樂愛致其死, 則事成業濟, 是故愛之爲道, 不可少矣.
15) 動必肅容, 過之不久, 逆旅之人, 不及溫和而歸也.
16) 煦渝篤密, 感物自深, 以翳桑之人, 倒戈報德.
17) 篤於慈愛則溫和, 而上下之情通; 務在禮教則嚴肅, 而外內之情塞. 然必愛敬相須, 不可一時而無. 然行其二義者, 常當務令愛多敬少, 然後肅穆之風, 可得希矣.

〈老子騎牛圖〉晁補之(畫)

【人道】 사람으로서의 도덕과 규범.
【孝經】 유가 경전으로 曾參이 지었다고 알려져 있음. 孝를 정리하여 그 내용과 형식 등을 기록한 것.「十三經」의 하나.
【至德要道】《孝經》 開宗明義章에 "仲尼居. 曾子侍. 子曰:「先王有至德·要道, 以順天下, 民用和睦, 上下無怨. 汝知之乎?」曾子避席曰:「參不敏, 何足以知之?」子曰:「夫孝, 德之本也. 教之所由生也. 復坐! 吾語汝. 身體髮膚, 受之父母, 不敢毁傷, 孝之始也; 立身行道, 揚名於後世, 以顯父母, 孝之終也. 夫孝, 始於事親, 中於事君, 終於立身.〈大雅〉云:『無念爾祖? 聿脩厥德.』」라 하였으며 이에 따라《孝經》에는〈廣要道〉(13)와〈廣至德〉(14) 두 章이 있음.

【易】六經의 하나이며 고대에는 《連山易》(夏), 《歸藏易》(殷), 《周易》(周) 등 세 가지가 있었으며 지금 우리가 보는 것은 《주역》임. 만물을 陰爻와 陽爻 등 陰陽과 八卦, 64괘로 발전시켜 풀이함. 복희씨 때부터 공자에 이르기까지 많은 이들이 여러 내용을 덧붙이고 의미를 심오하게 설명한 복서(卜筮)에 대한 것이며 동시에 수양서임.

【以感爲德】만물에 감응하여 교화를 베푸는 것을 덕으로 삼음. 《周易》 乾卦에 "夫大人者, 與天地合其德, 與日月合其明"이라 하였고, 姚配中의 주에 "化育萬物謂之德"이라 함.

【謙】《周易》 謙卦(地山謙)에 "謙: 亨, 君子有終. 象曰: 謙, 亨. 天道下濟而光明, 地道卑而上行. 天道虧盈而益謙, 地道變盈而流謙, 鬼神害盈而福謙, 人道惡盈而好謙, 謙尊而光, 卑而不可踰: 君子之終也"라 함.

【老子】道家의 창시 인물. 李耳. 老聃. 無爲思想을 근간으로 하며 莊子와 더불어 노장사상이라 일컫기고 함. 그 저술을 《老子》라 하며, 뒤에 도교의 발전으로 이해, 이를 《道德經》이라 함. 《史記》 老莊申韓列傳 참조.

【無】無爲. 道家의 근본 사상.

【虛】虛無. 역시 道家 사상의 본체로서 도는 없는 것이 없으며 형태도 없으나 천지 만물을 주재하고 있다고 여긴 것.

【禮】儒家의 근본 사상. 이를 기록한 것이 육경 중의 《禮》이며, 이 기록이 분화된 것이 《周禮》, 《儀禮》, 《禮記》이며 이를 '三禮'라 칭함.

【樂】원래 육경의 하나였으나 기록으로 남지 않아 漢代 五經(《易》, 《詩》, 《書》, 《禮》, 《春秋》)만을 國學에 설치하여 귀족자제의 교육 자료로 삼았음.

【動獲人心】정복하고자 하는 사람의 마음을 격동시킴.

【與】허여함. 따름.

【愛接者】그 은혜를 받은 자.

【死之】이를 위해 죽음. 헌신함을 말함.

【嚴而相離】너무 엄격하게 하여 서로 소원해지고 말았음.

【感物】다른 물건이나 사람을 감화시킴.

063(9-7)
정서의 여섯 가지 기틀

무엇을 일러 그 감정의 기틀을 관찰하면 그가 관대한 사람인지, 아니면 미혹한 사람인지 변별할 수 있다는 것인가?

무릇 사람의 정서에는 여섯 가지 기틀이 있다.
자신이 하고 싶은 바를 다 펼쳤을 때는 기쁨을 느낀다.
자신의 능한 바를 충분히 펼쳐보지 못하였을 때는 원망을 품는다.
제 자랑을 늘어놓으면서 자신을 밟고 지나가면 혐오의 감정을 갖게 된다.
겸손함을 다하여 스스로를 낮추는 자를 보면 기쁨을 느낀다.
자기의 모자라는 점을 지적하는 사람 앞에서는 분노를 느낀다.
악한 마음으로 자신의 분노를 부추기면 투악妬惡한 감정을 갖게 된다.
이것이 사람 정서의 여섯 가지 기틀이다.

무릇 사람의 인지상정에는 자신의 뜻을 성취시키고 싶어하지 않는 사람이 없다.
그 때문에 열사烈士는 자신의 분력奮力으로 공을 세우기를 즐겨하고,
선사善士는 정치를 감독하여 훈수를 들기를 즐겨하고,
능사能士는 치란을 다스리는 일을 즐겨하고,
술사術士는 계책을 세워 모책을 자랑하기를 즐겨하고,
변사辨士는 남의 질문을 멋지게 받아넘기는 말솜씨를 뽐내고 싶어 하고,
탐욕스러운 자는 재물 쌓기를 즐겨하며,
요행을 바라는 자는 권세가 더욱 우세함을 즐겨한다.

만약 자신의 뜻에 찬동을 받으면 신나게 여기지 않는 이가 없다.

이러한 경우를 일러 자신의 하고자 하는 바를 펼치게 되면 누구나 즐거워한다는 것이다.

만약 자신의 능력을 제대로 펼쳐보지 못하게 되면 그 뜻을 얻을 수 없고, 그 뜻을 얻지 못하면 슬픔에 젖는다.

이런 까닭으로 공력功力을 세우지 못하면 열사가 분격하고,

덕행으로 남에게 훈계를 할 수 없게 되면 정직한 사람이 슬픔을 느끼며,

정치가 혼란한데 이를 제대로 다스리지 못하면 능력 있는 자가 탄식을 하고,

쳐들어온 적을 능히 막아내지 못하면 술사가 사유에 빠지며,

재물이 쌓이지 않으면 탐욕스러운 자가 근심에 싸이고,

권세가 남보다 더욱 우세하지 않으면 요행을 바라던 자가 슬픔에 젖는다.

이것이 소위 말하는 능력 있는 자가 자신의 뜻을 펼치지 못하면 원망을 한다는 것이다.

사람의 인지상정이란 남보다 앞에 처하고자 하지 않음이 없다. 그 때문에 남이 제 자랑을 늘어놓는 것을 혐오하는 것이다.

제 자랑을 늘어놓는 것은 모두가 남을 이기고자 하는 부류들이다.

이런 까닭으로 자신의 잘난 점을 떠벌이는 것을 두고 누구나 이를 혐오스럽게 여기지 않음이 없는 것이다.

이를 일러 남이 제 자랑을 하면서 밟고 넘어서는 것을 미워한다는 것이다.

사람의 인지상정은 누구나 이기기를 바란다. 그 때문에 남이 자신 앞에서 겸손히 구는 것을 좋아하는 것이다.

겸손이란 스스로를 낮추는 것이며 낮추었을 때는 상대를 추켜세우는 뜻이 있다.

이런 까닭으로 사람이라면 자신의 어짊과 어리석음에 관계없이 자신에게 겸손히 구는 자를 만나게 되면 그 얼굴에 즐거운 표정을 짓지 않는 이가 없다.

이것이 소위 겸손으로 자신 앞에서 굽혀오면 기쁨을 느낀다는 것이다.

사람으로서의 인지상정에는 누구나 자신의 단점을 엄폐하고자 하며 자신의 장점을 드러내고자 한다.

이런 까닭으로 남이 자신의 단점을 두고 논박을 벌일 때면 마치 외물에 의해 억압을 당한 듯한 감정을 느끼게 된다.

이것이 소위 자신의 단점을 지적받게 되면 질한의 분노를 느낀다는 것이다.

사람의 감정은 높은 자를 뛰어넘고 싶어한다. 악한 자를 뛰어넘어 비록 미움을 받는다 해도 아직 해를 입지는 않는다.

그러나 만약 자신의 장점으로 남의 단점을 지적하는 경우, 이를 일러 악한 감정으로 남의 싫어하는 바를 범하면 투악妬惡의 감정을 발생시킨다는 것이다.

무릇 이 여섯 가지 기틀은 모두가 남의 이에 처하고자 하는 데에서 생겨나는 귀착점이다.

이런 까닭으로 군자는 남과 교유하면서 상대가 자신을 범하더라도 그에게 계교를 부리지는 않는 것이다.

계교를 부리지 않으면 그를 공경하여 자신이 아래에 처하지 못할 이유가 없어진다. 이 때문에 그 화를 피할 수 있는 것이다.

소인은 그렇지 않다. 이미 그 기틀도 제대로 보지 못할뿐더러 그저 남이 자신의 뜻을 따라주기만을 바랄 뿐이다.

남이 자신에게 거짓 사랑과 공경을 해오면 마치 자신을 특이하게 보아 그렇게 하는 줄로 여기며,

우연히 만나는 경우가 아니라면 자신을 만나주지 않을 때는 그가

자신을 경홀히 여긴다고 생각한다.
 만약 자신의 기회나 처지를 범한다면 깊이 원한을 가졌기 때문이라 여긴다.
 이런 까닭으로 그 사람이 지닌 정서의 기틀을 관찰하면 그의 어짊과 비루함의 뜻을 가히 알아낼 수 있다.

何謂觀其情機, 以辨恕惑?
夫人之情有六機:
杼其所欲, 則喜.[1]
不杼其所能, 則怨.[2]
以自伐歷之, 則惡.[3]
以謙損下之, 則悅.[4]
犯其所乏, 則媢.[5]
以惡犯媢, 則妬.[6]
此人性之六機也.
夫人情莫不欲遂其志.[7]
故烈士樂奮力之功,[8]
善士樂督政之訓,[9]
能士樂治亂之事,[10]
術士樂計策之謀,[11]
辨士樂陵訊之辭,[12]
貪者樂貨財之積,[13]
幸者樂權勢之尤.[14]

苟贊其志, 則莫不欣然.
是所謂杼其所欲, 則喜也.[15]
若不杼其所能, 則不獲其志.
不獲其志, 則戚.[16]
是故功力不建, 則烈士奮.[17]
德行不訓, 則正人哀.[18]
政亂不治, 則能者歎.[19]
敵能未弭, 則術人思.[20]
貨財不積, 則貪者憂.[21]
權勢不尤, 則幸者悲.[22]
是所謂不杼其能, 則怨也.[23]
人情莫不欲處前, 故惡人之自伐.[24]
自伐, 皆欲勝之類也.
是故自伐其善, 則莫不惡也.[25]
是所謂自伐歷之, 則惡也.[26]
人情皆欲求勝, 故悅人之謙.
謙所以下之, 下有推與之意.
是故人無賢愚, 接之以謙, 則無不色懌.[27]
是所謂以謙下之, 則悅也.[28]
人情皆欲掩其所短, 見其所長.[29]
是故人駁其所短, 似若物冒之.[30]
是所謂駁其所乏, 則姻也.[31]

人情陵上者也.³²⁾

陵犯其所惡, 雖見憎, 未害也.³³⁾

若以長駁短, 是所謂以惡犯姻, 則姤惡生矣.³⁴⁾

凡此六機, 其歸皆欲處上.³⁵⁾

是以君子接物, 犯而不校.³⁶⁾

不校, 則無不敬下, 所以避其害也.³⁷⁾

小人則不然, 旣不見機,³⁸⁾ 而欲人之順己,³⁹⁾

以佯愛敬爲見異,⁴⁰⁾ 以偶邀會爲輕.⁴¹⁾

苟犯其機, 則深以爲怨.⁴²⁾

是故觀其情機, 而賢鄙之志, 可得而知也.⁴³⁾

劉昞(注)

1) 爲有力者譽烏獲, 其心莫不忻焉.
2) 爲辨給者稱三緘, 其心莫不忿然.
3) 抗己所能, 以歷衆人, 衆人所惡.
4) 卑損下人, 人皆喜悅.
5) 人皆悅己所長, 惡己所短; 故稱其所短, 則姻戾忿肆.
6) 自伐其能, 人所惡也; 稱人之短, 人所姻也. 今伐其所能, 犯人所姻, 則姤害生也.
7) 志之所欲, 欲遂己成.
8) 遭難而力士奮.
9) 政修而善士用.
10) 治亂而求賢能.
11) 廣算而求其策.
12) 賓贊而求辨給.
13) 貨財積則貪者容其求.

14) 權勢之尤, 則幸者竊其柄.
15) 所欲之心杼盡, 復何怨乎?
16) 憂己才之不展.
17) 奮憤不能盡其才也.
18) 哀不得行其化.
19) 歎不得用其能.
20) 思不得運其奇.
21) 憂無所收其利.
22) 悲不得弄其權.
23) 所怨不杼, 其能悅也?
24) 皆欲居物先, 故惡人之自伐也.
25) 惡其有勝己之心.
26) 是以達者, 終不自伐.
27) 不問能否, 皆欲勝人.
28) 是以君子終日謙謙.
29) 稱其所長則悅, 稱其所短則慍.
30) 情之憤悶, 有若覆冒.
31) 覆冒純塞, 其心姻庆.
32) 見人勝己, 皆欲陵之.
33) 雖惡我自伐, 未甚疾害也.
34) 以己之長, 駁人之短, 而取其害, 是以達者不爲之也.
35) 物之自大, 人人皆爾.
36) 知物情好勝, 雖或以小犯己, 終不校拒也.
37) 務行謙敬, 誰害之哉?
38) 不達妬害之機.
39) 謂欲人無違己.
40) 孔光逡巡, 董賢欣喜.
41) 謂非本心, 忿其輕己.
42) 小人易悅而難事.
43) 賢明志在退下, 鄙劣志在陵上, 是以平淡之主, 御之以正, 訓貪者之所憂, 戒幸者之所悲, 然後物不自伐, 下不陵上, 賢否當位, 治道有序.

【杼】 '抒'와 같음. 표현함.
【自伐】 스스로 자랑함.
【媢】 기피함. 감추어 은닉함. 미워하고 질시함.
【遂其志】 마침내 그 뜻을 성취함.
【烈士】 절의를 위해 모든 것을 바치는 사람.
【善士】 품행이 고결한 사람.
【督政】 정치를 감독하고 살핌.
【能士】 재능이 있는 사람.
【術士】 권모술수에 뛰어난 사람.
【辯士】 언변에 능한 사람.
【陵訊之辭】 남의 말을 제압하고 능멸할 수 있는 언어 표현 능력.
【幸者】 남으로부터 사랑을 독차지하는 사람.
【尤】 더욱 뛰어남.
【苟贊其志】 '만약 그러한 사람의 뜻에 찬동한다면'의 뜻.
【戚】 슬퍼함. 안타까워함.
【奮】 격분함. 분격함.
【訓】 훈계. 가르침. 훈육함.
【正人】 품행이 단정한 사람.
【弭】 음은 '미.' '막다(塞, 遏). 중지시키다, 제거하다' 등의 뜻.
【處前】 남보다 앞서 나감. 남보다 높은 지위에 처함.
【歷】 초과함, 건너뜀. 밟고 지나감. 《孟子》 離婁(下)에 "禮, 朝廷不歷位而相與言, 不踰階而相揖也"라 함.
【下之】 남보다 아래에 처함. 겸양을 뜻함.
【推與】 양보함. 남에게 기회를 부여함.
【色懌】 표정이 즐거움.
【見】 '現'과 같음. 드러남. 뵘.
【駁】 '駁'과 같은 글자임. 음은 '박.' 시비를 논박함.
【冒】 덮음. 억압함. 압제하여 행동이 자유롭지 못하게 함.
【陵上】 윗사람을 능멸함. 혹은 남을 능가하여 올라섬.
【見憎】 미움을 삼. '見'은 피동법에 쓰이는 조동사.
【歸】 귀속됨.
【接物】 외물과의 접촉. 남과 교류, 교왕함을 뜻함.

【犯而不校】 범하되 計較를 부리지는 않음. '校'는 '較'와 같음.
【不見機】 정세나 기회를 정확하게 보지 못함.
【見異】 특이한 견해.
【偶邂會】 우연히 만남. 우연한 기회에 서로 모이게 됨.
【機】 기회, 일을 기틀. 이해 등. 자신의 처지.
【賢鄙】 현량함과 비속함. 《左傳》 莊公 10년에 "食肉者鄙, 未能遠謀"라 함.

064(9-8)
단점을 보면 장점을 찾을 수 있다

무엇을 일러 사람의 단점을 관찰하여 그로써 그의 장점을 알 수 있다고 이르는 것인가?

무릇, 편재偏才의 인물은 누구나 단점이 있다.
그러므로 곧은 사람의 단점은 남의 숨겨진 것을 잘 밝혀내는 것이요,
강직(剛)한 사람의 단점은 엄혹함이 지나친 것이요,
화평한 사람의 단점은 나약한 면이 있음이요,
경개耿介한 사람의 단점은 얽매어 고집이 있다는 점이다.
무릇 정직한 사람이 남의 단점을 잘 밝혀내는 점이 없다면 그의 직설적인 장점을 이룰 수 없다. 따라서 이미 그의 강직한 면을 좋게 본다면 그가 남의 사적인 면을 잘 밝혀내는 것을 비난할 수 없다. 남의 사적인 면을 잘 밝혀낸다는 것은 정직의 표징이기 때문이다.

강직한 자가 엄혹하지 않다면 그 강직함을 성취시킬 수 없다. 따라서 그의 강직함을 이미 좋게 여겼다면 그가 엄혹하다고 해서 그를 비난할 수는 없다. 엄혹함이란 강직함의 표징이기 때문이다.
화평한 자가 나약하지 않다면 그 화평함을 지켜낼 수가 없다. 따라서 그의 화평함을 좋게 여겼다면 그가 나약하다고 해서 그를 비난할 수는 없다. 나약함은 바로 화평의 표징이기 때문이다.
경개한 자가 고집이 없다면 그 경개함을 지켜낼 수가 없다. 따라서 이미 그의 경개한 성격을 좋게 여겼다면 그가 고집이 있다고 해서 그를 비난할 수는 없다. 고집이란 바로 경개함의 표징이기 때문이다.

그러나 단점을 가진 자라고 해서 반드시 장점이 있는 것은 아니다. 장점을 가진 자는 필히 단점을 그 표징으로 수반하고 있다는 것일 뿐이다. 이런 까닭으로 그 단점의 표징을 관찰하여 그의 재능 중에 장점을 가히 알 수 있다는 것이다.

何謂觀其所短, 以知所長?
夫偏才之人, 皆有所短.[1)]
故直之失也, 訐.[2)]
剛之失也, 厲.[3)]
和之失也, 懦.[4)]
介之失也, 拘.[5)]
夫直者不訐, 無以成其直. 旣悅其剛, 不可非其訐.[6)] 訐也者, 直之徵也.[7)]
剛者不厲, 無以濟其剛. 旣悅其剛, 不可非其厲.[8)] 厲也者, 剛之徵也.[9)]
和者不懦, 無以保其和. 旣悅其和, 不可非其懦.[10)] 懦也者, 和之徵也.[11)]
介者不拘, 無以守其介. 旣悅其介, 不可非其拘.[12)] 拘也者, 介之徵也.[13)]
然有短者, 未必能長也.[14)]
有長者, 必以短爲徵.[15)]
是故觀其徵之所短, 而其才之所長可知也.[16)]

> 劉昞(注)

1) 智不能周也.
2) 刺訐傷於義, 故其父攘羊, 其子證之.
3) 剛切傷於理, 故諫君不從, 承之以劍.
4) 愞弱不及道, 故宮之奇爲人撓, 不能强諫.
5) 拘愚不達事, 尾生守信, 死於橋下.
6) 用人之直, 恕其訐也.
7) 非訐不能爲直.
8) 用人之剛, 恕其厲也.
9) 非厲不能爲剛.
10) 用人之和, 恕其愞也.
11) 非愞不能爲和.
12) 用人之介, 恕其拘也.
13) 非拘不能爲介.
14) 純訐之人, 未能正直.
15) 純和之人, 徵必愞弱.
16) 欲用其剛, 必采之於厲.

【訐】 남의 사사로움을 들추어 공격함. 《論語》 陽貨篇에 "子貢曰: 「君子亦有惡乎?」 子曰: 「有惡: 惡稱人之惡者, 惡居下流而訕上者, 惡勇而無禮者, 惡果敢而窒者.」 曰: 「賜也亦有惡乎?」 「惡徼以爲知者, 惡不孫以爲勇者, 惡訐以爲直者.」"라 하였고, 〈四書集註〉에 "訐, 謂攻發人之陰私"라 함.
【剛】 剛强함. 堅剛함.
【厲】 엄격하고 지독함.
【和】 온화하고 유순함.
【愞】 軟과 같음. 연약함. 나약함.
【介】 耿介. 굳세고 강건함.
【拘】 어떤 일에 얽매여 고집을 부림을 뜻함.
【非】 비난함. 남의 잘못을 질책하거나 책임을 따져 물음.
【徵】 표징. 드러난 형상이나 징조.
【濟】 성취시킴. 실현시킴.
【守】 지켜냄. 견지함.

065(9-9)
총명함을 관찰하면 현달할 것임을 알 수 있다

무엇을 일러 그의 총명함을 관찰하여 그가 현달할 것임을 알 수 있다고 하는가?

무릇 인仁이라고 하는 것은 덕德의 기초이며,

의義라고 하는 것은 덕의 절조이며,

예禮라고 하는 것은 덕의 문채이며,

신信이라고 하는 것은 덕을 확고하게 하는 것이며,

지智라고 하는 것은 덕을 인솔해 나가는 것이다.

대체로 '지智'는 명明에서 나오고, '명'은 사람에게 있어서 밝은 빛과 같은 것으로서 마치 낮에 밝은 해로써 사물을 보고 밤에는 등불로 물건을 보는 것과 같다.

그 밝음이 성할수록 그 멀리까지 볼 수 있는 것이니 그토록 멀리까지 볼 수 있는 밝음을 가지기란 어려운 것이다.

이런 까닭으로 자신의 업무를 지켜 부지런히 공부한다고 해서 반드시 재능을 갖출 수 있는 것이 아니며, 재주와 기예가 정교하다고 해서 반드시 원리에 통달할 수 있는 것이 아니다.

마찬가지로 의義에 이치를 알고 말을 아주 잘한다고 해서 반드시 지혜에 미치는 것도 아니며, 지혜와 능력이 있어 많은 일을 경험했다고 해서 반드시 도에 이르는 것도 아니다.

도를 오묘하고 아득한 곳까지 깊이 사유하고 난 연후에야 두루 미치게 되는 것이니 이를 일러 학문은 재능에 미치지 못하고, 재능은 원리에 미치지 못하며, 원리는 지혜에 미치지 못하고, 지혜는 도道에 미치지 못한다고 말하는 것이다.

'도'라고 하는 것은 반복하여 되돌아오고 변화와 소통하는 것이다.

이런 까닭으로 이는 별도로 하고 다른 것을 논해보자.
각기 자신이 홀로 가는 길이라면 바로 '인仁'이 가장 중요한 것이다.
그러나 모든 것을 합하여 사용한다면 '명明'이 우두머리가 될 수 있다.
그러므로 '명'으로써 '인'을 통솔하면 품어주지 못할 것이 없고,
'명明'으로써 '의義'를 통솔하면 승리하지 못할 것이 없고,
'명'으로써 '이'를 통솔하면 통하지 못할 것이 없다.
그렇다면 진실로 총명이 없다면 아무 일도 완수할 수가 없는 것이다.
따라서 명성만 좋아하여 그 실질이 이에 따라주지 않으면 허황될 뿐이요,
변론만 좋아하면서 원리가 그에 미치지 못하면 번거롭기만 할 뿐이며,
법法만 좋아하고 사상이 깊지 못하면 각박하기만 할 뿐이요,
술책만 좋아하고 계획이 부족하면 거짓이 될 뿐이다.

이런 까닭으로 고르게 재능을 가졌으면서 배움을 좋아하는 이로써 명석함을 가지고 있다면 스승이 될 수 있다.
힘이 비슷한 이들끼리 다툰다면 지혜가 앞서는 자가 호걸이라 할 것이요,
덕이 비슷한 이들끼리 서로 나란히 가고 있다면 그 중 통달한 자가 성인이라 칭함을 받을 것이다.
성인이라 칭함은 명석함과 지혜가 모두 지극히 밝다는 것이다.
이로써 그의 총명한 정도를 보면 그가 통달할 재능을 가졌는지를 가히 알아낼 수 있는 것이다.

何謂觀其聰明, 以知所達?
夫仁者, 德之基也.[1)]

義者, 德之節也.²⁾
禮者, 德之文也.³⁾
信者, 德之固也.⁴⁾
智者, 德之帥也.⁵⁾
夫智出於明.⁶⁾
明之於人, 猶晝之待白日, 夜之待燭火.⁷⁾
其明益盛者, 所見及遠.⁸⁾
及遠之明難.⁹⁾
是故守業勤學, 未必及才.¹⁰⁾
才藝精巧, 未必及理.¹¹⁾
理義辨給, 未必及智.¹²⁾
智能經事, 未必及道.¹³⁾
道思玄遠, 然後乃周.¹⁴⁾
是謂學不及才, 才不及理,
理不及智, 智不及道.¹⁵⁾
道也者, 回復變通.¹⁶⁾
是故別而論之:
各自獨行, 則仁爲勝.¹⁷⁾
合而俱用, 則明爲將.¹⁸⁾
故以明將仁, 則無不懷.¹⁹⁾
以明將義, 則無不勝.²⁰⁾
以明將理, 則無不通.²¹⁾

然則苟無聰明, 無以能遂.[22]

故好聲而實不克則恢,[23] 好辯而理不至則煩,[24]

好法而思不深則刻,[25] 好術以計不足則偽.[26]

是故鈞才而好學, 明者爲師.

比力而爭, 智者爲雄.

等德而齊, 達者稱聖.

聖之爲稱, 明智之極明也.

是以觀其聰明, 而所達之才可知也.[27]

劉昞(注)

1) 載德而行.
2) 制德之所宜也.
3) 禮, 德之文理也.
4) 固, 德之所執也.
5) 非智不成德.
6) 明達乃成智.
7) 火日所以照晝夜, 智達所以明物理.
8) 火日愈明, 所照愈遠, 智達彌明, 理通彌深.
9) 聖人猶有不及.
10) 生知者上, 學能者次.
11) 因習成巧, 淺於至理.
12) 理成事業, 昧於玄智.
13) 役智經務, 去道遠矣.
14) 道無不載, 故無不周.
15) 道智玄微, 故四變而後及.
16) 理不繫一, 故變通之.
17) 仁者濟物之資, 明者見理而已.

18) 仁者待明, 其功乃成.
19) 威以使之, 仁以恤之.
20) 示以斷割之宜.
21) 理若明練, 萬事乃達.
22) 暗者昧時, 何能成務成遂?
23) 恢迂遠於實.
24) 辭煩而無正理.
25) 刻過於理.
26) 詭誣詐也.
27) 是以動而爲天下法, 言而爲萬世範, 居上位而不亢, 在下位而不悶.

【節】규칙, 법도.
【文】표현 형식. 문채. 質이 상대되는 말로 紋과 같음. 《周易》 繫辭(下)에 "物相雜, 故曰文"이라 하였고, 《論語》 季氏篇에는 "子曰:「質勝文則野, 文勝質則史. 文質彬彬, 然後君子.」"함.
【信】믿음. 성실함.
【固】견고함. 礎石이나 支柱의 역할을 다함을 말함.
【明】명백함. 통달함.
【白日】태양.
【及才】재능을 이룸.
【及理】이치에 합당함. 이치를 터득함.
【辨給】'辯給'과 같음. 말에 능하고 동시에 일에 민첩함. '給'은 '口給'과 같음. 말을 잘함. 《論語》 公冶長篇에 "或曰:「雍也仁而不佞.」 子曰:「焉用佞? 禦人以口給, 屢憎於人. 不知其仁, 焉用佞?」"라 하였고, 주에 "給, 辦也. 佞人所以應答人者, 但以口取辦而無情實"이라 함.
【及智】지혜로 처리할 능력에 닿음.
【經事】사무를 처리함. 經은 '경험하다, 처리하다'의 뜻. 《明心寶鑑》에 "不經一事, 不長一智"라 함.
【及道】사물의 법칙과 도리에 통달함.
【玄遠】아주 멀고 아득함. 원대함.
【周】두루 미치지 않는 곳이 없도록 함.

【仁】儒家의 덕목 중 하나로 남을 이해하고 친히 여김을 뜻함.
【將】통솔함. 이끌어 지도함.
【不懷】臣服하지 않음. 포용하지 못함.
【遂】원하는 대로 완수함. 성취함.
【好聲】칭찬을 들음. 聲譽를 얻음.
【不克】해내지 못함. 일을 능히 처리하지 못함.
【恢】화려하기만 하면서 실질에 맞추지는 못함.
【煩】번거롭고 복잡함.
【刻】각박하게 함.
【僞】거짓. 위선. 사기.
【鈞材】서로 균형이 맞는 자질. '鈞'은 '均'과 같음.
【比力】力量이 서로 비슷함. 같음.
【雄】걸출함. 웅걸함.
【等德而齊】덕이 서로 같아 나란히 할 수 있음.
【聖】유가에서 상정한 도덕과 품행이 가장 높은 경지.

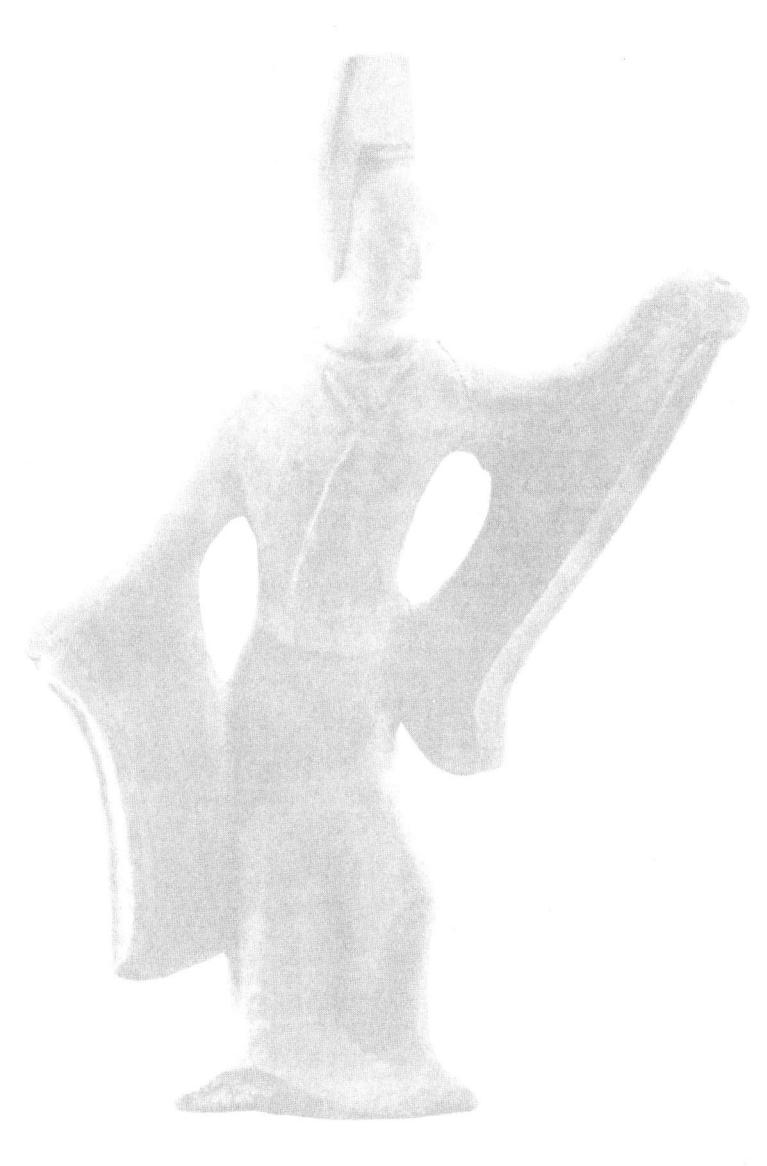

Ⅲ. 下卷

10. 칠무七繆

11. 효난效難

12. 석쟁釋爭

〈鴨尊〉(서주) 遼寧省 출토

10. 칠무七繆

　칠무七繆에서 '繆'자는 '謬'자와 같다. 사람을 변별하는데 흔히 저지르기 쉬운 일곱 가지 오류를 뜻한다.
　유병劉昞의 주에 "인물을 알아보는 원리는 오묘하여 여러 가지 어려움이 있다. 정황만으로 감찰하다가는 오류를 범할 수 있으니 일곱 가지 예가 있다"(人物之理, 妙而難明; 以情鑒察, 繆猶有七)라 하였다.

〈彩繪陶舞俑〉(동한) 1954 陝西 長安 출토

066(10-1)
일곱 가지 오류

사람을 판별할 때 일곱 가지 오류가 있을 수 있다.

첫째, 사람의 명성을 관찰할 때 편파적으로 기울 수 있는 오류이다.

둘째, 사람과 교왕交往을 할 때 애오愛惡의 미혹함에 빠질 수 있다.

셋째, 사람의 마음을 촌탁忖度할 때 상대 도량의 크기를 제대로 알아내지 못하는 오류이다.

넷째, 소질을 품평할 때 그가 일찍 트인 자와 늦게 트일 수 있는 자인지를 제대로 파악하지 못하는 오류이다.

다섯째, 사람의 유형을 변별할 때 그가 자신과 같은가의 여부에 따라 오류를 범할 수 있다.

여섯째, 사람의 재능을 논할 때 그가 지금 마음놓고 펴고 있는 시기인지 아니면 억눌린 상태인지를 제대로 알아보지 못하는 오류이다.

일곱째, 기이한 인재를 관찰할 때, 그가 더욱 뛰어난 자인지, 혹은 더욱 허황된 자인지 그 두 가지를 제대로 구별하지 못하는 실수이다.

七繆:

一曰察譽有偏頗之繆.[1)]

二曰接物有愛惡之惑.[2)]

三曰度心有小大之誤.[3)]

四曰品質有早晚之疑.[4]
五曰變類有同體之嫌.[5]
六曰論才有申壓之詭.[6]
七曰觀奇有二尤之失.[7]

劉昞(注)

1) 徵質不明, 故聽有偏頗也.
2) 或情同忘其惡, 或意異違其善也.
3) 或小知而大無成, 或小暗而大無明.
4) 有早智而速成者, 有晚智而晚成者.
5) 材同勢均則相競, 材同勢傾則相敬.
6) 藉富貴則惠施而名申, 處貧賤則乞求而名壓.
7) 妙尤含藏, 直尤虛瑰, 故察難中也.

【七繆】 '繆'는 '謬'와 같음. 본문에서 말한 일곱 가지 오류나 과실. 착오.
【察譽】 명성이나 명예를 잘 관찰하고 살핌.
【偏跛】 한 쪽으로 치우침. 偏頗的임. 공정하지 못함.
【接物】 남과의 交往.
【惑】 의혹을 가짐. 혹 곤혹을 느낌. 劉昞 주에 "或情同忘其惡, 或意異違其善也"라 함.
【度心】 '度'은 '탁'으로 읽으며 '촌탁하다, 헤아리다, 추측하다, 미루어 측량하다'의 뜻.
【品質】 재질을 품평함.
【早晚】 일찍 깨우치는 자와 늦게 터득하는 자.
【變類】 인재의 유형을 변별함. '變'은 '辨'과 같음.
【同體】 같은 유형. 劉昞 주에 "才同勢均則相競, 才同勢傾則相敬"이라 함.

【嫌】혐의를 둠. 의혹을 가짐. 여기서는 오류를 뜻함.
【申壓】발탁함과 억압함. '申'은 '伸'과 같으며 펼 수 있도록 환경을 마련해 줌을 뜻함.
【詭】궤휼. 남을 속이고 원칙을 위배함. 여기서는 오류를 뜻함.
【觀奇】기이한 재능을 잘 살펴 관찰함.
【二尤】'尤妙之人'과 '尤虛之人'. '尤'는 부사로 '더욱'의 뜻. 여기서는 돌출함, 특출함을 뜻하는 말.

067(10-2)
칭찬과 비방

선비를 찾아내어 선발하는 요체는 결코 많은 사람의 칭찬이나 비방의 다소에 있지 않다.

그런데 본질이 겉으로 드러남이 명백하지 않은 자를 두고 귀로 들은 것으로 믿으면서 눈으로 직접 본 것은 감히 믿으려 하지 않는 경우가 있다.

그러므로 남이 옳다고 하면 자신도 마음속으로 이를 따라 그러리라 하고, 남이 비방하면 자신의 견해를 바꾸어 그렇게 변하고 만다.

비록 아무런 혐의점이 없건만 남의 말을 듣고 그렇다고 여기면서 자신의 그러한 판단에 아무런 의심도 갖지 않는다. 그리고 남이 그들을 관찰하여 맞지 않게 판단하였는데도 자신도 역시 그렇게 오류를 범하고 있다.

사람은 애증의 감정을 함께 가지고 있음으로 해서 그러한 경우가 나타나는 것은 오만 가지 원인이 있다.

그 근본을 밝게 보지 못하고 어찌 꼭 믿음을 확신할 수 있겠는가?

이런 까닭으로 남을 알아보기에는 눈으로 본 것으로써 귀로 들은 것을 바로 잡아야 하며, 귀로 들은 것만으로는 눈으로 본 것을 어그러뜨릴 수 있다.

그 때문에 주려(州閭)의 선비들이 모두 그를 칭송하거나 모두 그를 비방한다 해도 그것을 정확하다고 여길 수 없으며, 그와 사귀는 자들로써 상중하 세 부류가 모두 그를 칭찬하기 전에는 그를 꼭 옳다고 믿을 수도 없는 것이다.

무릇 성실하고 후덕한 선비라면 친구 사이 교류에 있어서 반드시 누구나 그를 가는 곳마다 칭찬하게 된다.

그보다 위에 있는 사람들은 그를 도와주려 하고 그보다 아래에 있는 사람들은 그를 추앙한다. 그런데도 능히 추천되지 못하였다면 이는 틀림없이 그를 훼방하는 자가 있기 때문일 것이다.

그러므로 자신보다 위에 있는 사람에게 치우쳐 아랫사람을 잃게 되면 그 종말은 훼방으로 돌아오고, 아랫사람에게만 치우쳐 윗사람을 잃게 되면 그 결과에는 나가는 길에서 우뚝 설 수가 없게 되는 것이다.

그러므로 능히 상중하 세 부류에게 모두 성실하게 한다면, 이는 나라의 이익이 되는 인물로 성장하는 것이다.

이것이 바로 곧고 바른 사귐이다.

따라서 모든 사람이 한 입으로 옳다고 하는 사람임에도 그런 부류 가운데에는 역시 정도를 위반하여 사당私黨을 짓는 자가 있을 수 있고, 모든 사람이 한 입처럼 그르다고 하는 사람이지만 그런 부류 중에는 정직한 사람이 있을 수 있는 것이다.

이처럼 기이함을 가진 인재이면서도 일반 사람에게 눈에 뜨이지 않을 수 있는 것인데, 많은 사람이 떠드는 소문만 귀로 듣고 채용하면서 칭찬이 많을수록 미덥다고 여기게 되는 것이다.

이것이 바로 사람의 칭찬으로만 관찰하는 것은 오류일 수 있다는 것이다.

夫采訪之要, 不在多少.[1]

然徵質不明者, 信耳而不敢信目.[2]

故人以爲是, 則心隨而明之;

人以爲非, 則意轉而化之.[3]

雖無所嫌, 意若不疑.[4]

且人察物, 亦自有誤.

愛憎兼之, 其情萬原.[5]

不暢其本, 胡可必信?[6]

是故知人者, 以目正耳;[7] 不知人者, 以耳敗目.[8]

故州閭之士, 皆譽皆毀, 未可爲正也;[9]

交遊之人, 譽不三周, 未必信是也.[10]

夫實厚之士, 交遊之間, 必每所在肩稱.[11]

上等援之, 下等推之,[12] 苟不能周, 必有咎毀.[13]

故偏上失下, 則其終有毀;[14] 偏下失上, 則其進不傑.[15]

故誠能三周, 則爲國所利.

此正直之交也.[16]

故皆合而是, 亦有違比;[17] 皆合而非, 或在其中.[18]

若有奇異之才, 則非衆所見.[19]

而耳所聽采, 以多爲信.[20]

是繆與察譽者也.[21]

劉昞(注)

1) 事無巨細, 要在得正.
2) 目不能察, 而信於耳.
3) 信人毀譽, 故向之所是, 化而爲非.
4) 信毀譽者, 心雖無嫌, 意固疑矣.
5) 明既不察, 加之愛惡, 是非是疑, 豈可勝計?
6) 去愛憎之情, 則實理得矣.
7) 雖聽人言, 常正之以目.
8) 親見其誠, 猶信毀而棄之.

9) 或衆附阿黨, 或獨立不羣.
10) 交結致譽, 不三周, 色貌取人, 而行違之.
11) 言忠信, 行篤敬, 雖蠻貊之邦行矣.
12) 蠻貊推之, 況州里乎?
13) 行不爲篤敬者, 或諂諛得上而失於下, 或阿黨得下而失於上.
14) 非之者多, 故不能終.
15) 衆雖推之, 上不信異.
16) 由其正直, 故名有利.
17) 或違正阿黨, 故合而是之.
18) 或特立不羣, 故合而非之.
19) 奇逸絶衆, 衆何由識?
20) 不能審查其材, 但信衆人言也.
21) 信言察物, 必多繆失, 是以聖人如有所譽, 必有所試.

【采訪】널리 찾아 구하고자 방문함.
【徵質】외부에 나타난 표정과 안으로 가지고 있는 본바탕.
【化】변화.
【嫌】원수 사이가 됨. 혐의를 둠. 원한을 가짐.
【萬原】아주 많고 다양한 원인.
【暢】창통함. 밝히 앎.
【以目正耳】눈으로 직접 보아 귀로만 들은 것을 바로잡음.
【州閭】고대 행정구획.《禮記》曲禮(上) 鄭玄 주에 "周禮二十五家爲閭, 四閭 爲族, 五族爲黨, 五黨爲州"라 함.
【譽】칭찬. 남의 소문만 듣고 결정해서는 오류를 범할 수 있음을 뜻함.《論語》衛靈公篇에 "子曰:「衆惡之, 必察焉; 衆好之, 必察焉.」"라 하여 많은 사람의 평판이 꼭 옳은 것만은 아님을 말함.《孟子》梁惠王(下)에도 "左右皆曰賢, 未可也; 諸貸付皆曰賢, 未可也; 國人皆曰賢, 然後察之; 見賢也, 然後用之. 左右皆曰不可, 勿聽; 諸貸付皆曰不可, 勿聽; 國人皆曰不可, 然後察之; 見不可也, 然後去之"라 함.
【毁】비방, 남을 헐뜯는 말.
【所在肩稱】가는 곳마다 칭송함.

【援】끌어들여 발탁함.
【推】추천함. 천거.
【周】주선하여 완성함.
【不傑】걸출하지 못함.
【違比】正道에 위반하여 작당함. '比'는 作黨의 뜻.《論語》爲政篇에 "子曰:「君子周而不比, 小人比而不周.」"라 함.
【聽采】널리 듣고 채납함.
【繆】'謬'와 같음. 오류, 과오의 뜻.

068(10-3)
애오愛惡의 감정

무릇 선善한 것을 사랑하고 악惡한 것을 미워하는 것은 인지상정이다. 만약 사물의 본질을 밝혀 살피지 않는다면 혹 선한 것을 소원하게 하고 그릇된 것을 훌륭한 것으로 여길 수 있다.

어찌하여 이렇게 말할 수 있는가?
대체로 그릇된 것을 훌륭한 것인 줄 여기는 자는 비록 그릇됨이 있다 해도 이를 그에게 옳은 점만 있는 것처럼 여긴다.

그가 옳다고 여기는 것으로써 자신이 가지고 있는 장점에 맞춘다면 스스로도 그와 감정이 통하고 뜻이 친하게 되어 홀연히 그의 악함을 잊어버리게 된다.

그런 사람에게는 선한 사람이 선한 행동으로 따른다 해도 그의 눈에는 그자의 결핍된 면만 보인다. 그 때문에 그의 결핍된 것으로써는 자신의 장점을 명확히 볼 수 없게 되는 것이다.

만약 상대의 장점으로써 자신의 단점을 소홀히 여기게 되면 자신도 모르는 사이에 뜻이 괴리되고 기가 어긋나서 홀연히 그 선함을 잊어버리게 된다.

이것이 바로 애오愛惡의 감정에 미혹迷惑한 자이다.

夫愛善疾惡, 人情所常,[1] 苟不明質, 或踈善善非.[2]
何以論之?

夫善非者, 雖非猶有所是.[3]
以其所是, 順己所長,[4] 則不自覺情通意親, 忽忘其惡.[5]
善人隨善, 猶有所乏,[6] 以其所乏, 不明己長.[7]
以其所長, 輕己所短, 則不自知志乖氣違, 忽忘其善.[8]
是惑於愛惡者也.[9]

劉昞(注)

1) 不問賢愚, 情皆同之也.
2) 非者見善, 善者見疎, 豈故然哉? 由意不明.
3) 既有百非, 必有一是.
4) 惡人一是, 與己所長同也.
5) 以與己同, 忘其百非, 謂矯駕爲至孝, 殘桃爲之忠.
6) 雖有百善, 或有一短.
7) 善人一短, 與己所長異也.
8) 以與己異, 百善皆棄, 謂曲杖爲匕首, 葬楯爲反具耶!
9) 徵質暗昧者, 其於接物, 常以愛惡惑異其正.

【人情所常】 사람으로서의 보통 정서나 감정. '人之常情'과 같음.
【明質】 실질을 명철하게 잘 살핌.
【疎善善非】 훌륭한 인물에 대해서는 소략히 하면서 그릇된 사람에게는 잘 대해줌.
【乏】 모자람. 결핍됨.
【志乖氣違】 뜻이 어그러지고 氣가 위배됨. 그릇됨을 말함.
【愛惡】 '애오'. 사랑과 미움. 좋아함과 혐오함.
【惑】 미혹됨. 사리를 제대로 판단하지 못함.

069(10-4)
겸손함과 큰 뜻

무릇 정신은 깊고 오묘하게 가지려고 해야 하며, 바탕은 떳떳하고 진중하게 가지려고 하여야 하며, 뜻은 넓고 크게 가지려고 해야 하며, 마음은 겸손하고 작게 가지려고 해야 한다.

정미精微함은 그것으로써 신묘神妙한 경지로 들어가는 것이요,
떳떳하고 진중함은 그것으로써 덕의 우주를 숭상하는 것이요,
뜻을 크게 가짐은 그것으로써 사물에 맡은 임무를 감당해 내는 것이요,
마음을 작게 가짐은 그것으로써 허물이나 후회할 일에 신중함을 기하게 하는 것이다.

그 때문에 《시詩》에 문왕文王을 노래하되,
'소심익익小心翼翼'하며, '큰 소리로 얼굴색이 변하는 경우란 없다'라 하였으니 이는 마음을 겸손하게 그리고 작게 가졌었음을 말한다.
그리고 '왕께서 한 번 노하시니(王赫斯怒)', '이로써 천하를 상대하셨다'라 하였으니 이는 그 뜻이 컸음을 말한다.

이로써 논하건대 겸손한 마음에 큰 뜻을 가진 자는 성현과 같은 부류이다.
마음도 크게 갖고 뜻도 크게 품은 자는 호걸의 준재이다.
마음은 크게 가지며 뜻은 작게 가지는 자는 거만하고 방탕한 무리이다.
마음도 작게 가지며 뜻도 작게 품은 자는 얽매어 겁이 많은 사람이다.

무리들을 살펴보면 혹 그 마음을 작게 가져 비루한 자가 있으며, 혹 그 뜻을 크게 품어 장대한 자가 있으나 이는 그 작게 가질 것과 크게 품어야 할 것을 오인하고 있는 사람이다.

夫精欲深微, 質欲懿重,
志欲弘大, 心欲嗛小.
精微, 所以入神妙也.[1)]
懿重, 所以崇德宇也.[2)]
志大, 所以戡物任也.[3)]
心小, 所以愼咎悔也.[4)]
故《詩》詠文王:
「小心翼翼」,「不大聲以色」, 小心也.[5)]
「王赫斯怒」,「以對于天下」, 志大也.[6)]
由此論之, 心小志大者, 聖賢之倫也.[7)]
心大志大者, 豪傑之儁也.[8)]
心大志小者, 傲蕩之類也.[9)]
心小志小者, 拘愞之人也.[10)]
衆人之察, 或陋其心小,[11)] 或壯其志大,[12)] 是誤於小大者也.[13)]

〈文王〉(周)

劉昞(注)

1) 麤則失神.

2) 躁則失神.
3) 小則不勝.
4) 大則驕陵.
5) 言不貪求大名聲見於顔色.
6) 故能誅紂, 定天下, 以致太平.
7) 心小故以服事殷, 志大故三分天下有其二.
8) 志大而心又大, 故名豪雋.
9) 志小而心闊遠, 故爲傲蕩之流也.
10) 心近志短, 豈能弘大?
11) 見沛公燒絶棧道, 謂其不能定天下.
12) 見項羽號稱强楚, 便謂足以匡諸侯.
13) 由智不能察其度, 心常誤於小大.

【精】 사람의 정신 활동. 육신에 상대하여 쓴말.
【深微】 심오하고 미세함.
【質】 바탕, 본질, 품성.
【懿重】 아름답고 중후함.
【嗛小】 미세함. 조심하고 근심함을 뜻함.
【崇德宇】 德宇를 숭상함. 덕우는 기량, 도량을 뜻함.
【戡物任】 '戡'은 '勘'과 같으며, 物任은 '물색하여 임용하다'의 뜻. 따라서 '자신에게 맡겨진 일을 능히 감당해 냄'을 의미함.
【愼咎悔】 허물될 일이나 후회할 일 따위를 미리 살펴 신중히 함.
【文王】 周文王. 姬昌. 后稷의 후예로 商末 周 민족의 지도자로서 西伯에 임명됨. 아들 武王(姬發)이 은의 말왕 紂를 정벌하여 주나라를 흥성시킴. 유가에서 文武를 묶어 성인으로 높이 받듦. 《史記》 周本紀 참조.
【小心翼翼】 매우 조심함을 뜻함. 《詩經》 大雅 文王에 "維此文王, 小心翼翼. 昭事上帝, 聿懷多福. 厥德不回, 以受方國"이라 함.
【不大聲以色】 큰 소리로 자신의 위엄을 과시하는 따위의 행동은 하지 않음. 문왕의 위대한 덕을 칭송한 것. 《詩經》 大雅 皇矣에 "帝謂文王, 予懷明德, 不大聲以色, 不長夏以革.不識不知, 順帝之則. 帝謂文王, 詢爾仇方, 同爾兄弟, 以爾鉤援, 與爾臨衝, 以伐崇墉"이라 함.

【王赫斯怒】문왕이 노할 때 한 번 노하자 紂를 멸하고 천하를 안정시켰다는 뜻. 역시 《詩經》 大雅 皇矣에 "帝謂文王, 無然畔援, 無然歆羨, 誕先登于岸. 密人不恭, 敢距大邦, 侵阮徂共.王赫斯怒, 爰整其旅, 以按徂旅, 以篤于周祜, 以對于天下"라 함.
【倫】무리. 동류.
【雋】'俊'과 같음. '뛰어남, 빼어남'.
【傲蕩】행위가 오만하고 방탕함.
【拘悷】구속된 듯 연약하게 행동하며 조심함.
【陋】비천함. 비루함.
【壯】추앙하고 숭상함. 찬동하고 許與함.

070(10-5)
터득의 이르고 늦음

　사람의 재능이란 같을 수가 없으며 일찍 트이는 사람과 늦게야 트이는 정도도 차이가 있다.
　일찍 지혜가 있어 속히 성취하는 사람이 있는가 하면 늦게 철이 들어 늦어서야 성취하는 사람이 있다.
　그런가 하면 젊어서 지혜가 없었으며 늙어 죽을 때까지 아무것도 이루지 못하는 사람이 있는가 하면, 젊어서 뛰어난 재주를 가져 드디어 그 뛰어난 기량을 완수하는 사람도 있다.
　이상 네 가지 원리는 잘 살펴보지 않으면 안 된다.

　무릇 어린 나이에 지혜가 뛰어난 사람으로서 재능과 지혜가 정밀하며 통달한 자가 있다. 그리하여 아동 시기에 모든 것이 이미 실마리를 풀어 나간다.
　그러므로 문장을 정묘하게 쓰는 사람은 어릴 때 말이 번거로웠던 사람이며,
　말을 잘하는 사람은 어릴 때 이미 말솜씨에 뛰어났던 사람이며,
　남에게 인자하게 하는 사람은 어릴 때 이미 자애롭고 남을 불쌍히 여길 줄 알던 사람이며,
　남에게 베풀기를 즐겨 하는 사람은 어릴 때 남에게 주기를 잘하던 사람이며,
　삶을 신중히 하는 사람은 어릴 때 이미 두려움을 알았던 사람이며,
　청렴한 사람은 어릴 때 이미 남의 것을 취해서는 안 된다는 것을 익힌 사람이다.

일찍 지혜가 뛰어난 사람은 은혜를 베푸는 데는 얕고 일을 속히 이루고자 하는 경향이 있다.

늦어서야 성취해내는 사람은 기이한 식견에 무슨 일이든 편안히 여기면서 느려터진 사람이다.

끝까지 혼암한 사람은 재능의 부족함으로 인해 모든 일에 곤돈困頓한 사람이다.

마침내 성취하는 사람은 두루 통달하면서 여유가 있는 사람이다.

그러니 여러 유형의 사람을 살피면서 그 변화를 고려하지 못하는 경우가 있다. 이것이 바로 이르고 늦은 정도에 관점을 두지 않았다가 잘못 판단하지나 않았나 의심을 불러일으키게 되는 이유이다.

夫人才不同, 成有早晚.
有早智而速成者,[1] 有晚智而晚成者,[2]
有少無智而終無所成者,[3] 有少有令才遂爲雋器者.[4]
四者之理, 不可不察.[5]
夫幼智之人, 才智精達, 然其在童髦, 皆有端緒.[6]
故文本辭繁,[7] 辯始給口,[8]
仁出慈恤,[9] 施發過與,[10]
愼生畏懼,[11] 廉其不取.[12]
早智者, 淺惠而見速;[13]
晚成者, 奇識而舒遲;[14]
終暗者, 並困於不足;[15]
遂務者, 周達而有餘.[16]
而衆人之察, 不慮其變,[17] 是疑於早晚者也.[18]

劉昞(注)

1) 質淸氣朗, 生則秀異, 故童烏蒼舒, 總角曜奇也.
2) 質重氣遲, 則久乃成器, 故公孫含道, 老而後章.
3) 質濁氣暗, 終老無成, 故原壤年老, 聖人叩脛, 而不能化.
4) 幼而通理, 長則愈明, 故常材發奇於應賓, 效德於公相.
5) 當察其早晚, 隨時而用之.
6) 仲尼戲言俎豆, 鄧艾指圖軍旅.
7) 初辭繁者, 長必文麗.
8) 幼給口者, 長必辯論也.
9) 幼慈恤者, 長必矜人.
10) 幼過與者, 長必好施.
11) 幼多畏者, 長必謹愼.
12) 幼不妄取, 長必淸廉.
13) 見小事則達其形容.
14) 智雖舒緩, 能識其妙.
15) 事務難易, 意皆昧然.
16) 事無大小, 皆能極之.
17) 常以一槪, 責於終始.
18) 或以早成而疑晚智, 或以晚智而疑早成, 故於品質常有妙失也.

【令才】 출중한 재능. 아름다운 재능.
【雋器】 준수한 기량. 도량. 그릇됨.
【精達】 정밀하고 통달함.
【童髦】 어린 아이의 시기. '髦'는 어린 아이의 눈썹아래 솜털.
【端緖】 일의 실마리. 여기서는 이미 그 실마리를 풀어냄을 뜻함.
【文本辭繁】 문장에 뛰어난 인물.
【給口】 말솜씨에 뛰어남. '口給'과 같음.《論語》公冶長篇에 "或曰:「雍也 仁而不佞.」子曰:「焉用佞? 禦人以口給, 屢憎於人. 不知其仁, 焉用佞?」"라 하였고, 주에 "給, 辨也. 佞人所以應答人者, 但以口取辨而無情實"이라 함.
【慈恤】 인자하여 남을 불쌍히 여김.

【過與】과다하게 증여함. 지나치게 많이 줌.
【不取】남의 재물을 마구 취하는 경우가 없음.
【淺惠】식견이 좁아 지혜롭지 못함. '惠'는 '慧'와 같음.
【舒遲】조용한 모습. 급박하게 굴지 않음.
【終暗】종신토록 우매함에서 벗어나지 못함.
【困】곤궁함.《論語》季氏篇에 "孔子曰:「生而知之者上也, 學而知之者次也; 困而學之, 又其次也; 困而不學, 民斯爲下矣.」"라 함.
【遂務】임무를 드디어 수행하여 완성시킴.
【周達】통달. 널리 주도면밀히 통달함.

071(10-6)
명리名利

  무릇 사람의 인지상정에는 명리名利를 추구하고 손해는 피하려 하지 않음이 없다.
  명리의 길은 정당한 소득에 있으며, 손해의 근원은 그릇된 착오에 있다.
  그러므로 사람은 똑똑하고 어리석음에 관계없이 모두가 정당한 소득은 자신에게 있었으면 하고 바란다. 그러나 자신의 정당함을 이해함에는 자신과 같은 유형의 사람을 살펴보는 것만큼 정확한 척도는 없다.
  이로써 편재偏才의 인물은 자신과 닮은 사람을 찾아다니며 교유하되 모두가 같은 유형이면 친히 여기고 사랑하면서 그를 칭송한다. 그러나 자신과 반대되는 유형에 대해서는 증오하고 헐뜯는다.

  이러한 경우를 미루어 논하건대 다른 이유 때문이 아니다.
  무릇 자신과 같은 유형을 칭찬하고 자신과 상반되는 사람을 헐뜯는 것은 저자의 그릇됨을 증명함으로써 자신의 옳음을 드러내려고 하는 데에서 비롯된 것이다.
  그러나 자신과 같다고 해서 찬동하고 다르다고 해서 헐뜯는 사람은 실제 상대에게 도움이 되는 것도 없고 자신에게 이익이 되는 것도 없으니, 그저 그러한 사람이라고 서열을 매겨주어 존경하지 않으면 그뿐이다.
  이런 까닭으로 자신과 같은 유형의 사람에게 대하는 오류 중에는 항상 지나치게 칭찬을 퍼붓는 것이며, 그 명성이 비슷한 경우에 이르면 서로 아래가 되기를 자처하는 일이 아주 적다는 것이다.
  따라서 직설적인 성격을 가진 자는 흥분하여 남이 남에게 직설적으로 행동하는 것은 좋아하면서 남이 자신의 사사로운 단점을 들추어내는 것을 용납하지 못한다.

　그리고 자신의 속내를 다 털어놓기를 잘하는 사람은 남도 남에게 모든 것을 다 털어놓는 것을 보면 매우 좋아하되 남이 지름길로 대드는 것을 용납하지는 못한다.

　그런가 하면 명예에 힘쓰는 자는 남이 남을 앞질러 뛰어넘는 것을 보면 즐거워하되 그러한 자가 자신의 뒤에 있다가 자신을 뛰어넘는 경우는 참아내지 못한다.
　이런 까닭으로 성품이 같으면서 재능이 서로 차이가 날 때면 서로 이끌어 주고 서로 의지하지만,
　성품이 같으면서 세력이 비슷할 때는 서로 경쟁하면서 서로를 괴롭힌다.
　이것이 같은 유형이면서 변수이다.

　그러므로 혹 정직한 자를 돕기도 하고 정직하다고 해서 그를 훼멸하기도 하며, 혹 명석한 자를 찬동하기도 하고 혹 명석한 자라고 해서 훼멸하기도 한다. 그러나 보통 많은 사람들은 그 원리와 도리를 잘 변별하지 못하니 이것이 바로 같은 유형의 사람에게서 혐오를 느끼는 원인이다.

　　夫人情莫不趣名利, 避損害.
　　名利之路, 在於是得;[1] 損害之源, 在於非失.[2]
　　故人無賢愚, 皆欲使是得在己.[3]
　　能明己是, 莫過同體.[4]
　　是以偏才之人, 交遊進趨之類,
　　皆親愛同體而譽之,[5]
　　憎惡對反而毀之,[6]
　　序異雜而不尙也.[7]

推而論之, 無他故焉.

夫譽同體, 毀對反, 所以證彼非而著己是也.[8]

至于異雜之人, 於彼無益, 於己無害, 則序而不尙.[9]

是故同體之人, 常患於過譽,[10] 及其名敵, 則鈘能相下.[11]

是故直者性奮, 好人行直於人,[12] 而不能受人之訐;[13]

盡者情露, 好人行盡於人,[14] 而不能納人之徑;[15]

務名者, 樂人之進趨過人,[16] 而不能出陵己之後.[17]

是故性同而才傾, 則相援而相賴也;[18]

性同而勢均, 則相競而相害也.[19]

此又同體之變也.

故或助直而毀直,[20] 或與明而毀明.[21]

而衆人之察, 不辨其律理, 是嫌於體同也.[22]

劉昞(注)

1) 是得在己, 名利與之.
2) 非失在己, 損害攻之.
3) 賢者尙然, 況愚者乎?
4) 體同於我, 則能明己.
5) 同體能明己, 是以親而譽之.
6) 與己體反, 是以惡而疎之.
7) 不與己同, 不與己異, 則雖不憎, 亦不尙之.
8) 由與己同體, 故證彼非而著己是也.
9) 不以彼爲是, 不以己爲非, 都無損益, 何所尙之?
10) 譬俱爲力人, 則力小者慕大力, 大者提小, 故其相譽, 常失其實也.
11) 若俱能負鼎, 則爭勝之心生, 故不能相下.

12) 見人正直, 則心好之.
13) 刺己之非, 則訐而不受.
14) 見人穎露, 則心好之.
15) 說己徑盡, 則違之不納.
16) 見人乘人, 則悅其進趣.
17) 人陵於己, 則忿而不服.
18) 並有脅力, 則大能獎小.
19) 恐彼勝己, 則妬善之心生.
20) 人直過於己直, 則非毁之心生.
21) 人明過於己明, 則妬害之心動.
22) 體同尚然, 況異體乎?

【趣】'趨'와 같음. 어떤 지향점을 향해 달려감.
【是得】바르게 얻어 성공함.
【非失】착오를 일으켜 실패함. 상실함.
【同體】같은 유형의 사람.
【對反】서로 상반됨. 유형이 다른 사람.
【毁】훼멸하고 비방함.
【序異雜】사람을 평가함. 각기 다른 사람을 순서를 매김.
【尙】숭상함. 존경함.
【著】드러남.
【過譽】지나치게 칭찬하여 사리나 사실에 부합하지 않음.
【名敵】이름과 그 기품이 서로 맞음. '敵'은 '상당하다, 필적하다'의 뜻.
【尠】'선'으로 읽으며 매우 적음을 말함. '甚少'의 합체자.
【相下】상대의 아래에 처함.
【性奮】성격이 분발하기를 잘함.
【訐】'알'로 읽으며,《論語》陽貨篇에 "子貢曰:「君子亦有惡乎?」子曰:「有惡: 惡稱人之惡者, 惡居下流而訕上者, 惡勇而無禮者, 惡果敢而窒者.」曰:「賜也亦有惡乎?」「惡徼以爲知者, 惡不孫以爲勇者, 惡訐以爲直者.」"라 하였고, 〈四書集註〉에 "訐, 謂攻發人之陰私"라 함.
【盡者】성격이 무엇이든지 다 털어놓고 보는 외향적인 사람.

【徑】지름길. 여기서는 직선적인 언사를 즐겨 쓰는 사람을 말함.
【務名者】공명을 추구하기에 힘쓰는 유형의 사람.
【陵己】자신이 가진 재능 이상을 발휘하는 사람.
【才傾】서로 사이에 각기 재능의 기우는 정도가 다름. 재능의 편차가 있음을 말함.
【律理】규율. 사리.
【嫌】의혹을 가짐. 혐의를 둠.

072(10-7)
신장伸張과 억압

　무릇 사람이 각기 다른 형세에 처하였을 때 그 형세에는 각기 신장伸張과 억압의 두 경우가 있다.
　부귀한 환경에 목적을 이루었다면 그 형세가 마음놓고 펼 수 있는 신장의 경우이다.
　빈천 속에 궁하고 결핍되어 있다면 그 형세가 아무것도 할 수 없는 억압의 경우이다.
　재능이 높은 사람은 능히 남이 하지 못하는 일을 해낸다.

　이런 까닭으로 현달했을 때는 공로가 있으면서도 겸손하다는 칭찬을 들으며, 궁했을 때는 그 명철한 절개를 드러냄이 있다.
　그러나 중간 정도의 재능을 가진 자는 세상의 흐름에 따라 손해도 보고 이익도 본다.
　그 때문에 부귀를 바탕으로 하였을 때는 안으로 재화가 충족하고, 밖으로 혜택을 널리 베푼다.
　이에 그로부터 물질적인 도움을 많이 받은 사람은 그에게 칭찬할 만한 점을 찾아 이를 추켜세워 주며,
　그로부터 원조를 받은 사람은 그의 작은 미덕도 들춰내어 이를 큰 것으로 떠들고 다닌다.
　그러한 사람은 비록 특출하게 기이한 재능은 없다 해도 사람들이 그 앞에 줄을 서며 이름도 세워진다.

　그러나 빈천에 처하게 되면 남에게 베풀려고 해도 베풀 재물이 없고,

남을 도와주고 싶어도 권세가 없다.

이에 친척도 구제할 수 없고 친구도 그로부터 아무런 도움을 받지 못한다.

이 때문에 혈족간의 의도 다시 더 세울 수 없고, 친구 사이의 은애恩愛도 베풀지 못해 멀어지고 만다.

이에 따라 원망하는 자가 함께 찾아오며 그릇된 것이 그의 것인 양 날로 악명만 높아간다.

그러한 자는 비록 그 어떤 죄나 허물도 없건만 아무런 이유도 없이 폐기되고 마는 꼴을 당한다.

그러므로 세상에는 사치와 검약함의 구분이 있고, 명예에는 진출과 쇠퇴의 변화가 있는 것이다.

천하 모두 누구나 부유하다면 청빈한 사람은 비록 고통을 당한다 해도 틀림없이 곤돈困頓의 근심에 빠지지 않을 것이며, 게다가 만약 그러한 속에서도 남의 시혜를 거절할 수 있는 높은 기개를 가졌다면 이로써 영예로운 이름을 얻을 수 있다.

그러나 천하가 모두 가난하다면 먹을 것을 꾸려고 해도 호소할 데가 없어 궁핍함에서 벗어날 수 없으며, 게다가 비루하고 인색함으로 인한 소송까지 발생하게 된다.

이런 까닭으로 서로 엇비슷한 재능을 가진 사람이 진로에서 이에 찬동해 도와주는 사람이 있으면 그는 자신 있게 나아가 큰 성공을 거둘 것이다.

그러나 사사로운 이유로 주위 사람에게 억압을 받거나 그의 앞길을 묶어 가로막는 사람이 있다면 그는 미천한 사람으로 전락하고 점차 쇠퇴하고 말 것이다.

그러므로 많은 사람들을 관찰하면서 그 근본을 근거로 하지 않고 그저 각자가 위치하고 있는 현상만 지적하고 만다.

이것이 마음놓고 펼 수 있는 환경에 있는 사람과 억압에 눌린 사람의 경우에 대하여 제대로 살피지 못하는 오류이다.

夫人所處異勢, 勢有申壓.
富貴遂達, 勢之申也.[1]
貧賤窮匱, 勢之壓也.[2]
上才之人, 能行人所不能行.[3]
是故達有勞謙之稱, 窮有著明之節.[4]
中才之人, 則隨世損益.[5]
是故藉富貴則貨財充於內, 施惠周於外.[6]
見贍者, 求可稱而譽之.[7]
見援者, 闡小美而大之.[8]
雖無異才, 猶行成而名立.[9]
處貧賤, 則欲施而無財, 欲援而無勢.[10]
親戚不能恤, 朋友不見濟.[11]
分義不復立, 恩愛浸以離.[12]
怨望者並至, 歸非者日多.[13]
雖無罪尤, 猶無故而廢也.[14]
故世有侈儉, 名由進退.[15]
天下皆富, 則清貧者雖苦, 必無委頓之憂,[16] 且有辭施之高, 以獲榮名之利.[17]
皆貧, 則求假無所告,[18] 而有窮乏之患, 且生鄙吝之訟.[19]
是故鈞才而進, 有與之者, 則體益而茂遂.[20]
私理卑抑, 有累之者,[21] 則微降而稍退.[22]
而眾人之觀, 不理其本, 各指其所在.[23]
是疑於申壓者也.[24]

> 劉昞(注)

1) 身處富貴, 物不能屈, 是以佩六國之印, 父母迎於百里之外.
2) 身在貧賤, 志何申展? 是以黑貂之裘弊, 妻嫂墮於閨門之內.
3) 凡云爲動靜, 固非衆人之所及.
4) 材出於衆, 其進則褒多益寡. 勞謙濟世; 退則履道坦坦, 幽人貞吉.
5) 守常之智, 申壓在時, 故勢來則益, 勢去則損.
6) 貲財有餘. 恣意周濟.
7) 感其恩紀, 匡救其惡, 是以朱建受金, 以爲食其畫計.
8) 感其引援, 將順其美, 是以曹丘見接, 爲季布揚名.
9) 夫富與貴, 可不欣哉? 乃至無善而行成, 無智而名立. 是以富貴妻嫂恭, 況他人乎?
10) 有慈心而無以拯, 識奇材而不能援.
11) 內無蔬食之饋, 外無縕袍之贈.
12) 意氣皆空薄, 分義何由立?
13) 非徒薄己, 遂生怨謗之言.
14) 夫貧與賤, 可不懼哉? 乃至無由而生謗, 無罪而見廢. 是故貧賤妻子慢, 況他人乎?
15) 行雖在我, 而名稱在世, 是以良農能稼, 未必能穡.
16) 家給人足, 路人皆饋之.
17) 得辭施之高名, 受餘光之善利.
18) 家貧戶乏, 粟成珠玉.
19) 乞暇無遺, 與嫂叔爭糟糠.
20) 己旣自足, 復須給賜, 則名美行成, 所爲遂達.
21) 己旣不足, 親戚並困.
22) 上等不援, 下等不推.
23) 謂申達者爲材能, 壓屈者爲愚短.
24) 材智雖鈞, 貴賤殊塗, 申壓之變, 在乎貧富.

【異勢】 서로 다른 지위나 형세.
【申壓】 伸張과 억압. '申'은 '伸'과 같음.

【遂達】 통달함. 바라던 바를 성취시킴.
【窮匱】 곤궁함, 궁핍함.
【勞謙】 부지런하면서 겸양까지 갖추고 있음.
【著明】 밝게 드러남.
【隨世損益】 시세의 변화에 따라 증감함. 黜陟을 뜻함.
【藉】 빙자함. 구실로 삼음.
【見贍者】 혜택을 받은 사람. '見'은 피동법에 쓰이는 조동사임.
【闡】 闡明함. 드러냄. 드러남.
【小美】 작은 선행.
【行成】 덕행을 이룸.
【恤】 남을 불쌍히 여김.
【濟】 구제함.
【分義】 도의를 명분으로 삼음.
【浸】 점점 그러한 길로 들어섬.
【歸非】 과실을 남에게 미룸.
【罪尤】 죄과. 과실. 허물.
【侈儉】 사치를 부리는 것과 검약하게 하는 것.
【委頓】 困頓함에 빠져 의기를 상실함.
【辭施】 남의 베풂을 사양함.
【求假】 빌림.
【鄙吝】 비루하고 인색함. 돈이나 재물을 지극히 아낌.
【鈞才】 서로 비슷한 자질. '鈞'은 '均'과 같음.
【體益而茂遂】 남의 도움을 받아 마침내 성공을 거둠.
【私理卑抑】 사사롭게 자신의 논리를 고집하다가 억압을 당함. '卑'는 '俾'와 같음.
【累】 얽매임.
【微降】 비천하고 폄하되어 강등됨.
【所在】 자신이 처하고 있는 위치나 지위. 관직.

073(10-8)
우묘尤妙와 우허尤虛

무릇 청아淸雅의 아름다움은 형질形質에 드러나므로 이를 통해 관찰하면 그 오차가 아주 적다.

그럼에도 오차가 생긴다면 그 이유는 늘 다음 두 가지 우尤에 있다.

두 가지 '우'의 발생은 각 사물에 따라 서로 다르다.

그러므로 우묘尤妙한 사람은 진실한 정성을 마음에 품고 있으면서 겉으로는 그 표정을 꾸미지 않는다.

또 우허尤虛한 사람은 말은 크게 하여 자신이 대단히 훌륭한 것처럼 자세를 보이지만 안으로는 어그러지고 상반된 마음으로 가득하여 남으로부터 기이하다는 평을 듣고자 한다.

정밀하고 미세함으로써 그 오묘한 기밀을 측량해도 그 기이하고 희미한 것을 명백하게 밝혀내기가 어렵다.

어떤 사람은 모습에 그 진실을 제대로 표현하지 않음을 자신이 부족하기 때문이라 여기며,

어떤 사람은 자신이 아름다운 자태를 드러내는 것을 곧 크고 위대한 것이라 여기며,

어떤 사람은 곧바로 자신을 드러내는 것을 거짓 허풍의 화려함이라 여기며,

어떤 사람은 기교로 수식하는 것을 진실인 양 여긴다.

이로써 너무 일찍 발탁하다가는 많은 오류를 범하게 된다. 따라서 순서대로 하나씩 검증을 거치느니만 못하다.

무릇 순서대로 하나씩 검증을 거치는 것은 가장 떳떳한 법도이다.

만약 그 진실을 제대로 살피지 못한다면 어찌 잦은 실수를 범하지 않을 수 있겠는가?

그러므로 어진 이를 빠뜨렸다가 나중에 그 어짊을 알고 다시 발탁했다면 어찌 그를 일찍 선발하지 못했을까 하고 후회할 것이며,

기이하다고 선발했다가 나중에 그 기이함이 도리어 실패를 가져온다면 어찌 평소 그를 변별하지 못하였을까 하고 후회할 것이다.

임의로 그를 선발했다가 나중에 홀로 오류를 저지르면 어찌 그에 대해 널리 물어보지 않았을까 하고 후회할 것이며,

널리 물어보았으나 자신의 판단이 잘못되었다면 어찌 그 때 자신이 그토록 자신감을 갖지 못했을까 하고 후회할 것이다.

이로써 방통龐統이 천리마처럼 그 발을 내디뎌 달리는 모습을 보고 나서야 많은 선비들이 옛날 그를 제대로 알지 못했다고 여겼던 것이며,

한신韓信이 공을 세우고 나서야 그 고향 회음淮陰 사람들이 깜짝 놀라 진동하였던 것이다.

그러니 어찌 기이한 인재를 혐오하고 의심나는 대로 넘어가는 것을 그대로 좋아한 것 때문이 아니었겠는가?

이에 우물尤物은 세상에 흔히 언제나 드러나 보이는 것이 아니지만 그들의 기이하고 표일하며 아름답고 특이함을 그대로 가지고 있었던 것이다.

이 때문에 장량張良은 몸이 약했으나 정밀함과 강함은 그 많은 지혜를 가졌다는 사람들 중에 빼어난 준재雋才가 되었던 것이며,

형가荊軻는 얼굴 표정이 지나칠 정도로 평온하였으나 그의 신색神色과 용맹은 용맹하다는 그 많은 무리들 가운데 가장 뛰어난 호걸豪傑이 되었던 것이다.

그렇다면 준재와 호걸이란 무리들 중에 더욱 뛰어난 자이며,

성인이란 그러한 더욱 뛰어난 자 중에 더욱 뛰어난 자인 셈이다.

뛰어난 사람이 무리 중에 더욱 뛰어날수록 그가 지니고 있는 도道 역시 더욱 원대하다.

그 때문에 한 군국郡國의 준재는 그 아래인 주州 정도의 사람들과 무리가 되었다면 그들에게는 차례를 정한다 해도 그 밑에 들어갈 수가 없다.

만약 그들이 그저 주 정도에서 무리 가운데 우열을 정할 정도라면 그저 천하에 문의 돌쩌귀 역할 정도의 평범한 인재일 뿐이다.

천하의 돌쩌귀 정도의 역할이라면 시대에 따라 대대로 그러한 우열은 있어왔다.

이런 까닭으로 보통 사람들이 귀하게 여기는 바는 각기 자신보다 특출한 것을 귀하게 여기는 것일 뿐, 뛰어난 자 중에 다시 더욱 뛰어난 자를 귀하게 여기는 것이 아니다.

마찬가지로 일반 보통 사람들이 명석하게 보는 것은 여러 선비들 중의 몇몇이라 수를 셀 수 있는 이를 능히 알아볼 뿐, 유형별로 차례를 정하는 그 척도를 능히 알아보는 것은 아니다.

그리고 선비 무리 축에 드는 자들은 능히 유형별로 차례를 정하는 척도는 알아내지만 뛰어난 자 중의 훌륭한 이는 능히 식별해 내지 못하는 것이다.

더욱 뛰어난 사람은 능히 성인의 가르침을 알아내지만 입실入室의 오묘한 경지는 궁구해 내지 못한다.

이로 말미암아 논하건대 사람을 알아보는 원리는 지극히 오묘하여 그 끝까지 모두 다 궁구해 볼 수는 없다.

夫淸雅之美, 著乎形質, 察之寡失.[1)]
失繆之由, 恆在二尤.
二尤之生, 與物異列.[2)]

故尤妙之人, 含精於內, 外無飾姿;[3]
尤虛之人, 碩言瑰姿, 內實乖反,[4] 而人之求奇,
不可以精微測其玄機, 明異希.[5]
或以貌少爲不足,[6]
或以瑰姿爲巨偉,[7]
或以直露爲虛華,[8]
或以巧飭爲眞實.[9]
是以早拔多誤, 不如順次.[10]
夫順次, 常度也.
苟不察其實, 亦焉往而不失?[11]
故遺賢而賢有濟, 則恨在不早拔;[12]
拔奇而奇有敗, 則患在不素別;[13]
任意而獨繆, 則悔在不廣問;[14]
廣問而誤己, 則怨己不自信.[15]
是以驥子發足, 衆士乃誤.
韓信立功, 淮陰乃震.
夫豈惡奇而好疑哉?
乃尤物不世見, 而奇逸美異也.[16]

〈荊軻〉

是而張良體弱, 而精彊爲衆智之雋也.[17]
荊叔色平, 而神勇爲衆勇之傑也.[18]
然則雋傑者, 衆人之尤也;[19]
聖人者, 衆尤之尤也.[20]
其尤彌出者, 其道彌遠.[21]

10. 칠무칠류 297

故一國之雋, 於州爲輩, 未得爲第也.[22]

一州之第, 於天下爲根.[23]

天下之根, 世有優劣.[24]

是故衆人之所貴, 各貴其出己之尤,[25] 而不貴尤之所尤.[26]

是故衆人之明, 能知輩士之數,[27] 而不能知第目之度.[28]

輩士之明, 能知第目之度,[29] 不能識出尤之良也.[30]

出尤之人, 能知聖人之敎,[31] 不能究之入室之奧也.[32]

由是論之, 人物之理, 妙不可得而窮已.[33]

劉昞(注)

1) 形色外著, 故可得而察之.
2) 是故非常人之所見.
3) 譬金冰內明, 而不外朗, 故馮唐白首, 屈於郎署.
4) 猶燭火外照, 灰燼內暗; 故主父偃辭麗, 一歲四遷.
5) 其尤奇異, 非精不察.
6) 覩醜蔑貌惡, 便疑其淺陋.
7) 見江克貌麗, 便謂其巨偉.
8) 以其款盡, 疑無厚實.
9) 巧言如流, 悅以親之.
10) 或以甘羅爲早成, 而用之於早歲, 或訣復欲順次也.
11) 徵質不明, 不能識奇, 故使順次, 亦不能得.
12) 故鄭伯謝之於燭武.
13) 故光武悔之於朱浮.
14) 秦穆不從蹇叔, 雖追譬而無及.
15) 隗嚚心存於漢, 而爲王元所誤.
16) 故非常人之所識也.
17) 不以質弱, 而傷於智.
18) 不以色和, 而傷於勇.

19) 奇逸過於衆人, 故衆人不能及.
20) 通達過於衆奇, 故衆奇不能逮.
21) 非天下之至精, 其孰能與於此?
22) 郡國之所雋異, 比於州郡, 未及其第目.
23) 州郡之所第目, 以比天下之雋根, 而不可及根, 一回反樞也.
24) 英人不世繼, 是以伊所管齊, 應運乃出.
25) 智材勝己, 則以爲貴.
26) 尤之尤者, 非衆人之所識.
27) 衆人明者, 粗知郡國出輩之士而已.
28) 乃未識郡國品第之雋.
29) 出輩明者, 粗之郡國第目之良.
30) 未識出尤奇異之理.
31) 瞻之在前, 忽焉在後.
32) 如有所立, 卓爾, 雖欲從之, 末由也已.
33) 爲當擬諸形容, 象其物宜, 觀其會通, 擧其一隅而已.

【二尤】'尤'는 '더욱 ~하다'의 뜻. 여기서 二尤는 본문의 '尤妙'와 '尤虛'를 가리킴.
【淸雅】淸潔하고 雅正함.
【形質】형태와 기질.
【失繆】오류. '繆'는 '謬'와 같음.
【尤妙】더욱 묘함.
【尤虛】더욱 허함. 아주 허황함.
【碩言瑰姿】허풍으로 하는 큰 소리와 거짓으로 꾸민 자태.
【乖反】인지상정에 맞지 않음.
【玄機】현묘한 기틀. 오묘한 기미.
【貌少】드러난 용모가 없음. 기가 죽어 있음. 모습으로 표현해내는 능력이 적음.
【素別】평소의 감별. 평소 상대를 변별하는 능력.
【驥子發足】매우 뛰어난 인물임을 표현하는 말. 삼국 시대 방통(龐統, 자는 士元)이 劉備에게 갔으나 유비는 그의 인물됨을 알아보지 못한 채 그대로

耒陽縣의 현령으로 방치하고 있었음. 그러자 吳나라 장수 魯肅이 유비에게 편지를 보내어 "龐士元非百里之才也, 使處治中·別駕之任, 始當展其驥足耳"라 함.《삼국지》촉지 방통전 참조. 본문의 '誤'는 '悟'의 오기임.

【韓信立功】韓信은 漢나라 淮陰人. 처음 項梁을 도와 거병하였으나, 뒤에 劉邦에게 옮겨 天下 통일을 이룸. 그 공으로 초왕에 봉해졌다가 뒤에 회음후로 강등됨. 그가 처음 고향에서 미천할 때는 남의 가랑이 밑을 빠져나갈 정도로 나약했고 가난하여 빨래하는 아낙네의 밥을 얻어먹을 정도로 미미했으나 뒤에 성공하자 고향 사람들이 그를 다시 보게 되었음을 말함.《史記》淮陰侯列傳 및《漢書》韓信列傳 참조.

【尤物】특출한 인물.

【張良體弱】張良은 漢興三傑의 한 사람. 字는 子房. 원래 韓나라 출신으로 韓나라가 秦始皇에게 망하자 복수를 결심하고 始皇을 博浪沙에서 저격, 실패로 끝나자 下邳로 도망갔다가 黃石公을 만났고, 다시 劉邦에게 합류하여 項羽를 멸함. 留侯에 봉해짐. 韓信, 蕭何와 더불어 '漢初三傑'로 불림. 그는 黃石公과 새벽에 다리 위에서 만나기로 약속을 하였지만 몸이 약하여 번번이 늦잠을 자느라 늦게 나타났었음을 말하는 것으로 봄.《史記》留侯世家 참조.

【荊叔】燕나라 荊軻를 가리킴. 太子 丹이 진시황을 암살하려 찾아낸 인물로 많은 고사를 남겼음.《史記》刺客列傳 및《戰國策》燕策, 소설《燕丹子》등 참조.

【色平】어떠한 경우에도 얼굴색을 평온하게 가짐. 연나라 태자 단이 진시황을 죽일 만한 용사를 찾고자 田光 선생과 상의할 때 태자 단이 추천한 몇 용사를 만나보고 그들이 분격하는 표정을 보고 불가하다고 판단함.

【彌出】더욱 드러남.

【國】군국의 나라. 제후국.

【州】행정구역으로 漢代 이후 郡 정도에 해당하는 크기였음.

【榎】문의 돌쩌귀. 지도리. 하찮은 역할을 할 수 있을 정도의 평범한 인재임을 말함.

【第目之度】인물을 품평하는 표준.

【入室之奧】높은 학문의 경지로 들어감.《論語》先進篇에 "子曰:「由之瑟奚爲於丘之門?」門人不敬子路. 子曰:「由也升堂矣, 未入於室也.」"라 함.

【窮】끝까지 파고들어 궁구함.

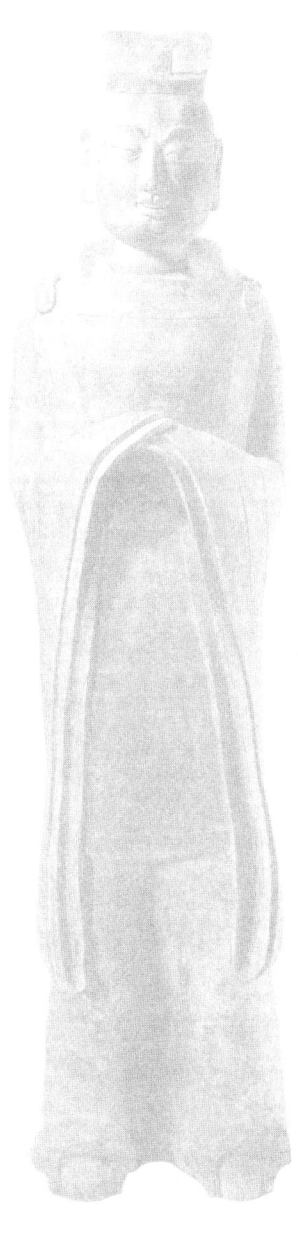

11. 효난效難

　효난效難은 사람을 잘 알아보고 추천하여 적재적소에 활용한다 해도 가끔은 그 능력을 발휘하지 못하거나 아니면 실정과 달라 효과를 거두지 못하는 경우가 있다. 그러한 예와 이유를 설명한 것이다.
　유병劉昞의 주에 "인재는 정밀하고 미묘하여 실로 자연스럽게 알아내기가 어렵다. 이렇게 알기가 어려우니 이들을 추천하여 효과를 얻는다는 것도 매우 어려운 일이다"(人材精微, 實自難知; 知之難審, 效薦之難)라 하였다.

〈陶馬俑〉(北朝) 明器 1948 河北 景縣 封氏墓 출토

074(11-1)
사람을 알아보기 어려운 두 가지 난점

대체로 사람을 알아보는 증험의 결과에는 두 가지 어려움이 있다.
첫째, 사람을 알아보는 자체의 어려움이며, 둘째, 알아보기는 하였으나 그 재능을 어떻게 효과적으로 쓸 수 있을까 하는 어려움이다.

蓋知人之效有二難:
有難知之難,¹⁾ 有知之而無由得效之難.²⁾

> 劉昞(注)
>
> 1) 尤奇遊雜, 是以難知.
> 2) 己雖知之, 無由得薦.

【效】증험. 효과.
【無由得效】그 재능을 증험할 방법이 없음.

075(11-2)
서로 뒤섞인 여덟 가지 유형

무엇을 일러 알아보는 자체의 어려움이라 하는가?

사람의 내면은 정밀하고 미세하여 능히 신기에 가까운 능력으로 이를 밝게 보아야 하는데 그 원리가 심히 어렵다는 것이다. 이것이 진실로 알아보는 그 자체가 어렵다는 것이다.

이로써 보통 사람으로서의 관찰은 모든 것을 다 갖추고 있을 수는 없다. 그 때문에 각기 자신의 척도를 세우고 서로 관찰하고 채택하는 것이다.

어떤 사람은 그 형체와 얼굴 표정을 척도로 삼아 관찰하고,

어떤 사람은 그 동작을 살펴보는 것을 척도로 삼고,

어떤 사람은 그 상대의 사물의 시종終始에 대하여 어떤 철학을 가지고 있는가를 법으로 삼으며,

어떤 사람은 그의 모습을 추측하고 가정하는 것으로써 기준을 삼으며,

어떤 사람은 그의 보이지 않는 미세한 부분을 추측하는 것으로써 하기도 하고,

어떤 사람은 그의 과오를 두려워해야 할 척도로 삼으며,

어떤 사람은 그가 하는 말을 따라 변별하기도 하며,

어떤 사람은 그의 사물에 대한 실천 모습을 따지기도 한다.

이상 여덟 가지는 서로 섞인 것이다. 그러므로 이를 터득하는 자는 적으며 잘못 판단하는 경우는 많게 되는 것이다.

何謂難知之難?

人物精微,[1] 能神而明,[2] 其道甚難, 固難知之難也.[3]

是以衆人之察不能盡備,[4]
故各自立度, 以相觀采.[5]
或相其形容,[6]
或候其動作,[7]
或揆其終始,[8]
或揆其儗象,[9]
或推其細微,[10]
或恐其過誤,[11]
或循其所言,[12]
或稽其行事.[13]
八者遊雜,[14] 故其得者少, 所失者多.[15]

劉昞(注)

1) 智無形狀, 奇逸精妙.
2) 欲入其神, 而明其智.
3) 知人則哲, 惟帝難之, 況常人乎?
4) 各守其一方而已,
5) 以己所能, 歷觀衆材.
6) 以貌狀取人.
7) 以進趨取人.
8) 以發正取人.
9) 以旨意取人.
10) 以情理取人.
11) 以簡恕取人.
12) 以辭旨取人.

13) 以功效取人.
14) 各以意之所可爲准, 是以雜而無紀.
15) 但取其同於己, 而失其異於己; 己不必兼, 故實者多.

【立度】법도나 표준을 세움.
【觀采】관찰하고 채택함. 서로를 관찰하고 서로를 채용함.
【相】살펴봄. 자세히 관찰함.
【候】살핌. 斥候와 같음.
【揆】규칙, 여기서는 고찰함을 뜻함.
【儗象】그 모습을 가정함. 劉昞 주에 "以旨意取人"이라 함.
【推】탐구함.
【遊雜】뒤섞여 잡란함. 劉昞 주에 "各以意之所可爲準, 是以雜而無紀"라 함.

076(11-3)
표현과 실정

이런 까닭으로 틀림없이 처음 만나보고 그 겉모습으로 사람을 평가하는 오류를 저지르게 되며, 다시 그 상대의 평소 행동의 환경과 시간이 가면서 변화하는 것에 대해 제대로 변별하지 못하는 오류를 범하게 된다.

그 때문에 우연히 만난 사람을 관찰할 때면 그 행동을 따라 판단하고, 그 말을 미더워하다가 그 속에 든 실정을 놓치는 경우가 있다.

따라서 자신을 너무 드러내는 것을 천박하다고 여기는 사람을 보게 되면 그가 남보다 특이한 자인 줄로 판단하게 되며,

깊이 명석하고 침묵하며 말이 적은 자를 보게 되면 그가 속이 텅 빈 무식한 자인 줄로 판단하게 되며,

오묘한 이치로 사물을 분별하는 자를 보게 되면 그가 이루離婁와 같은 사람인 줄 판단하게 되며,

입으로 남을 갑을甲乙로 품평하여 차례를 잘 매기는 사람을 보게 되면 그가 의義가 있고 이론을 갖춘 자인 줄로 판단하게 되며,

옳고 그름을 논하기를 좋아하는 자를 보게 되면 그가 남의 품평臧否에 뛰어난 사람인 줄 판단하게 되며,

유형을 잘 구분하여 명분을 잘 설명해 내는 자를 보게 되면 그를 인물다운 인물인 줄 판단하게 되며,

정치에 대하여 평론을 잘하는 사람을 보게 되면 그가 국체國體에 해당하는 거물인 줄로 착각하게 된다.

이는 마치 어떤 명성을 듣고 그 명성에 따라 명칭을 부여하는 것과 같다.

是故必有草創信形之誤,¹⁾ 又有居止變化之繆.²⁾

故其接遇觀人也, 隨行信名, 失其中情.³⁾

故淺美揚露, 則以爲有異;⁴⁾

深明沉漠, 則以爲空虛;⁵⁾

分別妙理, 則以爲離婁;⁶⁾

口傳甲乙, 則以爲義理;⁷⁾

好說是非, 則以爲臧否;⁸⁾

講目成名, 則以爲人物;⁹⁾

平道政事, 則以爲國體.¹⁰⁾

猶聽有聲之類, 名隨其音.¹¹⁾

劉昞(注)

1) 或色貌取人而行違.
2) 或身在江海, 心存魏闕.
3) 是以聖人聽言觀行, 如有所譽, 必有所試.
4) 智淺易見, 狀似異美.
5) 智深內明, 狀似無實.
6) 研精至理, 狀似離婁.
7) 强指物類, 狀似有理.
8) 妄說是非, 似明善否.
9) 强議賢愚, 似明人物.
10) 妄論時事, 似識國體.
11) 七者不能明物, 皆隨行而爲之名. 猶聽猫音而謂之猫, 聽雀音而謂之雀, 不知二蟲竟謂何名也. 世之疑惑, 皆此類也. 是以魯國儒服者, 衆人皆謂之儒, 立而周之, 一人而已.

【草創信形】처음으로 접촉하여 그 외형을 보고 믿음.
【居止】행동거지. 평소의 모습.
【接遇】交往. 접촉하여 만남.
【淺美】아주 낮은 재능. 하찮은 능력.
【深明沉漠】깊은 명석함이 있으면서 침묵과언한 모습.
【離婁】黃帝 때의 인물로 離朱로도 표기하며 아주 눈이 밝았다고 함.《孟子》離婁章 첫머리에 "孟子曰:「離婁之明, 公輸子之巧, 不以規矩, 不能成方員; 師曠之聰, 不以六律, 不能正五音; 堯舜之道, 不以仁政, 不能平治天下.」"라 하였으며, 《莊子》天地篇·騈拇篇에는 離朱로 되어 있음. 司馬彪는 「離朱. 黃帝時人, 百步見秋毫之末.《孟子》作離婁」라 함.
【甲乙】품평을 거쳐 등급을 정함.
【臧否】장점과 단점. 선악, 장단 등의 여부를 품평함을 말함.
【平道】평론. 여기에서는 정치에 대한 논평을 말함. '平'은 '評'과 같음.
【國體】임금을 도와 나라를 이끌어 가는 대신을 가리킴.《穀梁傳》昭公 15년에 "大夫, 國體也"라 하였고, 范寧의 주에 "君之卿佐, 是謂股肱, 故曰國體"라 함.

077(11-4)
평소 행동을 통한 검증

그러나 그 명성이 사실과 맞지 않는다면 그에 대한 효용은 효과를 나타낼 수 없다.

그 때문에 "명성은 사람의 입을 통해 뻗어나갔지만, 실질적인 능력은 담당한 일에 따라 감손되고 마는 것"이라 한 것이다.

마음속에 진실함을 지니고 있는 자는 명성과 실제 능력이 제대로 부응하지 못하는 경우가 있지만 그러한 사람을 등용하면 도리어 효과를 볼 수 있다.

그러므로 명성은 많은 무리로 인해 감손될 수도 있지만 그 실질적인 능력은 담당한 일에 따라 드러나는 것이다.

이것이 첫인상을 잘못 보아 항상 저지르게 되는 오류이다.

그러므로 반드시 평소 그의 행동거지를 기다린 뒤에야 그를 바르게 알 수 있는 것이다.

따라서 평소에는 그가 무엇을 편안히 여기는가를 볼 것이요,

현달했을 때는 그가 누구를 추천하는가를 볼 것이며,

부유했을 때는 어떻게 남에게 베푸는가를 볼 것이며,

궁했을 때는 그가 무엇을 하는가를 볼 것이며,

빈한했을 때는 그가 무엇을 취하는가를 볼 것이다.

그런 연후에야 능히 그가 어진 사람인지 어떤지 여부를 알 수 있게 된다.

이것이 다시 그를 겪어보고 나서 시도할 방법이며 처음 인상을 통해 관상을 볼 때의 기준은 아니다.

夫名非實, 用之不效.¹⁾

故曰:「名猶口進, 而實從事退.」²⁾

中情之人, 名不副實, 用之有效.³⁾

故名由衆退, 而實從事章.⁴⁾

此草創之常失也.⁵⁾

故必待居止, 然後識之.⁶⁾

故居, 視其所安;⁷⁾

達, 視其所擧;⁸⁾

富, 視其所與;⁹⁾

窮, 視其所爲;¹⁰⁾

貧, 視其所取.¹¹⁾

然後乃能知賢否.¹²⁾

此又已試, 非始相也.¹³⁾

劉昞(注)

1) 南箕不可以簸揚, 北斗不可挹酒漿.
2) 衆覩形而名之, 故用而不驗也.
3) 眞智在中, 衆不能見, 故無外名, 而有內實.
4) 效立則名章.
5) 淺智無終, 深智無始, 故衆人之察物, 常失之如初.
6) 視其所止, 觀其所居, 而焉不知?
7) 安其舊者敦於仁.
8) 擧剛直者厚於義.
9) 與莊嚴者明於禮.
10) 爲經術者勤於智.

11) 取其分者存於信.
12) 行此者賢, 反此者否.
13) 試而知之, 豈相也哉?

【不效】효과를 얻지 못함.
【名猶口進】명성이란 사람의 입을 통해 널리 퍼지는 것임.
【中情之人】재능을 가지고 있으면서도 겉으로 이를 마구 드러내지 않는 사람.
【副】'符'와 같음. 서로 맞아떨어짐. 사실과 명성이 부응함.
【視其所安】《論語》爲政篇에 "子曰:「視其所以, 觀其所由, 察其所安. 人焉廋哉? 人焉廋哉?」"라 함.
【居, 達, 富, 窮, 貧】사람을 판별할 때의 이상 5가지 기준은 이와 비슷한 유형의 내용으로 많은 고전에 인용되어 있음.《呂氏春秋》論人篇에는 "凡論人, 通則觀其所禮, 貴則觀其所進, 富則觀其所養, 聽則觀其所行, 止則觀其所好, 習則觀其所言, 窮則觀其所不受, 賤則觀其所不爲"라 하였으며,《韓詩外傳》(卷3)에는 "魏文侯欲置相, 召李克問曰:「寡人欲置相, 非翟黃則魏成子, 願卜之於先生.」李克避席而辭曰:「臣聞之:『卑不謀尊, 疏不間親.』臣外居者也, 不敢當命.」文侯曰:「先生臨事勿讓.」李克曰:「夫觀士也, 居則視其所親, 富則視其所與, 達則視其所擧, 窮則視其所不爲, 貧則視其所不取. 此五者足以觀矣.」文侯曰:「請先生就舍, 寡人之相定矣.」李克出, 遇翟黃, 翟黃曰:「今日聞君召先生而卜相, 果誰爲之?」李克曰:「魏成子爲之.」翟黃悖作色曰:「吾何負於魏成子? 西河之守, 吾所進也; 君以鄴爲憂, 吾進西門豹; 君欲伐中山, 吾進樂羊, 中山旣拔, 無守之者, 吾進先生. 君欲置太子傅, 吾進趙蒼唐. 皆有成功就事, 吾何負於魏成子?」克曰:「子之言克於子之君也, 豈比周以求大官哉? 君問置相, 非成則黃, 二子何如? 臣對曰:『君不察故也, 居則視其所親, 富則視其所與, 達則視其所擧, 窮則視其所不爲, 貧則視其所不取. 五者足以定矣, 何待克哉!』是以知魏成子爲相也. 且子焉得與魏成子比乎? 魏成子食祿千鍾, 什一在內, 九在外, 以聘約天下之士. 是以東得卜子夏·田子方·段干木, 此三人, 君皆師友之. 子之所進君皆臣之, 子焉得與魏成子比乎?」翟黃逡巡再拜曰:「鄙人固陋, 失對於夫子.」詩曰:『明昭有周, 式序在位.』"라는 고사가 실려 있고,《淮南子》氾論訓(《文子》上義篇도 같음)에는 "故論人之道, 貴則觀其所擧, 富則觀其所施, 窮則觀其所不受, 賤則觀其所不爲, 貧則觀其所不取"라 하였다.

그리고 《史記》 魏世家에도 "魏文侯謂李克曰:「先生嘗敎寡人曰『家貧則思良妻, 國亂則思良相』. 今所置非成則璜, 二子何如?」李克對曰:「臣聞之, 卑不謀尊, 疏不謀戚, 臣在闕門之外, 不敢當命.」文侯曰:「先生臨事勿讓.」李克曰:「君不察故也, 居視其所親, 富視其所與, 達視其所擧, 窮視其所不爲, 貧視其所不取, 五者足以定之矣, 何待克哉!」文侯曰:「先生就舍, 寡人之相定矣.」李克趨而出, 過翟璜之家, 翟璜曰:「今者聞君召先生而卜相, 果誰爲之?」李克曰:「魏成子爲相矣.」翟璜忿然作色曰:「以耳目之所覩記, 臣何負於魏成子. 西河之守, 臣之所進也, 君內以鄴爲憂, 臣進西門豹; 君謀欲伐中山, 臣進樂羊; 中山已拔, 無使守之, 臣進先生; 君之子無傅, 臣進屈侯鮒. 臣何以負於魏成子!」李克曰:「且子之言克於子之君者, 豈將比周以求大官哉? 君問而置相『非成則璜, 二子何如?』克對曰:『君不察故也, 居視其所親, 富視其所與, 達視其所擧, 窮視其所不爲, 貧視其所不取, 五者足以定之矣, 何待克哉?』是以知魏成子之爲相也. 且子安得與魏成子比乎? 魏成子以食祿千鍾, 什九在外, 什一在內, 是以東得卜子夏·田子方·段干木, 此三人者, 君皆師之. 子之所進五人者, 君皆臣之, 子惡得與魏成子比也.」翟璜逡巡再拜曰:「璜, 鄙人也, 失對, 願卒爲弟子.」"라는 고사가 실려 있고, 《新序》 雜事(四)에도 "魏文侯弟曰季成, 友曰翟黃. 文侯欲相之而未能決, 以問李克, 克對曰:「君若置相, 則問樂商與王孫苟端孰賢?」文侯曰:「善.」以王孫苟端爲不肖, 翟黃進之, 樂商爲賢, 季成進之, 故相季成"라 하여 같은 고사가 실려 있으며, 《說苑》 臣術篇에는 "魏文侯且置相, 召李克而問焉, 曰:「寡人將置相, 置於季成子與翟觸, 我孰置而可?」李克曰:「臣聞之, 賤不謀貴, 外不謀內, 疎不謀親, 臣者疎賤, 不敢聞命.」文侯曰:「此國事也, 願與先生臨事而勿辭.」李克曰:「君不察故也, 可知矣, 貴視其所擧, 富視其所與, 貧視其所不取, 窮視其所不爲, 由此觀之, 可知矣.」文侯曰:「先生出矣, 寡人之相定矣.」李克出, 過翟黃, 翟黃問曰:「吾聞君問相於先生, 未知果孰爲相?」李克曰:「季成子爲相.」翟黃作色不說曰:「觸失望於先生.」李克曰:「子何遽失望於我, 我於子之君也, 豈與我比周而求大官哉? 君問相於我, 臣對曰:『君不察故也, 貴視其所擧, 富視其所與, 貧視其所不取, 窮視其所不爲, 由此觀之可知也.』君曰:『出矣, 寡人之相定矣.』以是知季成子爲相.」翟黃不說曰:「觸何遽不爲相乎? 西河之守, 觸所任也; 計事內史, 觸所任也; 王欲攻中山, 吾進樂羊; 無使治之臣, 吾進先生; 無使傅其子, 吾進屈侯附. 觸何負於季成子?」李克曰:「不如季成子, 季成子食采千鍾, 什九居外一居中; 是以東得卜子夏, 田子方, 段干木, 彼其所擧人主之師也, 子之所擧, 人臣之才也.」翟黃逡然而慙

曰:「觸失對於先生, 請自修, 然後學.」言未卒, 而左右言季成子立爲相矣, 於是翟黃默然變色內慚, 不敢出, 三月也"라 하여 아주 흥미롭게 실려 있다.
【始相】 최초의 인상. 첫인상.

078(11-5)
사람을 알아보는 자체의 어려움

그러므로 비록 그의 바탕을 알고 있다 해도 아직 그 지략까지 알아내기는 어렵다.

하물며 천하에 그 많은 사람들은 모두를 함께 더불어 같은 곳에서 교유할 수는 없다.

어떤 사람은 지취志趣가 변하고 바뀌어 사물에 따라 변화를 일으키기도 한다.

어떤 이는 아직 오지도 않은 기회나 사물에 대하여 드러내어놓고 욕심을 부리기도 하며,

어떤 이는 이미 기회나 사물이 다가왔는데도 도리어 생각을 바꾸기도 하며,

어떤 이는 궁약窮約한 환경을 극복하고 힘써 실천하기도 하며,

어떤 이는 뜻을 얻었다고 욕심을 다 풀어놓고 방종하게 굴기도 한다.

이것이 또한 평소 행동거지에 대해 제대로 관찰하지 않았을 때 범하기 쉬운 오류이다.

이상으로써 말미암아 논하건대 양쪽의 요체를 능히 터득해야 하니 이것이 사람을 알아보는 자체의 어려움이다.

所以, 知質未足以知其暑.[1]
且天下之人, 不可得皆與遊處.[2]
或志趣變易, 隨物而化;[3]
或未至而懸欲;
或已至而易顧;[4]
或窮約而力行;
或得志而從欲.[5]
此又居止之所失也.[6]
由是論之, 能兩得其要, 是難知之難.[7]

劉昞(注)

1) 略在變通, 不可常准.
2) 故視其外狀, 可以得一, 未足盡知.
3) 是以世祖失之龐萌, 曹公失之董卓.
4) 李軼始專心於光武, 終改顧於聖公.
5) 王莽初則布衣折節, 卒則窮奢極侈.
6) 情變如此, 誰能定之?
7) 旣知其情, 又察其變, 故非常人之所審.

【懸欲】꼭 이루고 싶은 욕구나 욕망을 현격하게 드러냄.
【從欲】'縱欲, 縱慾'과 같음. 하고 싶은 대로 방종하게 함.

079(11-6)
실효를 거두기 어려운 경우

무엇을 일러 '더 이상 실효를 거둘 수 없는 어려움'이라 하는가?

상재上才는 이미 제대로 알려지지 않음에 대해서는 앞서 설명하였다.

그런데 혹 남에게 널리 알려지기는 아주 어리고 미천할 때였지만 이를 달성하지 못한 채 일찍 죽는 이도 있고,

혹 알려지기는 했지만 발탁되기도 전에 미리 죽는 경우도 있다.

그런가 하면 자신이 부르는 노래가 너무 음이 높은 것이어서 그를 따라 불러주는 자가 적은 것처럼 노래를 불러도 찬동해 주는 사람이 없는 경우도 있다.

또 어떤 사람은 신분이 낮고 힘이 모자라 말을 해도 알아주는 자를 만나지 못하는 경우도 있다.

또는 자신이 가지고 있는 재능이 그 시대에 호감을 사지 못하여 믿음과 귀함을 인정받지 못하는 경우도 있다.

또는 그에 맞는 지위에 있지 않음으로 해서 그러한 자를 발탁할 길이 없는 경우도 있다.

또는 그 지위에 있다고 해도 어쩔 수 없이 꺾이고 핍박을 당하는 경우도 있다.

이런 까닭으로 양재良才로써 그 진정한 면모를 알아주는 경우는 만에 하나 만나기도 어렵다.

그리고 모름지기 그 진실함이 알려져 그에 맞는 지위에 있게 되기란 백에 하나 있기도 어렵다.

나아가 지위와 형세가 마침 딱 맞아 추천되어 성공을 거두기란 열에 하나 되기도 쉽지 않다.

何謂無由得效之難?
上才已莫知.[1]
或所識者在幼賤之中, 未達而喪;[2]
或所識者未拔而先沒;[3]
或曲高和寡, 唱不見讚.[4]
或身卑力微, 言不見亮;[5]
或器非時好, 不見信貴;[6]
或不在其位, 無由得拔;[7]
或在其位, 以有所屈迫.[8]
是以良才識眞, 萬不一遇也.[9]
須識眞在位, 識百不一有也.[10]
以位勢值可薦致之, 宜十不一合也.[11]

劉昞(注)

1) 己難識知.
2) 未及進達, 其人已喪.
3) 未及拔擧, 己先沒世.
4) 公叔痤薦商鞅, 而魏王不能用.
5) 禽息擧百里奚, 首足皆碎.
6) 竇后方好黃老, 儒者何由見進?
7) 卞和非因匠, 所以抱璞泣.

8) 何武擧公孫祿, 而爲王氏所推.
9) 才能雖良, 當遇知己; 知己雖遇, 當値明王, 三者之遭, 萬不一會.
10) 雖識己眞, 或不在位.
11) 識己雖在位, 智達復須宜.

【幼賤】 어리며 아직 현달하지 못한 시기.
【達】 통달하여 뜻을 얻음. 성공한 시기.
【拔】 발탁. 선발하여 등용함.
【沒】 '歿'과 같음. 죽음.
【曲高和寡】 부르기 어려운 노래일수록 이를 따라 부르는 자가 점점 적어짐.
【唱不見贊】 노래를 불러도 이에 화답하는 이를 만날 수 없음.
【言不見亮】 말을 해도 남이 알아주지 않음. '亮'은 '諒'과 같음.
【器非時好】 자신의 재능을 그 당시에는 알아주는 이가 없음.
【信貴】 믿음이 중시됨.
【屈迫】 위축됨. 굴복하여 핍박을 받음.
【識眞】 진실됨을 식별해 냄.
【値】 만남.

080(11-7)
알려지는 것과 알려지지 못하는 것

어떤 사람은 명철함이 족하여 진실된 면이 알려진다 해도 이를 방해하고 빼앗는 경우가 있어 공헌과 천거의 기회를 포기하는 경우도 있다.
어떤 사람은 공헌과 천거를 좋다고 하지만 그 진정한 면모가 알려지지 않을 수도 있다.
이런 까닭으로 알려지는 것과 알려지지 못하는 것은 서로가 모든 것이 묶이고 섞인 속에서 제자리를 찾지 못하고 있기 때문이다.
사실대로 알려지는 사람은 현달하지 못함이 안타깝고, 알려지지 못하는 자도 역시 스스로 아직 알려질 수 없다고 여기는 것이니, 이를 일러 '실효를 거두기 어렵다'라고 하는 것이다.

或明足識眞, 有所妨奪, 不欲貢薦;[1]
或好貢薦, 而不能識眞.[2]
是故知與不知, 相與分亂於總猥之中.[3]
實知者患於不得達效,[4] 不知者亦自以爲未識.[5]
所謂無由得效之難也.

> **劉昞(注)**
> 1) 雖識辨賢愚, 而屈於妨奪, 故有不欲.
> 2) 在位之人, 雖心好賢善, 而明不能識.

3) 或好賢而不識, 或知賢而心妬, 故用與不用, 同於衆總, 分然淆亂.
4) 身無位次, 無由效達.
5) 身雖在位, 而不能識.

【明】총명함. 명석함. 명쾌함.
【貢薦】조정에 공헌하며 이에 천거(추천)됨.
【分亂】'紛亂'과 같음. 어지럽혀 혼란스럽게 함.
【總猥】모든 것이 묶이고 뒤섞여 있음. 단 한 가지의 이유 때문만은 아님을 말함.

081(11-8)
추천의 두 가지 어려움

그러므로 "사람을 알아내어 그에 맞게 추천하여 실효를 거두도록 하기에는 두 가지 어려움이 있다"라고 하는 것이다.

故曰:「知人之效有二難.」[1)]

劉昞(注)

1) 是以人主常當運其聰智, 廣其視聽, 明揚側陋, 旁求俊乂, 擧能不避讎, 拔賢不棄幽隱, 然後國家可得而治, 功業可得而濟也.

12. 석쟁釋爭

　　석쟁釋爭은 경쟁을 풀어 없애버릴 것을 주장한 내용이다. 양보와 겸손만이 명리名利의 험한 길에서 승리하는 것이며, 소인은 이를 알지 못한 채 경쟁하여 이기는 것만이 곧 승리인 줄로 안다. 그러나 성인은 지는 것이 곧 이기는 것임을 체득하여 그렇게 실천하였기에 그 아름다운 이름을 성취하였다고 주장하고 있다.

　　유병劉昞의 주에 "어진 이와 선한 이들은 그렇게 큰 덕목을 가졌음에도 오히려 자랑하지 않으니 하물며 조그만 일임에랴? 분기를 버리고 경쟁심을 제거한다면 틀림없이 영화와 복록을 얻게 되리라"(賢善不伐, 況小事乎? 釋忿去爭, 必荷榮福)라 하였다.

〈白瓷雙腹龍柄傳瓶〉(隋) 1957 陝西 西安 李靜訓묘 출토

082(12-1)
선善과 현賢

대체로 선善이란 자신을 자랑하지 않음으로써 더 큰 것이 되는 것이요, 현賢이란 자신을 자랑함으로써 그에 손상이 가는 것이다.

이런 까닭으로 순舜은 천하를 덕 있는 자에게 선양禪讓하여 그 의가 드러나고 소문이 널리 퍼지게 된 것이다.

그리고 탕湯은 스스로를 낮추어 겸양의 덕을 다하여 그 성스러움과 공경이 날로 높아갔던 것이다.

그러나 극지郤至는 언제나 남을 능멸하여 그 위에 있으려 하였기에 그 말로는 그토록 비참했던 것이며,

왕숙王叔은 언제나 남과 다투기를 즐겨하여 그 끝내 남의 나라로 도망하는 것으로 끝을 맺었다.

그렇다면 낮추고 양보하여 아래에 처하는 것은 훌륭하게 전진할 수 있는 성공의 길이요,

긍지와 흥분으로 남을 침범하고 능멸하는 것은 훼멸되고 막히는 험한 길인 셈이다.

이런 까닭으로 군자는 천거되어도 감히 의표나 표준을 넘어서지 않고, 뜻을 세움에는 감히 궤도와 차례를 뛰어넘지 않는다. 그리하여 안으로는 자신을 부지런히 하여 스스로를 구제하고, 밖으로는 겸손과 양보로써 남을 공경하고 두려움을 갖는다.

이로써 원망이나 비난이 자신에게 쏟아지지 않도록 하니 영화와 복록이 길이 장구하게 통하는 것이다.

蓋善以不伐爲大,¹⁾ 賢以自矜爲損.²⁾
是故舜讓于德, 而顯義登聞;
湯降不遲, 而聖敬日躋;³⁾
郤至上人, 而抑下滋甚;
王叔好爭, 而終于出犇.⁴⁾
然則卑讓降下者, 茂進之遂路也;⁵⁾
矜奮侵陵者, 毁塞之險途也.⁶⁾
是以君子擧不敢越儀準, 志不敢凌軌等,⁷⁾
內勤己以自濟, 外謙讓以敬懼.⁸⁾
是以怨難不在於身, 而榮福通於長久也.⁹⁾

〈堯舜禪位圖〉

劉昞(注)

1) 爲善而自伐其能, 衆人之所小.
2) 行賢而去自賢之心, 何往而不益哉?
3) 彼二帝, 雖天挺聖德, 生而上哲, 猶懷勞謙, 疾行退下, 然後信義登聞, 光宅天位.
4) 此二大夫, 矜功陵物, 或宗移族滅, 或逃禍出奔. 由此觀之, 爭讓之道, 豈不懸歟?
5) 江海所以爲百谷王, 以其處下也.
6) 兕虎所以攖牢檻, 以其性獲噬也.
7) 足不苟蹈, 常懷退下.
8) 獨處不敢爲非, 出門如見大賓.
9) 外物不見傷, 子孫賴以免.

【伐】 자랑함.
【自矜】 스스로 긍지와 자부심을 가짐.

【舜讓于德】舜임금이 덕이 있는 이에게 선양함. 舜은 고대 제왕의 하나. 有虞氏 이름은 重華, 虞舜이라 부름. 요임금의 아들이 불초하여 요가 순에게 천하를 禪讓함.《史記》五帝本紀 참조.
【顯義】정의를 널리 顯彰함.
【登聞】사해에 널리 알림.
【湯降不遲】《詩經》商頌 長發의 구절. 탕임금이 스스로 낮추어 어려운 일을 겪어냄. 탕은 夏桀을 토벌하고 商나라를 세운 임금.
【日躋】매일 조금씩 올라감.
【郤至】'郄至'로도 표기하며 극소자(郤昭子, 郄昭子). 춘추시대 晉나라 景公의 溫大夫. 여러 차례 많은 공을 세웠으나 교만하여 郤錡, 郤犨과 함께 '三郤'으로 불렸으며 뒤에 피살당함.《左傳》成公 11년 등 참조.
【上人】남을 능가함.
【抑下滋甚】아래를 억압함이 더욱 심해짐.
【王叔】周 襄王(季父) 王子 虎의 太宰. 혹 東周 때 卿士였던 王叔陳生이라고도 여김. 伯輿와 소송이 벌어져 백여에게 이기지 못하자 晉나라로 도망하였음.《左傳》襄公 10년 12월에 "王叔陳生與伯輿爭政, 王右伯輿. 王叔陳生怒而出奔. 及河, 王復之, 殺史狡以說焉. 不入, 遂處之. 晉侯使士匄平王室, 王叔與伯輿訟焉. 王叔之宰與伯輿之大夫瑕禽坐獄於王庭, 士匄聽之. 王叔之宰曰:「篳門閨竇之人而皆陵其上, 其難爲上矣.」瑕禽曰:「昔平王東遷, 吾七姓從王, 牲用備具, 王賴之, 而賜之騂旄之盟, 曰:'世世無失職.' 若篳門閨竇, 其能來東底乎? 且王何賴焉? 今自王叔之相也, 政以賄成, 而刑放於寵. 官之師旅, 不勝其富, 吾能無篳門閨竇乎? 唯大國圖之! 下而無直, 則何謂正矣?」范宣子曰:「天子所右, 寡君亦右之; 所左, 亦左之.」使王叔氏與伯輿合要, 王叔氏不能擧其契. 王叔奔晉. 不書, 不告也. 單靖公爲卿士以相王室"라 함.
【犇】'奔'과 같음.
【茂進】힘써서 정진함.
【矜奮】'긍지를 갖고 오만하게 굴다'의 뜻.
【侵陵】남을 괴롭히고 속임.
【毀塞】훼멸하고 막음.
【儀準】법도. 典儀의 표준.
【軌等】법도와 등급.
【自濟】스스로 그 일을 성취시킴.

083(12-2)
경쟁과 양보

저 소인들은 그렇지 않다. 공을 자랑하고 능력을 뽐내며 이로써 남을 능멸하기를 좋아한다.

이로써 앞서게 되면 남들로부터 해를 입게 되며, 공을 세우게 되면 남들로부터 훼방을 받으며, 무너져 실패하게 되면 남들로부터 그 실패를 다행이라 여기도록 한다.

이런 까닭으로 함께 고삐를 잡고 어차피 경쟁을 해야 하며 결국 서로 누구도 승리를 **빼앗지도** 못한다.

그리하여 양쪽 모두 함께 꺾이고 말아 오히려 자신들보다 뒤처졌던 이들에게 추월을 당하고 만다.

이로써 논하건대 경쟁과 양보의 길은 그 구별이 이처럼 뚜렷한 것이다.
그러나 남을 이기기를 좋아하는 사람은 그렇지 않다고 말한다.
관직에서 앞에 처하는 것을 남보다 바르며 예리하다고 여기며,
남보다 뒤에 처하는 것을 머물러 정체된 것이라 여기며,
여러 무리에서 자신을 낮추는 것을 비굴한 것이라 여기며,
등급을 뛰어넘는 것을 특이하고 **빼어난** 것이라 여기며,
맞서는 자에게 양보하는 것을 우회하고 치욕을 입는 것이라 여기며,
윗사람을 넘지르는 것을 높고 분발하는 것이라 여긴다.
이 까닭으로 항분抗奮의 성격을 가진 자는 나설 줄만 알았지 스스로 되돌아올 줄은 모르는 것이다.

彼小人則不然, 矜功伐能, 好以陵人.[1]

是以在前者人害之,[2]

有功者人毀之,[3]

毀敗者人幸之.[4]

是故並轡爭先, 而不能相奪.[5]

兩頓俱折, 而爲後者所趨.[6]

由是論之, 爭讓之途, 其別明矣.[7]

然好勝之人, 猶謂不然.[8]

以在前爲速銳,

以處後爲留滯,[9]

以下衆爲卑屈,

以躡等爲異傑,[10]

以讓敵爲迴辱,

以陵上爲高厲.[11]

是故抗奮遂往, 不能自反也.[12]

劉昞(注)

1) 初無巨細, 心發揚以能物.
2) 矜能奔縱, 人情所害.
3) 恃功驕盈, 人情所毀.
4) 及其覆敗, 人情所幸.
5) 小人競進, 智不相過, 並驅爭險, 更相蹈籍.
6) 中道而斃, 後者乘之. 譬兔殛犬疲, 而田父收其功.

7) 君子尙讓, 故涉萬里而途淸; 小人好爭, 足未動而路塞.
8) 貪則好勝, 雖聞德讓之風, 意猶昧然. 乃云:「古人讓以得, 今人讓以失」心之所是, 起而爭之.
9) 故行坐汲汲, 不暇脂車.
10) 苟矜起等, 不羞負乘.
11) 故趙穿不顧元帥, 虧子以偏師陷.
12) 譬虎狼食生物, 遂有殺人之怒.

【小人】 비천한 인물. 도덕과 예의 등을 제대로 갖추지 못한 자. 군자, 대인에 상대되는 유형의 인물.
【幸】 다행으로 여김.
【並轡】 함께 고삐를 잡음. 서로 경쟁함.
【頓】 곤핍함. 困頓함.
【趨】 내달음. 여기서는 초월함을 뜻함.
【速銳】 빠르면서 예리함.
【下衆】 많은 무리에서 스스로를 낮춤.
【躐等】 등급이나 지위 등을 뛰어넘음.
【讓敵】 상대에게 양보함. 관용을 베풂.
【迴辱】 굴욕을 당함.
【陵上】 윗사람을 능멸함.
【遂往】 '지난날의 과오'라는 뜻.

084(12-3)
'항抗'과 계교計較

무릇 '항抗'으로써 어진 이를 대하면 반드시 겸손한 태도로 자신을 낮추는 이를 보게 되지만, '항'으로써 포악한 이를 만나면 틀림없이 적대감과 난처하게 대하는 경우에 얽히게 될 것이다.

대적과 난처함으로 얽히게 되면 시비에 대한 도리가 틀림없이 뒤섞여 명확한 것을 변별해 낼 수 없게 될 것이다.

뒤섞여 명확한 것을 변별할 수 없게 되면 그것은 바로 자신을 훼멸하는 것과 무엇이 다르겠는가?

게다가 남이 자신을 훼멸하는 것은 모두가 원망과 유감에서 출발하여 결국 커다란 사단을 낳는 것으로 변질되고 만다.

그렇게 되면 상대는 어떤 사건에 의탁하여 그 사실을 자꾸 부풀려 결국 사단의 본질은 흐린 채 끝을 만들어 내고 말 것이다. 그리하여 그 말을 듣는 자는 비록 그의 말을 다 믿지는 않는다 해도 오히려 그 반쯤을 그러리라 여기게 된다.

자신이 이를 계교計較로써 이를 보복할 때도 역시 같은 수법을 써야 한다.

그렇게 되면 그 마지막 결과는 역시 각기 반씩 잘못을 뒤집어쓰게 되며 그 정도는 그 자신의 믿음이 어느 정도 거리를 가지고 있는가에 의해 결정 날 뿐이다.

그렇다면 기氣를 맞세워 서로 질시하며 다투는 것이란 입을 바꾸어 자신을 참훼하는 것이며,

말을 경쟁하여 서로 다투는 것이란 남의 손을 꾸어 자신을 구타하는 것이다.

그러니 미혹하고 오류를 저지르는 것이 이보다 심한 것이 있겠는가?

夫以抗遇賢, 必見遜下;[1] 以抗遇暴, 必構敵難.[2]
敵難旣構, 則是非之理, 必溷而難明.[3]
溷而難明, 則其與自毀, 何以異哉?[4]
且人之毀己, 皆發怨憾而變生釁也,[5]
必依託於事, 飾成端末.[6]
其於聽者, 雖不盡信, 猶半以爲然也.[7]
己之校報, 亦又如之.[8]
終其所歸, 亦各有半. 信著於遠近也.[9]
然則交氣疾爭者, 爲易口而自毀也;[10]
並辭競說者, 爲貸手以自毆.[11]
爲惑繆豈不甚哉?[12]

> **劉昞(注)**
>
> 1) 相如爲廉頗逡巡, 兩得其利.
> 2) 灌夫不爲田蚡持下, 兩得其尤.
> 3) 俱自是而非彼, 誰明之耶?
> 4) 兩虎共鬪, 小者毀, 大者傷, 焉得而兩全?
> 5) 若本無憾恨, 遭事際會, 亦不致毀害.
> 6) 凡相毀謗, 必因事類而飾成之.
> 7) 由言有端角, 故信之者半.
> 8) 復當報謗, 以生翅尾.
> 9) 俱有形狀, 不知其實, 是以近遠之聽, 皆半信於此, 半信於彼.
> 10) 己說人之瑕, 人亦說己之穢, 雖罵人, 自取其罵也.
> 11) 辭忿則力爭, 己旣毆人, 人亦毆己, 此其爲借手以自毆.
> 12) 借手自毆, 借口自罵, 非惑如何?

【敵難】 적대함. 대적하여 남을 곤궁에 빠뜨리거나 난처하게 함.
【怨憾】 원한과 유감.
【蠠】 '미'로 읽으며 서로 원수가 되어 다툼을 뜻함. 事端을 조성함을 뜻함.
【端末】 시작과 끝. 시말, 본말과 같음.
【校報】 똑같은 수단으로 보복함.
【交氣疾爭】 서로 氣 싸움을 함.
【易口而自毁】 남의 입을 빌려 자신을 비방하도록 함.
【貸手而自毆】 남의 손을 빌려 자신을 구타하도록 함.
【惑繆】 의혹과 착오. '繆'는 '謬'와 같음.

085(12-4)
인상여藺相如와 구순寇恂

그러므로 그 이유를 근거로 한다면 어찌 자신을 책하다가 도리어 소송으로 변질되게 하는 경우가 있을 수 있겠는가?
이상은 모두가 안으로 용서라는 것이 부족하고, 밖으로 남에 대한 원망을 그치지 않기 때문에 비롯되는 것이다.

어떤 이는 상대를 원망하면서 자신을 가볍게 여기고, 어떤 사람은 상대를 질시하면서 자신이 낫다고 여긴다.
무릇 나 자신이 이미 천박하고 남도 나를 가볍게 여긴다면 나는 이미 굽은 것이요, 상대는 곧은 것이다.
나는 어질고 상대는 무지하다면 이는 나를 가볍게 본다 해도 그 허물이 나에게 있는 것은 아니다.
그러나 만약 상대가 어질면서 내 앞에 처한다면 이는 나의 덕이 아직 그와 같은 경지에 이르지 못한 것이요,
만약 나와 그의 덕이 엇비슷한데 상대가 나보다 앞선다면 이는 나의 덕이 그의 덕과 가까우면서 약간 차이가 있는 것이다.
그런데 무엇을 원망한다는 것인가?

또 두 사람이 구별되지 않는다면 능히 양보하는 자가 준걸이 되는 것이다.
그 준걸함을 경쟁하여 구별이 되지 않는다면 힘을 더 쓰는 자가 곤비함에 빠지고 말 것이다.

이런 까닭으로 인상여藺相如는 수레를 돌리는 것으로써 염파廉頗와의 승리를 결판냈고, 구순寇恂은 싸우지 않는 것으로써 가복賈復보다 어질다는 평판을 얻어냈던 것이다.

然原其所由, 豈有躬自厚責, 以致變訟者乎?[1]
皆由內恕不足, 外望不已.[2]
或怨彼輕我, 或疾彼勝己.[3]
夫我薄而彼輕之, 則由我曲而彼直也;[4]
我賢而彼不知, 則見輕非我咎也.[5]
若彼賢而處我前, 則我德之未至也;[6]
若德鈞而彼先我, 則我德之近次也.[7]
夫何怨哉?
且兩賢未別, 則能讓者爲雋矣.[8]
爭雋未別, 則用力者爲憓矣.[9]
是故藺相如以迴車決勝於廉頗,
寇恂以不鬪取賢於賈復.[10]

> **劉昞(注)**
>
> 1) 己能自責, 人亦自責, 兩不言競, 變訟何由生哉?
> 2) 所以爭者, 由內不能己已自責, 而外望於人不已也.
> 3) 是故心爭, 終無休已.
> 4) 曲而見輕, 固其宜矣.
> 5) 親反傷也, 固其宜矣.

6) 德輕在彼, 固所宜也.
7) 德鈞年次, 固其常矣.
8) 材均而不爭優劣, 衆人善其讓.
9) 雋等而名未別, 衆人惡其鬪.
10) 此二賢者, 知爭途不可由, 故迴車退避, 或酒炙迎送, 故廉賈肉袒, 爭尙泯矣.

【原】근원을 따짐.
【變訟】송사로 변질됨.
【內恕】마음 속으로는 관대함을 가지고 있음.
【望】怨望.
【疾】질투. 질시. 질오(疾惡).
【近次】그 다음 차례.
【雋】'俊'과 같음.
【憊】困憊함.
【藺相如】전국시대 조나라 대신. 화씨벽을 秦나라에 가지고 갔다가 빼앗기지 않고 조금도 흠이 없이 되가지고 온 "完璧歸趙"의 고사와 뒤에 염파와의 갈등을 덕으로 해결하여 "刎頸之交"라는 고사를 남긴 인물.《史記》廉頗藺相如列傳 참조.

畫像石〈完璧歸趙圖〉

【寇恂】동한 때의 인물로 자는 子翼. 臨川太守를 지냈으며 당시 執金吾(법집행관 직책)로 있던 賈復의 部將이 살인을 저지르자 구순이 법대로 처리하여 판결함. 이에 가복이 원한을 품고 그를 죽이려 하자 구순은 염파와 인상여의 고사를 들어 그를 피해 다님. 뒤에 광무제의 주선으로 두 사람이 화해하고 절친한 우정을 맺었다 함.《後漢書》鄧禹寇恂列傳 참조.

구순《三才圖會》

086(12-5)
화복禍福의 기미

만물의 형세가 상반되니 이것이 군자가 말하는 '도道'라는 것이다.
이런 까닭으로 군자는 스스로를 굽히는 것이 바로 펴는 것임을 알기 때문에 치욕을 머금어도 그 치욕을 마다하지 않으며,
낮추고 양보하는 것이 대적해 오는 이로부터 승리를 가져올 수 있는 것임을 알기 때문에 아래에 처하면서도 의혹을 갖지 않는 것이다.
그 끝에 이르면 전화위복轉禍爲福이 되는 것이며, 원수를 굴복시켜 친구로 삼게 되는 것이다.
원망과 원수를 자신의 후손에게까지 넘겨주지 않으니 그 아름다운 명예가 무궁하게 선양되는 것이다.
그러니 군자의 도라는 것이 이처럼 넉넉한 것이 아니겠는가?

게다가 군자는 털끝만한 미세한 혐의 따위는 능히 받아주어, 그 때문에 그것이 싸움으로 변하여 큰 소송에 이르는 경우가 없도록 한다.
그러나 소인은 작은 분노를 참아내지 못하기 때문에 마침내 아주 걷잡을 수 없는 패배와 치욕을 당하게 된다.
원한이란 아주 미세한 것에서 시작되니 그 때 자신을 낮추는 것은 오히려 겸손과 덕으로 이를 대처할 수 있는 것이 된다.
그러나 그것이 변하여 이미 싹이 돋아나 다툼이 벌어지면 재앙이 되어 구제할 방법이 없게 된다.

이런 까닭으로 진여陳餘는 장이張耳의 신분 변화로 인해 마침내 머리와 몸이 분리되는 참살을 당하였고, 팽총彭寵은 주부朱浮와 틈이 벌어짐으로써

끝내 엎어지고 패망하는 화를 당하고 만 것이다.
　그러니 화와 복의 작은 기미를 신중히 하지 않을 수 있겠는가!

物勢之反, 乃君子所謂道也.[1]
是故君子知屈之可以爲伸, 故含辱而不辭;[2]
知卑讓之可以勝敵, 故下之而不疑.[3]
及其終極, 乃轉禍而爲福,[4] 屈讐而爲友.[5]
使怨讐不延於後嗣, 而美名宣於無窮.[6]
君子之道, 豈不裕乎?[7]
且君子能受纖微之小嫌, 故無變鬪之大訟.[8]
小人不能忍小忿之故, 終有赫赫之敗辱.[9]
怨在微而下之, 猶可以爲謙德也.[10]
變在萌而爭之, 則禍成而不救矣.[11]
是故陳餘以張耳之變, 卒受離身之害;[12]
彭寵以朱浮之郄, 終有覆亡之禍.[13]
禍福之機, 可不愼哉![14]

劉昞(注)

1) 龍蛇之蟄以存身, 尺蠖之屈以求伸. 蟲微物耳, 尙知蟠屈, 況於人乎?
2) 韓信屈於跨下之辱.
3) 展喜犒齊師之謂也.
4) 晉文避楚三舍, 而有城濮之勳.

5) 相如下廉頗, 而爲刎頸之交.
6) 子孫荷其榮蔭, 竹帛紀其高義.
7) 若偏急好爭, 則身危當年, 何後來之能福?
8) 大訟起於纖芥, 故君子愼其小.
9) 小人以小惡爲無傷而不去, 故罪大不可解, 惡積不可救.
10) 怨在纖微, 則謙德可以除之.
11) 涓涓不息, 遂成江河, 水漏覆舟, 胡可救哉?
12) 思復須臾之忿, 忘終身之惡, 是以身滅而嗣絶也.
13) 恨督責之小故, 忘終始之大計, 是以宗夷而族覆也.
14) 二女爭桑, 吳楚之難作, 季郈鬪雞, 魯國之釁作, 可不畏歟? 可不畏歟?

【物勢之反】사물의 형세는 서로 뒤바뀔 수 있음.
【轉禍爲福】재앙이 될 것을 돌려 복이 되도록 함. '因敗爲功'과 같음. 《戰國策》 燕策(1)에 "聖人之制事也, 轉禍而爲福, 因敗而爲功. 故桓公負婦人而名益尊, 韓獻開罪而交愈固, 此皆轉禍而爲福, 因敗而爲功者也"라 함.
【屈讎爲友】원수를 굴복시켜 친구로 삼음. 본문 고사 '刎頸之交'와 같음.
【變鬪】'鬪變'과 같음. 한나라 때의 말로 사사로운 개인들끼리의 싸움, 즉 私鬪를 말함. 《漢書》 尹翁歸傳에 "奴客持刀兵入市鬪變, 吏不能禁"이라 하였고, 顔師古의 주에 "變, 亂也"라 함. 한편 黃侃의 〈讀漢書後漢書札記〉에 "漢時稱私鬪曰鬪變, 或曰變鬪"라 함.
【謙德】겸손과 덕망.
【陳餘】秦末 大梁(지금의 開封) 사람으로 儒術을 좋아하였으며 같은 동향 사람 張耳와 死生之交를 맺음. 뒤에 陳勝이 기병하여 이 두 사람의 명성을 듣고 그를 앙모하여 이들을 左右校尉로 삼아 대접하였음. 이들이 武臣을 도와 趙나라를 공격하여 멸망시킨 다음 무신을 趙王으로 옹립하여 섬기게 되었음. 뒤에 秦나라 將軍 章邯이 조나라 邯鄲을 포위하고 장이를 巨鹿에서 묶어둔 채 공격해 옴에도 진여는 전혀 구원해 주지 않아 결국 두 사람은 사이가 멀어지고 말았음. 장이는 나중에 劉邦(漢 高祖)에게 귀탁하여 韓信과 함께 조나라를 공략하고는 진여를 泜水 가에서 목을 쳐서 참살해 버림. 《史記》張耳陳餘列傳 참조.

〈張耳斬陳餘圖〉 명각본 《兩漢開國中興志傳》

【離身】 참형을 뜻함. 목을 베어 죽임.
【彭寵】 동한 초의 인물로 자는 伯通. 更始帝 때 漁陽太守가 되었으며 뒤에 劉秀(동한 光武帝)에 발탁되어 建忠侯에 봉해졌고 大將軍의 칭호를 받음. 당시 幽州牧이었던 朱浮와 원한이 있었으며 주부가 자주 참언을 하고 다녀 결국 팽총은 뜻을 얻지 못하게 되었음. 그 뒤 팽총은 군사를 일으켜 주부를 공격하였으나 패하여 그 家奴에게 피살되고 말았음.
【朱浮】 동한 초 沛國 蕭 땅 사람. 자는 叔遠. 광무제가 大將軍幽州牧으로 삼았었음. 입궐하여 執金吾, 大司空 등의 직위에 오름. 동료를 시기하는 마음이 많아 결국 죽음을 당하고 말았음.

087(12-6)
호랑이를 맨손으로

이런 까닭으로 군자가 승리를 구함에는 남을 추천하고 자신을 양보하는 것으로 날카로운 무기로 삼으며, 자신을 수양하는 것으로써 보호막의 안전한 울타리를 삼는다.

조용히 있어야 할 때는 사라져 없는 듯이 오묘한 문을 달고 침묵을 지키며, 자신이 나서 행동해야 할 때는 공손한 통로로 길을 삼는다.

이로써 전투에서 이기고도 그 상황을 두고 다투지 않으며, 적이 복종을 당하고 나서도 자신에 대한 원망이 없도록 해 놓는다.

이렇게 하는 자는 후회나 인색해야 할 때라도 이를 목소리나 얼굴 표정에 담아두고 있지 않으니 어찌 드러내놓고 서로 다투는 일이 발생하겠는가?

그러나 저 드러내놓고 남과 싸우는 자는 틀림없이 자신은 어진 사람인데 남이 자신을 험악하게 헐뜯기 때문에 그렇게 한다고 여길 것이다.

사실 자신이 덕에 위배되는 점이 없다면 상대도 그를 헐뜯을 어떤 구실도 없게 된다.

만약 상대가 진실로 덕에 위배되는 짓을 하고 있다면 또한 어찌 그러한 자와 소송을 벌일 필요가 있겠는가?

험악한데도 그와 송사를 벌인다면 이는 마치 무서운 들소를 우리에 가두려 하고 호랑이를 맨손으로 만지려 드는 것이니 그것이 가능하겠는가?

노하여 사람을 해칠 마음은 분명한데 말이다!

《역易》에는 "험악하여 위배되는 짓만 하기에 송사를 만나리라." "그 송사는 틀림없이 많은 사람들의 분노를 샀기 때문"이라 하였다.

그리고 《노자老子》에는 "오직 다투지 않으니 그 때문에 천하 누구도 그와 다툴 수 없는 것"이라 하였다.

이런 까닭으로 군자는 경쟁하는 길은 경유하지 않는다.

是故君子之求勝也, 以推讓爲利銳,[1] 以自修爲棚櫓.[2]
靜則閉嘿泯之玄門, 動則由恭順之通路.[3]
是以戰勝而爭不形,[4] 敵服而怨不構.[5]
若然者悔悋不存于聲色, 夫何顯爭之有哉?[6]
彼顯爭者, 必自以爲賢人, 而人以爲險詖者.[7]
實無險德, 則無可毀之義.
若信有險德, 又何可與訟乎?
險而與之訟, 是枏咒而攖虎, 其可乎?
怒而害人, 亦必矣!
《易》曰:「險而違者, 訟.」「訟必有衆起.」[8]
《老子》曰:「夫惟不爭, 故天下莫能與之爭.」[9]
是故君子以爭途之不可由也.[10]

> **劉昞(注)**
>
> 1) 推讓所往, 前無堅敵.
> 2) 修己以敬, 物無害者.

3) 時可以靜, 則重閉而玄嘿; 時可以動, 則履正而後進.
4) 動靜得節, 故勝無與爭; 爭不以力, 故勝功見耳.
5) 干戈不用, 何怨搆之有?
6) 色貌猶不動, 況力爭乎?
7) 以己爲賢, 專固自是, 是己非人, 人將不爭乎?
8) 言險而行違, 必起衆而成訟矣.
9) 以謙讓爲務者, 所往而無爭.
10) 由於爭途者, 必覆輪而致禍.

【棚櫓】몸을 숨기고 안전을 보장받을 수 있는 장소나 무기. 보호책.
【嘿泯】'묵민'으로 읽으며, 소리없이 사라짐.
【玄門】오묘한 경지를 말함. 《老子》 1장에 "故常無, 欲以觀其妙; 常有, 欲以觀其徼. 此兩者, 同出而異名, 同謂之玄. 玄之又玄, 衆妙之門"이라 함.
【不形】형태를 이루지 못함. 드러내지 않음.
【悔悷】後悔. 悔恨.
【聲色】목소리와 얼굴 색. 감정이 노출되는 목소리와 표정.
【險詖】'險陂'로도 표기하며 음험하고 사벽함을 뜻함.
【險德】인의 도덕을 등짐.
【柙咒而攖虎】 咒를 우리에 가두려 하고 호랑이를 맨 손으로 붙잡으려 함. 매우 위험함을 뜻함.
【險而違者訟】 험악하고 모든 일을 그르치는 자는 송사에 걸려게 됨. 《周易》訟卦에 "上剛下險, 險而健, 訟"이라 하고, 疏에 "猶人意懷險惡, 性又剛健, 所以訟也"라 함. 본문의 '違'자는 '健'자여야 함.
【訟必有衆起】 송사는 많은 사람들의 분노를 야기하여 생겨난 것임. 《周易》序卦의 구절.
【老子曰】《老子》 62장에 "以其不爭, 故天下莫能與之爭"라 함.

088(12-7)
독행獨行의 세 등급

이런 까닭으로 속세를 뛰어넘어 높이 올라가는 독행獨行에는 세 가지 등급이 있다.

무엇을 일러 세 가지 등급이라 하는가?

크게 아무런 공도 없으면서 자신을 뽐내기만 하는 것이 제일 낮은 일등이다.

공이 있으면서 이를 자랑하고 다니는 것이 그 다음의 이등이다.

공이 크면서 자랑하지 않는 것이 가장 높은 삼등이다.

그런가 하면 어리석으면서 남을 이기기를 좋아하는 것이 일등이다.

어질면서 남 위에 있기를 좋아하는 것이 이등이다.

어질면서 능히 남에게 양보할 줄 아는 것이 삼등이다.

그리고 자신에게는 관대하면서 남에게는 급박하게 구는 것이 일등이다.

자신에게도 급박하게 굴면서 남에게도 급박하게 구는 것이 이등이다.

자신에게는 급박하게 굴되 남에게는 관대하게 하는 것이 삼등이다.

무릇 이 몇 가지 유형은 모두가 도의 기이함이요, 만물 변화의 필연적 원리이다.

사람은 이 세 등급을 차례로 올라가 본 다음에야 이를 터득한다. 그 때문에 보통 사람으로서 능히 원대해질 수가 없는 것이다.

무릇 오직 도를 알고 변화에 통달한 연후에야 능히 그러한 경지에 처할 수 있는 것이다.

그 때문에 맹지반孟之反은 자신을 자랑하지 않음으로써 성인 공자에게 그러한 칭찬을 받을 수 있었고, 관숙管叔은 상常을 사양하였기 때문에 아름답고 중한 은사를 받게 된 것이다.

무릇 이러한 경우가 어찌 정당하지 못한 잔꾀로 구하여 그렇게 된 것이겠는가? 바로 순수한 덕으로 자연스럽게 합치된 것이다.

是以越俗乘高, 獨行於三等之上.

何謂三等?

大無功而自矜, 一等;[1]

有功而伐之, 二等;[2]

功大而不伐, 三等.[3]

愚而好勝, 一等;[4]

賢而尙人, 二等;[5]

賢而能讓, 三等.[6]

緩己急人, 一等;[7]

急己急人, 二等;[8]

急己寬人, 三等.[9]

凡此數者, 皆道之奇·物之變也.[10]

三變而後得之, 故人莫能遠也.[11]

夫唯知道通變者, 然後能處之.[12]

是故孟之反以不伐獲聖人之譽,[13] 管叔以辭賞受嘉重之賜.[14]

夫豈詭遇以求之哉? 乃純德自然之所合也.[15]

劉昞(注)

1) 空虛自矜, 故爲下等也.
2) 自伐其能, 故爲中等.
3) 推功於物, 故爲上等.
4) 不自量度, 故爲下等.
5) 自美其能, 故爲中等.
6) 歸善於物, 故爲上等.
7) 性不恕人, 故爲下等.
8) 褊戾峭刻, 故爲中等.
9) 謹身恕物, 故爲上等.
10) 心不純一, 是爲奇變.
11) 小人安其下等, 何由能及哉?
12) 處上等而不失者也.
13) 不伐其功, 美譽自生.
14) 不貪其賞, 嘉賜自致.
15) 豈故不伐辭賞, 詭情求名耶? 乃至直發於中, 自與理會也.

《論語》雍也篇 "孟之反" 구절

【越俗乘高】속인을 초월하여 높이 올라감.
【尙人】남을 초월함.
【緩己急人】자신에게는 관대하면서 남에게는 급박하게 함.
【孟之反】춘추시대 노나라 사람 孟側. 자는 反. 哀公 11년 齊나라와의 전투에서 패하여 물러날 때 가장 뒤에 처져 齊나라 추격을 저지시켰음. 뒤에 남이 이를 칭찬하자 말이 늦어 뒤에 처졌노라 겸손하게 대답함.《論語》雍也篇에 "子曰:「孟之反不伐, 奔而殿, 將入門, 策其馬, 曰:『非敢後也, 馬不進也.』」"라 공자가 칭찬함.
【管叔】管寧. 자는 幼安(158~241). 삼국시대 魏의 先虛人. 春秋 齊나라 때 管仲의 후손으로 遼東에 피해 살다가 魏나라 文帝와 明帝 때 벼슬을 내렸으나 끝내 사양하였음. '寧'은 '甯'으로도 씀.《三國志》(11)에 전이 있음.
【詭遇】정당하지 못한 수단으로 목적을 이룸.
【純德】고상하고 순정한 덕.

089(12-8)
명리名利의 험한 길

저 군자는 스스로 손해 보는 것이 바로 이익이라는 것을 알고 있다. 그 때문에 하나의 공을 세워 두 가지 미덕을 얻게 된 것이다.

그러나 소인은 자신에게 이익을 부리려 하는 것이 도리어 손해가 된다는 것을 모른다. 그 때문에 하나를 뽐내다가 결국 모두를 잃게 되는 것이다.

이로 말미암아 논하건대,

자랑하지 않는 것이 곧 자랑이요, 다투지 않는 것이 곧 다투는 것이며, 맞서는 자에게 양보하는 것이 곧 승리를 거두는 것이요, 많은 무리에서 낮게 임하는 것이 곧 높게 오르는 것이다.

군자는 다툼의 명리라는 길이 험한 것임을 알기에 홀로 오묘한 길을 높이 혼자서 가는 것이다. 그렇게 하여 빛이 환하게 비쳐 날로 새로워지기에, 덕과 명예가 옛사람과 같아지는 것이다.

彼君子知自損之爲益, 故功一而美二.[1]
小人不知自益之爲損, 故一伐而並失.[2]
由此論之:
則不伐者, 伐之也;
不爭者, 爭之也;[3]
讓敵者, 勝之也;

下衆者, 上之也.⁴⁾

君子誠能覩爭途之名險, 獨乘高於玄路, 則光暉煥而日新, 德聲倫於古人矣.⁵⁾

劉昞(注)

1) 自損, 而行成名立.
2) 自伐, 而行毀名喪.
3) 不伐而名章, 不爭而理得.
4) 退讓而敵服, 謙尊而德光.
5) 避忿肆之險途, 獨逍遙於上等; 遠燕雀於啁啾, 疋鳴鳳於玄曠.
6) 然後德輝耀於來今, 淸光侔於往代.

【玄路】아주 멀고 아득한 길.
【煥】선명함. 밝음. 환하게 빛을 냄.
【倫】같음. 동등함. 같은 무리가 됨.

부록

I. 전류傳類
  1. 《三國志》(21) 〈劉劭傳〉
  2. 《魏書》(52) 〈劉昞傳〉

II. 《인물지人物志》 서발序跋 및 관련 자료
  1. 〈人物志序〉·· 阮逸
  2. 〈人物志題記〉·· 文寬夫
  3. 〈人物志記〉·· 宋庠
  4. 〈序人物志後〉·· 王三省
  5. 〈重刻人物志跋〉·· 鄭旻
  6. 〈四庫全書提要〉·· 紀昀(等)
  7. 〈四庫全書總目〉·· 淸 乾隆(敕撰)
  8. 〈郡齋讀書志〉·· 宋 晁公武
  9. 人物志硏究序·· 民國 楊家駱

〈吳王夫差鑒〉(全) 春秋, 河南 輝縣 출토

I. 전류傳類

1. 《三國志》(21) 〈劉劭傳〉

　　劉劭字孔才, 廣平邯鄲人也. 建安中, 爲計吏, 詣許. 太史上言:「正旦當日蝕.」劭時在尙書令荀彧所, 坐者數十人, 或云當廢朝, 或云宜卻會. 劭曰:「梓愼·裨竈, 古之良史, 猶占水火 錯失天時,《禮記》曰諸侯旅見天子, 及門不得終禮者四, 日蝕在一, 然則聖人垂制, 不爲變(異)豫廢朝禮者, 或災消異伏, 或推術謬誤也.」或善其言. 敕朝會如舊, 日亦不蝕.
　　御史大夫郗慮辟劭, 會慮免, 拜太子舍人, 遷秘書郞. 黃初中, 爲尙書郞·散騎侍郞. 受詔集五經羣書, 以類相從, 作〈皇覽〉. 明帝卽位, 出爲陳留太守, 敦崇敎化, 百姓稱之. 徵拜騎都尉, 與議郞庾嶷·荀詵等定科令, 作〈新律〉十八篇, 著〈律略論〉. 遷散騎常侍. 時聞公孫淵受孫權燕王之號, 議者欲留淵計吏, 遣兵討之. 劭以爲「昔袁尙兄弟歸淵父康, 康斬送其首, 是淵先世之效忠也. 又所聞虛實, 未可審知. 古者要荒未服, 脩德而不征, 重勞民也. 宜加寬貸, 使有以自新.」後淵果斬送權使張彌等首. 劭嘗作〈趙都賦〉, 明帝美之, 詔劭作〈許都〉·〈洛都賦〉. 時外興軍旅, 內營宮室, 劭作二賦, 皆諷諫焉.
　　靑龍中, 吳圍合肥, 時東方吏士皆分休, 征東將軍滿寵表請中軍兵, 幷召休將士, 須集擊之. 劭議以爲「賊衆新至, 心專氣銳. 寵以少人自戰其地,若便進擊, 不必能制. 寵求待兵, 未有所失也. 以爲可先遣步兵五千, 精騎三千, 軍前發, 揚聲進道, 震曜形勢. 騎到合肥, 疏其行隊, 多其旌鼓, 曜兵城下, 引出賊後, 擬其歸路, 要其糧道. 賊聞大軍來, 騎斷其後, 必震怖遁走, 不戰自破賊矣.」帝從之. 兵比至合肥, 賊果退還.

時詔書博求衆賢. 散騎侍郎夏侯惠薦劭曰:「伏見常侍劉劭, 深忠篤思, 體周於數, 凡所錯綜, 源流弘遠, 是以羣才大小, 咸取所同而斟酌焉. 故性實之士服其平和良正, 清靜之人慕其玄虛退讓, 文學之士嘉其推步詳密, 法理之士明其分數精比, 意思之士知其沈深篤固, 文章之士愛其著論屬辭, 制度之士貴其化略較要, 策謀之士贊其明思通微, 凡此諸論, 皆取適己所長而擧其支流者也. 臣數聽其清談, 覽其篤論, 漸漬歷年, 服膺彌久, 實爲朝廷奇其器量. 以爲若此人者, 宜輔翼機事, 納謀幃幄, 當與國道俱隆, 非世俗所常有也. 惟陛下垂優游之聽, 使劭承清閒之歡, 得自盡於前, 則德音上通, 輝耀日新矣.」

景初中, 受詔作〈都官考課〉. 劭上疏曰:「百官考課, 王政之大較, 然而歷代弗務, 是以治典闕而未補, 能否混而相蒙. 陛下以上聖之宏略, 愍王綱之弛頹, 神慮內鑒, 明詔外發. 臣奉恩曠然, 得以啓矇, 輒作〈都官考課〉七十二條, 又作〈說略〉一篇. 臣學寡識淺, 誠不足以宣暢聖旨, 著定典制.」又以爲宜制禮作樂, 以移風俗, 著〈樂論〉十四篇, 事成未上. 會明帝崩, 不施行. 正始中, 執經講學, 賜爵關內侯. 凡撰述, 《法論》·《人物志》之類百餘篇. 卒, 追贈光祿勳. 子琳嗣.

2.《魏書》(52)〈劉昞傳〉

　　劉昞, 字延明, 敦煌人也. 父寶, 字子玉, 以儒學稱. 昞年十四, 就博士郭瑀學. 時瑀弟子五百餘人, 通經業者八十餘人. 瑀有女始笄, 妙選良偶, 有心於昞. 遂別設一席於坐前, 謂諸弟子曰:「吾有一女, 年向成長, 欲覓一快女壻, 誰坐此席者, 吾當婚焉.」昞遂奮衣來坐, 神志肅然, 曰:「向聞先生欲求快女壻, 昞其人也.」瑀遂以女妻之.

　　昞後隱居酒泉, 不應州郡之命, 弟子受業者五百餘人. 李暠私署, 徵為儒林祭酒・從事中郎. 暠好尚文典, 書史穿落者親自補治, 昞時侍側, 前請代暠. 暠曰:「躬自執者, 欲人重此典籍. 吾與卿相值, 何異孔明之會玄德.」遷撫夷護軍, 雖有政務, 手不釋卷. 暠曰:「卿注記篇籍, 以燭繼晝. 白日且然, 夜可休息.」昞曰:「朝聞道, 夕死可矣, 不知老之將至, 孔聖稱焉. 昞何人斯, 敢不如此.」昞以三史文繁, 著《略記》百三十篇・八十四卷,《涼書》十卷,《敦煌實錄》二十卷,《方言》三卷,《靖恭堂銘》一卷, 注《周易》・《韓子》・《人物志》・《黃石公三略》, 並行於世.

　　蒙遜平酒泉, 拜秘書郎, 專管注記. 築陸沉觀於西苑, 躬往禮焉, 號「玄處先生」, 學徒數百, 月致羊酒. 牧犍尊為國師, 親自致拜, 命官屬以下皆北面受業焉. 時同郡索敞・陰興為助教, 並以文學見舉, 每巾衣而入.

　　世祖平涼州, 士民東遷, 夙聞其名, 拜樂平王從事中郎. 世祖詔諸年七十以上聽留本鄉, 一子扶養. 昞時老矣, 在姑臧, 歲餘, 思鄉而返, 至涼州西四百里韭谷窟, 遇疾而卒. 昞六子. 長子僧衍, 早亡. 次仲禮, 留鄉里. 次字仲, 次貳歸, 少歸仁, 並遷代京. 後分屬諸州, 為城民. 歸仁有二子, 長買奴, 次顯宗.

太和十四年, 尙書李沖奏:「昞河右碩儒, 今子遜沉屈, 未有祿潤, 賢者子孫宜蒙顯異.」於是除其一子爲郢州雲陽令. 正光三年, 太保崔光奏曰:「臣聞太上立德, 其次立功‧立言. 死而不朽, 前哲所尙; 思人愛樹, 自古稱美. 故樂平王從事中郎敦煌劉昞, 著業涼城, 遺文玆在, 篇籍之美, 頗足可觀. 如或愆釁, 當蒙數世之宥, 況乃維祖逮孫, 相去未遠, 而令久淪皂隷, 不獲收異, 儒學之士, 所爲竊歎. 臣忝職史敎, 冒以聞奏, 乞敕尙書, 推檢所屬, 甄免碎役, 用廣聖朝旌善繼絶. 敦化廣俗, 於是乎在.」四年六月詔曰:「昞德冠前世, 蔚爲儒宗, 太保啓陳, 深合勸善, 其孫等三家, 特可聽免.」河西人以爲榮.

Ⅱ. 《인물지人物志》 서발序跋 및 관련 자료

1. 〈人物志序〉 .... 阮逸

　人性爲之原, 而情者性之流也. 性發於內, 情導於外, 而形色隨之. 故邪正態度, 變路莫狀, 溷而莫睹其眞也. 惟至哲爲能以才觀情索性・尋流照原, 而善惡之迹判矣. 聖人沒, 諸子之言性者各膠一見, 以倡惑於後, 是俾馳辨鬪異者得肆其設, 蔓衍天下. 故學者莫要其歸, 而天理幾乎熄矣. 予好閱古書, 於史部中得劉邵《人物志》十二篇, 極數萬言. 其述性品之上下・才質之兼偏, 硏幽摘微, 一貫於道, 若度之長短・權之輕重, 無銖髮蔽也. 大抵考諸行事, 而約人於中庸之域, 誠一家之善志也. 由魏至宋, 歷數百戴, 其用尙晦而鮮有知者. 吁! 可惜哉! 矧蟲篆淺技, 無益於敎者, 猶刊鏤以行於世. 是書也, 博而暢, 辨而不肆, 非衆說之流也. 王者得之, 爲知人之龜鑑; 士君子得之爲治性脩身之檠栝, 其效不爲小矣, 予安得不序而傳之? 媲夫良金美玉, 籝櫝一啓, 而觀者必知其寶也.

　劉卲字孔才, 廣平邯鄲人也. 建安中, 爲計吏, 詣許. 太史上言:「正旦當日蝕.」卲時在尙書令荀彧所, 坐者數十人, 或云當廢朝, 或云宜卻會. 卲曰:「梓愼・裨竈, 古之良史, 猶占水火 錯失天時,《禮記》曰諸侯旅見天子, 及門不得終禮者四, 日蝕在一, 然則聖人垂制, 不爲變(異)豫廢朝禮者, 或災消異伏, 或推術謬誤也.」或善其言. 敕朝會如舊, 日亦不蝕.

2. 〈人物志題記〉 .... 文寬夫

右《人物志》三卷·十三篇, 魏劉邵撰. 案隋·唐經籍志, 篇第皆與今同, 列于名家. 十六國時, 燉煌劉昞重其書, 始作注解. 然世所傳本多謬誤. 今合官私書校之, 去其複重附益之文, 爲定本. 內或疑字無書可證者, 今據衆本皆相承傳疑難, 輒意改元. 邵之敘五行曰:「簡暢而明砭, 火之德也.」徧檢書傳, 無明砭之證. 案字書, 砭者, 以石刺病, 此外更無他訓. 然自魏晉以後, 轉相傳寫, 豕亥之變, 莫能究知. 不爾則邵當別有異聞, 今則亡矣. 愚謂「明」·「砭」都無意義, 自東晉諸公草書「啓」字爲然, 疑爲「簡暢而明啓」耳.

文寬夫題.

3. 〈人物志記〉 ·· 宋庠

劉邵, 字孔才, 廣平邯鄲人也. 建安中爲計吏, 詣許. 太史上言: 正旦當日蝕. 郡時在尙書令荀彧所, 坐者數十人, 或云當廢朝, 或云宜却會. 邵曰:「梓愼·裨竈, 古之良史, 猶占水火錯失天時.《禮記》曰: 諸侯旅見天子, 及門不得終禮者四, 日蝕在一. 然則聖人垂訓, 不爲變豫廢朝禮者, 或災消異伏, 或推衍謬誤也.」或善其言, 敕朝會如舊, 日亦不蝕. 魏黃初中, 爲尙書郞. 散騎侍郞. 受詔集五經群書, 以類相從, 作《皇覽》. 後與議郞庾嶷, 荀詵等, 定科今, 作《新律》十八篇, 著《律畧論》. 遷散騎常侍. 嘗作〈趙都賦〉, 明帝美之, 詔邵作〈許都〉·〈洛都賦〉. 時外興軍旅, 內營宮室, 邵作二賦, 皆諷諫焉. 景初中, 受詔爲《都官考課》, 邵作七十二條及〈畧說〉一篇. 又以謂宜制禮作樂, 以移風俗, 著《洛論》十四篇. 正始中, 執經講學, 賜爵關內侯. 凡所撰述,《法論》·《人物志》之類百餘篇. 卒, 追贈光祿勳. 詔書博求衆賢, 散騎侍郞夏侯惠上疏, 盛稱邵才. 史官陳壽亦曰:「邵該覽學籍, 文質周洽」云.

劉昞, 字延明, 燉煌人也. 年十四, 就博士郭瑀. 瑀經業者八十餘人. 瑀有女始笄, 妙選良偶, 有心於昞. 遂別設一席, 謂弟子曰:「吾有一女, 欲覓快女婿. 誰坐此席者, 吾當婚焉.」昞遂奮坐, 神志湛然, 曰:「昞其人也.」瑀遂以女妻之. 昞後隱居酒泉, 不應州郡命, 弟子受業者五百餘人. 李暠據涼州, 徵爲儒林祭酒從事郞. 暠好尨文典, 書史穿落者親自補葺. 昞時侍側, 請代其事. 暠曰:「躬自執者, 欲人重比典籍. 吾與卿相遇, 何異孔明之會玄德?」遷撫夷護軍, 雖有政務, 手不釋卷. 暠曰:「卿注記篇籍, 以燭繼晝, 白日且然, 夜可休息.」昞曰:「『朝聞道, 夕死可矣』, 『不知老之將至』,孔聖稱言. 昞何人斯? 敢不如比!」昞以三史文繁, 著《畧記》百三十篇·八十四卷,《燉煌實錄》二十卷,《方言》三卷,《靖恭堂銘》一卷. 注《周易》·《韓子》·《人物志》·《黃石公三畧》, 行於世. 沮渠蒙遜平酒泉, 拜秘書郎, 專管注記, 築陸沈觀於西苑, 躬往禮焉. 號玄處先生, 學從數百, 月致羊酒牧犍, 尊爲國師, 親自致拜, 命官屬以下皆北面爲業. 魏大武平涼州, 士庶東遷, 夙聞其名, 拜樂平王從事中郞. 後思歸, 道病, 卒.

　　以上並案邵, 昞本傳, 刪取其要云.

　　廣平宋庠記.

4. 〈序人物志後〉　　　　　　　　　　　　　　　　　王三省

余嘗三復《人物志》, 而竊有感焉. 夫人德性資之繼成, 初未始有異也, 而終之相去懸絶者, 醇駁較於才, 隆汚判諸習. 曰三品, 胥是焉, 而賢不肖殊途矣. 是以知人之哲, 古人難之. 言貌而取人者, 聖人弗是也. 玆劉邵氏之有以志人物也乎, 修己者得之以自觀, 用人者持之以照物, 烏可廢諸? 然用舍之際, 人才之趨向由之, 可弗慎乎? 精於擇而庸適其能, 篤於任而弗貳以私, 則眞才獲用, 大猷允升矣. 其或偏聽眩志, 而用不以道, 動曰才難, 吾恐蕭艾弗擇, 魚目混珍也. 左馮翊王三省識.

5. 〈重刻人物志跋〉 ································· 鄭旻

劉邵《人物志》凡十二篇, 辨性質而準之中庸, 甄才品以程其職任. 事核詞章, 三代而下, 善評人品者, 莫或能蹂之矣. 邵生漢末, 乃其著論體裁, 纚然有荀卿, 韓非風致, 而亹亹自成一家言. 即九微八則之論, 質之孔孟觀人之法, 唐虞九德之旨, 自有發所未發者. 後世欲辨官論才, 惡可以不知也. 顧其書獲見者少, 又脫落難讀. 大中丞眞定梁公, 持節鉞拊鎮中州, 熊車所莅, 吏稱民安. 爰覓善本, 加訂正, 刻之宋郡, 用以傳之人人. 授簡屬吏旻綴一言于末簡. 旻得卒業, 反復〈流業〉篇, 國體, 器能之說, 浩有味乎其言之也. 今中丞公厲風俗, 正天下, 謀廟勝, 三才允蕆. 至其振笨群吏, 惟器所適, 靡不奮力展采, 兢兢罔敢怠遑, 總達衆才室矣. 異日秉鈞當軸, 將使官不易方, 而本平用成, 知人安民之道, 揾目身親見之. 邵之志, 何幸獲酬於公哉! 刻成輒忘固陋, 僭書識刻之歲月, 覽者當知言之非佞云.
　隆慶六年壬申(1572), 仲夏志吉, 歸德府知府揭陽鄭旻謹書.

6. 〈四庫全書提要〉 .... 紀昀(等)

　　臣等謹案人物志三卷, 魏劉卲撰. 卲字孔才, 邯鄲人. 黃初中, 官散騎常侍. 正始中, 賜爵關內侯, 事迹具三國魏志. 別本或作劉劭, 或作劉邵. 此書末有宋庠跋云:「據今官書魏志作勉劭之劭, 從力. 他本或從邑者, 晉邑之名.」案字書此二訓外, 別無他釋. 然俱不協孔才之義.《說文》則爲卲音同上, 但召旁從阝耳. 訓高也. 李舟《切韻》, 訓美也. 高美, 又與孔才義符. 揚子《法言》曰:「周公之才之卲」, 是也. 所辨精核, 今從之.
　　其註爲劉昞所作, 昞字延明, 燉煌人, 舊本名上結, 銜題涼儒林祭酒. 蓋李暠時嘗授是官, 然《十六國春秋》稱沮渠蒙遜平酒泉, 以昞爲秘書郞, 專管注記. 魏太武時, 又以昞爲樂平王從事中郞, 則昞歷事三主. 惟署涼官者誤矣. 卲書凡十二篇, 首尾完具. 晁公武《讀書志》作十六篇, 疑傳寫之誤. 其書主于論辨人才, 以外見之符, 驗內藏之器, 分別類品, 硏析疑似. 故《隋志》以下, 皆著錄于名家. 然所言究悉物情, 而精覈近理, 視尹文之說, 兼陳黃老申韓公孫龍之說, 惟析堅白同異者, 迥乎不同. 蓋其學雖出於名家, 其理則弗乖于儒者也. 昞註不涉訓詁, 惟疏通大意, 而文詞簡古, 猶有魏晉之遺.《漢魏叢書》所載, 僅每篇之首, 存其解題十六字, 而盡刪注釋, 且卷首譌題晉人, 殊爲疏舛. 此本爲萬曆甲申(1584)河間劉用霖所刊. 蓋用隆慶壬申(1572)鄭旻舊版而修之, 猶古本云.
　　乾隆四十一年(1776)七月恭校上.
　　總纂官臣紀昀, 臣陸錫熊, 臣孫士毅. 總校官臣陸費墀.

7.〈四庫全書總目〉　　　　　　　　　　　　　清 乾隆(敕撰)

　《人物志》三卷: 副都御史黃登賢家藏本.
　魏劉邵撰, 邵字孔才, 邯鄲人, 黃初中, 官散騎常侍, 正始中賜爵關內侯, 事蹟具三國魏志本傳. 別本或作劉劭, 或作劉邵. 此書末有宋庠跋云:「據今官書魏志作勉劭之劭, 從力. 他本或從邑者, 晉邑之名.」案字書此二訓外, 別無他釋. 然俱不協孔才之義.《說文》則爲邵音同上, 但召旁從目耳. 訓高也. 李舟《切韻》, 訓美也. 高美, 又與孔才義符. 揚子《法言》曰:「周公之才之邵」, 是也. 所辨精核, 今從之.
　其註爲劉昞所作, 昞字延明, 燉煌人, 舊本名上結銜題涼儒林祭酒. 蓋李暠時嘗授是官, 然《十六國春秋》稱沮渠蒙遜平酒泉, 授昞秘書郎, 專管注記. 魏太武時, 又授樂平從事中郎, 則昞歷事三主. 惟署涼官者誤矣. 邵書凡十二篇, 首尾完具. 晁公武《讀書志》作十六篇, 疑傳寫之誤. 其書主於論辨人才, 以外見之符, 驗內藏之器, 分別類品, 研析疑似. 故《隋志》以下, 皆著錄於名家. 然所言究悉物情, 而精覈近理, 視尹文之說, 秉陳黃老申韓公孫龍之說, 惟析堅白同異者, 迥乎不同. 蓋其學雖近乎名家, 其理則弗乖於儒者也. 昞註不涉訓詁, 惟疏通大意, 而文詞簡古, 猶有魏晉之遺.《漢魏叢書》所載, 惟每篇之首, 存其解題十六字, 且以卷首阮逸之序, 譌題晉人, 殊爲疏舛. 此本爲萬曆甲申(1584)河間劉用霖所刊. 蓋用隆慶壬申(1572)鄭旻舊版而修之, 猶古本云.

8. 〈郡齋讀書志〉 ··· 宋 晁公武

《人物志》三卷

　右魏邯鄲劉劭孔才撰, 僞涼燉煌劉昞注. 以人之材器志尙不同, 當以「九徵」·「八觀」, 審察而任使之. 凡十二篇, 劭, 郄(郗)慮所薦. 慮, 譖殺孔融者, 不知在劭書爲何等, 而劭受其知也.

9. 人物志研究序 ……………………………………… 民國 楊家駱

才難興嘆, 自古已然. 夫一世人物, 豈必無才? 特識才爲難, 能識而復程才善用, 則尤難耳.〈皐陶謨〉曰:「都在知人.」又曰:「知人則哲, 能官人安民則惠, 黎民懷之.」是以聖王哲臣, 無不以知人善任稱.

善任固難於知人, 然必知人而後可以善任. 東坡嘗謂:「人之難知也, 江海不足以喩其深, 山谷不足以譬其險, 浮雲不足以比其變.」誠如是, 則古之號知人者, 其效如影響, 其信如蓍龜, 其所循亦有道乎? 曰: 有. 片言隻語散見於經史百家者無論矣, 如逸《周書》觀人解, 歷舉觀誠・攷言・視聲・觀色・觀隱・揆德之徵;《禮大記》文王觀人, 綜述六徵・九用・觀能・七屬之事; 哀公聞五義, 備陳庸人・士人・君子・賢人・聖人之別;《呂氏春秋》季春紀論人, 復有八觀・六驗・六戚・四隱之論; 中歷兩漢,《韓詩外傳》・《淮南子》・《法言》・《論衡》之屬, 於觀人論才, 藉事言理, 雖時有精詣, 然綱舉目張, 測幽探微, 則終有所待也. 至三國時, 魏劉劭始撰《人物志》三卷十二篇, 於是官人之學有專籍, 論者以爲古名家之別支焉.

孔才以外見之符, 驗內藏之器, 觀情索性, 尋流照原, 剖析精微, 卓然成一家之言. 鄭旻所謂「三代而下, 善評人品者, 莫或能逾.」誠非過譽之詞也. 其書至東晉時, 西涼劉昞始爲之注, 自後隱晦沉埋千數百載. 北宋以來, 阮逸・文寬夫・王三省・鄭旻・陶望齡諸賢, 雖嘗撰序跋發其意, 並校刊以傳於世, 然繼延明而復爲之箋疏, 以遠紹絶學於千數百載之後者, 則惟半堂先生《人物志研究》一作而已.

半堂先生稿成, 擧以責序, 駱旣快先覩, 不敢以不文辭. 竊願半堂先生復取官人解諸篇, 條理箋疏, 以爲《人物志研究》之前編; 曩駱在蜀, 曾得讀

《周煌觀微篇》二卷遺稿, 及張森楷《通史六鑑總論》一卷自刻本, 皆爲究論知人而作, 各有深意, 惜今不可見. 又〈檀几叢書〉中, 有宋瑾所撰《古觀人法》一卷, 精審雖不及孔才之書, 然亦可取爲附錄; 庶使吾華官人之學, 源流畢具. 區區獻議, 儻亦半堂先生之所許乎?

　中華民國四十四年(1955)六月, 楊家駱謹序.

　(本書據明隆慶六年中州刊本排版, 復據今人李一之先生著《人物志研究》校正十餘字, 標點時亦曾取李著參考, 僅此誌謝. 李著爲研究人物志之佳作, 並附錄拙序以爲介. 至阮文王鄭陶諸氏序跋, 今著已備錄之, 玆不複載. 家駱附識.)

임동석(茆浦 林東錫)

慶北 榮州 上茆에서 출생. 忠北 丹陽 德尙골에서 성장. 丹陽初中 졸업. 京東高 서울 教大 國際大 建國大 대학원 졸업. 雨田 辛鎬烈 선생에게 漢學 배움. 臺灣 國立臺灣師範 大學 國文研究所(大學院) 博士班 졸업. 中華民國 國家文學博士(1983). 建國大學校 教授. 文科大學長 역임. 成均館大 延世大 高麗大 外國語大 서울大 등 大學院 강의. 韓國中國言語學會 中國語文學研究會 韓國中語中文學會 會長 역임. 저서에《朝鮮 譯學考》(中文)《中國學術槪論》《中韓對比語文論》. 편역서에《수레를 밀기 위해 내린 사람들》《栗谷先生詩文選》. 역서에《漢語音韻學講義》《廣開土王碑硏究》《東北 民族源流》《龍鳳文化源流》《論語心得》〈漢語雙聲疊韻硏究〉 등 학술 논문 50여 편.

임동석중국사상100

인물지 人物志

三國 魏 劉劭(撰) 西涼 劉昞(註) / 林東錫 譯註

1판 1쇄 발행/2011년 12월 12일
2쇄 발행/2017년 11월 11일
발행인 고정일
발행처 동서문화사
창업 1956. 12. 12. 등록 16-3799
서울중구다산로12길6(신당동,4층) ☎546-0331~5 (FAX)545-0331
www.dongsuhbook.com

잘못 만들어진 책은 바꾸어 드립니다.

＊

이 책의 출판권은 동서문화사가 소유합니다.
의장권 제호권 편집권은 저작권 법에 의해 보호를 받는 출판물이므로 무단전재와 무단복제를 금합니다.
이 책의 일부 또는 전부 이용하려면 저자와 출판사의 서면허락을 받아야 합니다.

＊

사업자등록번호 211-87-75330
ISBN 978-89-497-0702-0 04080
ISBN 978-89-497-0542-2 (세트)